프로젝트 접근법을 활용한

유아기 자연친화교육

지옥정 지음

창지사

PREFACE

머 리 말

머리말을 쓰려고 하니 프로젝트를 할 때의 기억들이 새롭다. '텃밭의 배추' 프로젝트 중, 텃밭에 나가 꽤 자라난 배추를 보는데 '꼭 꽃처럼 예쁘네!' 하는 느낌이 들었다. 그 전에는 배추가 예쁘다는 생각을 단 한 번도 해본 적이 없었던 터라 오며 가며 연두빛 생기를 머금고 참하게 자라고 있는 배추를 한참씩 쳐다보고는 했다. 아이들도 자기들이 직접 심은 모종에서 자라나고 있는 배추라 그런지 아끼고 돌보는 자세가 남달랐다.

'옥수수' 프로젝트를 하면서는 자연의 세밀한 섭리에 크게 감탄한 적이 있다. 옥수수를 좋아해 매해 여름 그렇게 많은 옥수수 껍질을 까내고 쪄먹고 했으면서도 수염에 대해 깊이 생각해 본 적은 한 번도 없었는데 이번에 그 의미를 제대로 알게 되었기 때문이다. 긴 옥수수 수염은 수정된 암꽃이 자라난 것이고 촘촘히 박힌 옥수수 알은 바로 그 수염 수 만큼이라는 것을 알게 되었을 때, 아이들과 함께 얼마나 신기해 했는지 모른다.

초고속화, 기계화, 경쟁으로 숨 막히는 이 시대, 환경오염 문제가 전 지구적 문제가 되고 그 결과적 현상으로 홍수와 가뭄, 오존층 파괴, 동식물의 멸종 속도가 가속화되어가고 있는 이 시대, 의식주 문제가, 아니 더 나아가 숨 쉬는 공기까지 조심스러운 이 시대에 과연 유아들에게 환경교육을 어떻게 해야 하는가 오랜 시간 고민해 왔다. 결론적으로 이를 위한 효과적 방안은 '프로젝트 접근법을 활용한 자연친화교육' 이라고 보았다.

이 책 I부는 그런 고민을 하면서 섭렵한 여러 저서, 논문들, 관련된 신문기사 등을 분석 정리한 이론편이다. 여기서는 유아기 자연친화교육의 개념 및 필요성을 밝히고, 아울러 유아기 환경교육, 생태교육 안에서의 자연친화교육과 2000년 이후 개발된 유아기 자연친화교육에 대해 정리해 놓았다. 그리고 이것은 '프로젝트 접근법을 활용한 유아기 자연친화교육' 의 토대가 되었다. II부는 I부의 이론적 토대에 근거하여 시행해 본 자연친화교육 실제편이다. 실제 사례는 청주의 가경 유치원과 복대교회 유아교육원에서 행해진 것들이다.

'으쓱으쓱, 텃밭의 배추', '잡았다! 식충식물', '옥수수 냠냠', '우리가 만드는 연못', '노래하는 여치' 프로젝트가 이루어진 복대교회 유아교육원의 경우 필자가 원장으로 있으면서 교사들과 계속 프로젝트 진행 과정을 함께 하였다. 그 덕분에 필자 또한 자연친화교육의 목표처럼 자연의 섭리와 조화를 깊이 느끼고 주변 자연에 대해 새롭게 알게 되었으며, 아울러 환경보전을 위한 실천 노력도 의도적으로 더 하게 되었다.

이 책의 완성은 여러 분들의 수고가 있었기에 가능했다. 먼저, 모르는 것도 많고 익숙하지도 않은 자연친화교육을 하는 한편, 기록과 분석을 하느라 애쓴 복대교회 유아교육원의 성하진 · 한은주 · 정영순 선생님과, I부에서 사례로 제시되고 있는 '흙' 프로젝트를 시행하고 분석한 가경 유치원의 우성자 원장님, 김수남 · 이경미 · 이진주 선생님께 큰 감사의 마음을 전한다. 또한 지금까지 몇 년 동안 계속 함께 유아교육 현장에서 프로젝트 접근법의 바른 적용 방안을 고민해 오고 있는 '자연사랑 프로젝트 학습공동체' 구성원인 청주시 소재 가경, 분평, 수림, 무궁화, BK 유치원과 미평, 영광, 근로복지공단 수안들 어린이집 원장님들께도 감사를 드린다. '우리' 노력의 결실인 이 책이 유아기 자연친화교육을 시행하고자 하는 여러 분들에게 조금이나마 참고가 되기를 바라며, 끝으로 예쁜 책으로 만들어 주신 창지사의 큰 발전을 기원한다.

2007년 여름, 풀벌레 소리 하나조차도 새롭게 들으며

지옥정

CONTENTS

차 례

PART I
이 론 편

PART Ⅱ

프로젝트 접근법을 활용한 유아기 자연친화교육 실제

Part I 이 론 편

I

유아기 자연친화교육

1 자연친화교육의 개념 및 필요성

가. 자연친화교육의 개념

최근 들어 대중 매체에서나 사람들의 일상 대화에서 '자연' 이라는 단어를 종종 듣게 된다. '자연 휴양림', '자연 그대로의 멋', '자연스러운 것이 좋다!' 등등. 인터넷 세상에서도 '자연' 은 단연 돋보이는 주제어이다. 그 하나의 증거로 '자연' 이란 주제어를 써 넣으면 무수히 많은 관련 자료가 뜨는 것을 볼 수 있다.

'자연 식단'
'자연을 닮은 집'
'자연 소재 옷감'
'자연 황토 기저귀'
'자연 추출물을 원료로 한 화장품'
'자연 요법' 등등.

먹을거리, 입을거리, 생활필수품에 이르기까지 소개되고 있는 종류를 다 셀 수 없을 정도이다. 이런 관심과 현상에 비추어 우선 '자연' 의 특성을 우리 몸에 이롭고 가까이 할수록 좋은 것, 인간 생활 전반에 밀접하게 연관되어 있는 것, 처음 모습으로서의 '본래대로' 란 의미를 내포하고 있다는 것 등 몇 가지를 개괄적으로 추려 볼 수 있겠다.

이런 점을 전제해 놓고 '자연' 의 의미를 좀 더 분명하게 살펴보자. 엔싸이버(En-cyber) 백과사전에는 자연(自然, Nature)을 '나와서 자라고 쇠약해져 사멸하며, 그 안에서 생명력을 가지고 생성, 발전하는 것' 으로 정의하고 있다. 생물학적 의미에서의 자연을 강조한 것으로서 살아있음, 변화 동반, 인공적인 것과의 대비를 부각시키고 있는 것이다. 이와 같이 '자연' 안에는 여러 가지 의미가 내포되어 있다. 관련하여 민성길(2001, 33)은 '자연' 이라는 용어를 다섯 가지 경우에 사용할 수 있다고 하였다. 그것은 첫째, 환경으로서의 물리학적 내지 생물학적 자연으로서 자연계에 속하는 해, 달, 별, 기후, 지형, 숲, 동물 등을 일컫는 것, 둘째, 본성이라는 의미의 자연, 셋째, 원래 모습으로서의 자연, 넷째, 자연적이라는 의미에서의 자연(저절로, 가만히 내버려도 되는), 다섯째, 종교적 의미의 자연이다. 같은 맥락에서 조형숙(2005)도 유아들에게 물리적 환경으로서의 자연 체험 기회를 줄 때 물리적 자연물을 경험하고 이해하는 것과 함께 '자연' 이라는 말이 내포하고 있는 다양한 의미를 내면화할 수 있게 된다고 하였다.

이렇게 '자연' 은 일반적으로는 생물학적 · 물리적 자연을 의미하지만 그 의미의 폭은 상당히 넓고 심오함을 알 수 있다. 연계해 볼 때 '자연친화' 역시 일차적으로는 생물학적 · 물리적 자연에 친숙해지는 것을 의미하지만, 자연의 의미가 그렇듯, 일차적 의미로만 끝나지는 않는다. 다시 말해 '자연친화적 인간' 이라고 하면 일단 '생물학적 · 물리적 자연에 친숙해진 인간' 이라고 정의할 수 있지만 그 전체적인 의미는 '인간 본래대로의 순수와 본성을 회복한, 자연친화적 삶의 태도가 내면화된 인간' 이라는 의미까지 아우르는 단어로 생각해 볼 수 있다.

이와 관련하여, 유아기부터 자연친화교육이 이루어져야 한다고 주장한 노성향(2005, 348)은 "자연친화적 교육이란 인간이 자연의 일부임을 인식하고 자연과 함께 하며 자연 속에서 직접 경험하는 교육" 이라고 정의하면서 생물학적 · 물리적 자연 안에서의 놀이와 직접 체험을 강조하였다. 이를 통해 "자연친화적 태도를 형성하고 자연에 의존함과 동시에 자연을 돌보고 배려하며 베푸는 생활양식을 형성하여 전인적 인간으로 성장할 수 있다" 는 것이다. 그의 주장에 비추어 보면 자연친화교육의 궁극적 목적은 '전인적 인간 지향' 이다. 즉, 자연친화교육이란 단순히 자연에 친숙해지는 것으로 끝나는 것이 아닌 삶의 변화로, 통합적인 인간 발달 지향으로 연결되고 있음을 알 수 있다.

홍은주(2005, 21) 역시 「유아를 위한 자연친화교육」에서 자연친화교육의 지향점이 단순히 자연에 친숙해지는 데 머무르지 않는다는 점을 분명히 밝히고 있다. 보다 구체적으로 살펴보면 그는 '자연친화교육' 의 의미를 생태학적 관점과 교육적 관점으로 나누어 설명하고 있다. 생태학적 관점에서의 자연친화교육이란 자연과의 조화를 이루고 생명을 소중히 여기며 공동체 속에서 어울려 살 수 있도록 하기 위해 자연과 교감하는 교육이다. 즉, 전체 삶의 과정 속에서 교육도 함께 어우러질 것을 강조하는 것이다. 이에 비해 교육적 관점에서의 자연친화교육이란 가능한 한 자연과의 접촉 기회를 많이 제공하는 데 초점을 둔 것으로서 "유아가 자연을 하나의 생명으로 인식하고 직접 경험함으로써 자연과 상호적인 교류를 통해 전인적인 발달을 이루도록 하는 교육"이다. 여기서도 생태학적 관점이건, 교육학적 관점이건 '자연친화교육'의 궁극적 지향점은 자연을 존중하고 자연계 모든 만물과 상생하려고 노력하는 삶의 자세로의 변화, 전인 발달로 초점 맞추어짐을 알 수 있다.

이런 여러 자료에 근거하여 본 서에서는 '유아기 자연친화교육'의 개념을 '유아들이 생물학적·물리적 자연을 친숙히 여기며 교감하도록 하는 교육, 그럼으로써 궁극적으로 전인 발달을 이루도록 돕고, 일생에 걸쳐 자연친화적인 삶을 살 수 있는 기초를 형성하는 교육'으로 정의하고자 한다. 이런 정의를 바탕으로 하고, 특히 유아기에 자연친화교육이 더 필요하다고 보는 이유를 살펴보도록 하자.

나. 유아기 자연친화교육의 필요성

21세기를 살아가고 있는 현 시점에서 특별히 유아기에 자연친화교육이 더 필요하다고 보는 이유는 무엇인가? 이를 6가지 근거-환경문제 대처 방안으로서 자연친화적 태도 형성, 육체적·정신적 건강 증진, 생태적 감수성 키우기, 자연에서 배우기, 한 인간으로서의 유아 인권보호, 상호협력적인 생명공동체 구성원으로 자라나도록 돕기-로 정리해 보았다.

1) 환경문제 대처 방안으로서, 유아기부터 자연친화적 태도 형성하기

산업사회화 이후 선진국을 중심으로 숨 가쁘게 진행된 산업화, 기계화, 도시화는 외형적으로만 볼 때는 인간의 생활환경을 인류 역사상 그 어느 때보다도 깨끗하고 편리하게 만들어 주었다. 그러나 한편 그 이면에서는 일일이 다 열거할 수조차 없는 여러 가지 문제가 일어났고 현재도 진행형으로 그런 문제들이 계속되고 있다. 가장 두드러진 일차적 문제 현상은 자연 환경 훼손이다. 그 결과 오존층 파괴, 지구온난화, 극지방의 빙하 감소 및 해수면 상승(*영화 'tomorrow'), 사막 지역의 증가, 예측불허의 엄청난 홍수와 가뭄, 동식물의 멸종 속도 가속[1], 나라 간 물 전쟁 등 여러 문제들이 연쇄적으로 강도를 더해가며 발생하고 있다. 이런 문제들은 얽히고설키면서 인간의 삶을 다각도로 점점 더 위협하는 요인이 되고 있다. 유전자 조작 및 각종 농약과 첨가물로 버무려진 먹을거리, 오염된 물, 독성을 뿜어내는 건축자재, 심지어 우리가 매일 숨쉬고 살아야 하는 공기 오염, 각종 암 및 아토피 피부병, 기관지염 환자, 기형아 및 조산아 출산율 증가도 이와 무관하지 않다. 이에 대해 Carson(김은령 역, 2002)은 '20세기에 들어서 인간이 유독물질로 공기와 토양, 하천과 바다를 오염시켰고 그 결과 되돌릴 수 없는 재난을 불러왔다.' 고 진단한다. 그의 유명한 저서인 「침묵의 봄」은 죽어가는 생태계를 은유적으로 나타낸 용어이다. 최근 게재된 다음 몇 가지 신문기사는 그 제목만으로도 오늘날 우리가 살아가는 환경이 위험 수준에 있음을 잘 보여준다.

- 간, 신경 발달 장애 유발 브롬화난연제 시화호 물고기서 고농도로 검출–자연환경과 생물체에 쌓여 독성을 나타내 세계적으로 주목받고 있는 브롬화난연제는 TV, 컴퓨터 외장재 등에 사용. 유아 정상적 뇌 발달 저해
- 사막화 진행되는 킬리만자로 주변–케냐 집어삼키는 자연의 역습. 지구 온난화 · 물 고갈로 빠르게 사막화 진행. 부족들 목초지 확보 둘러싼 유혈충동 빚기도
- 온난화로 인한 동 · 식물 멸종 이미 시작돼

---

1) 세계자연보전연맹(IUCN: international union for the conservation of nature)이 멸종위기종목록(적색목록: Red list threatened Species)을 발표한 바에 의하면, 2000년에 이미 세계 조류 9,946종 가운데 1/8, 포유류 4,763종 가운데 1/4, 그리고 어류 2만 5,000종 가운데 거의 1/3이 멸종 위기에 처해 있고 그 멸종 속도는 점점 빨라지고 있다(김철영, 2003, 543 재인용). 이어 2006년 5월 발표에 의하면 조사대상인 4만 여종 가운데 1만 6,119종이 멸종 위기에 처해 있다고 진단했다. 여기에는 북극곰, 하마, 상어, 민물고기도 포함되어 있다. 우리에게 친숙한 존재인 북극곰마저 지구 온난화 영향으로 45년 뒤 30% 줄어들 것으로 예상되어 위기종으로 분류된 것이다(한겨레 신문, 2006년 12월 13일 5면 '더워지는 지구 … 북극곰 45년 뒤 30% 감소' 조홍섭 기자 글 중).
이와 관련하여 1992년 브라질 리우에서는 생물다양성협약당사국 총회가 열렸다. 그 취지는 '사라져가는 생물종자 보존' 이었다. 매년 2년마다 회의가 개최되는데, 2006년 현재 회원국은 188개국이다. 2008년 개최국은 독일이다. 생물다양성 문제는 환경적 입장과 경제적 입장 모두에서 각각 심각하다. 그런 연유로 영국에서는 절멸 위기에 있는 2만 4천종의 종자를 냉동 보관하는 '노아의 방주 계획' 을 진행하고 있다(한겨레신문 2006년 12월 15일 4면 김이택 기자의 '환경 한국 민관 깃발 올렸다' 와 김영호 유한대학 학장의 '서울의정서로 생태문명 르네상스 이끌자.' 기고 글 중).

기사들을 보면 자연 환경은 물론이요, 생필품에 이르기까지 현재 얼마나 심각한 문제점을 내포하고 있는지, 더 나아가 생태계가 얼마나 광범위하게 위기에 직면해 있는지 짐작할 수 있다. 이런 맥락에서 울리히 백(Ulrich Beck)은 '현재는 예측 불허의 위험사회 진행 중' 이라고 진단한 바 있다(윤응진, 2003, 재인용). 백의 견해에 의하면 산업사회의 뒤를 이은 것은 위험사회이며, 우리는 21세기를 그와 같은 불확실성 속에서 살 수밖에 없다는 것이다.

이와 같이 지구 환경 문제가 전 인류 사회의 심각한 쟁점으로 부각되면서 세계적으로 각종 환경협약이 늘고 있다. 그런데 보다 근본적인 문제 해결을 위해서는 환경 파괴의 원인자인 인간 의식을 바꾸어야 한다는 것이 중론이다. 우리나라의 여러 학자들(박낙규, 2001; 양옥승, 2001; 장희익, 2001; 위형윤, 2003; 김은주, 2005)도 '인간중심주의적 도구적 자연관' [2]이라는 근본 원인이 존재하는 한 문제는 계속된다고 주장하고 있다. 즉, 자연을 단순히 개발과 이용의 대상으로만 보던 사고에서 탈피하여 모든 생명을 존엄히 여기고 그 권리를 인정하여 공생하려는 사고로의 전환이 필요한 것이다. 그 구체적 방안이 어린 시기부터의 환경 교육이며 이때 자연 속에서의 직접 경험을 위주로 하여야 효과적이라는 것이 여러 학자들의 연구 결과이며 중론이다.

〈자연 속에서의 체험 환경교육〉(남효창, 2004; 환경부 1999, 2004), Cornell (1998)의 〈아이들과 함께 나누는 자연체험〉(장상욱 역, 2002), 미국에서 행해지는 〈자연체험 위주의 환경교육 프로그램〉(*작은 동물이나 곤충들을 교실에서 키우며 유아들이 함께 생활하는 경험), 독일의 〈숲 속 유치원〉과 스웨덴, 덴마크, 독일로 전파된 〈자연 유치원〉(홍은주, 2005) 등은 모두 그런 취지에서 비롯된 환경교육 프로그램들이다. 이 프로그램들을 보면 모두 자연에서의 직접 체험을 통해 자연에 친숙해지기, 유용한 정보 및 대처 기술 획득하기, 환경 보전 의식과 태도 기르기, 실천하기 등을 강조하고 있다.

이와 같이 현 시점에서 인류가 해결해야 할 시급한 문제는 환경 파괴 및 오염 문제이다. 이를 위한 효과적 해결 방안으로서의 환경교육, 그 구체적 실현을 위한 '자

2) '인간중심주의적 도구적 자연관' 이란 모든 것을 인간 위주로 사고하면서 자연은 단지 인간의 행복과 안녕을 위한 도구로만 치부하는 것을 의미한다.

연에 친숙해지도록 하기' 라는 연계적 맥락에서 자연친화교육의 일차적 필요성을 찾아볼 수 있다.

2) 육체적 · 정신적 건강 증진시키기

자연과의 접촉 기회 증대는 유아들의 육체적 · 정신적 건강 증진에 크게 기여한다. 특별히 현대를 살아가는 유아들의 경우 아파트 위주의 거주 환경, 과열된 조기교육 열풍(예 두 돌배기가 월 180만원 고액 과외: 중국어에 철학 수업까지, 국민일보 2006. 9. 13.) 등으로 육체적 · 정신적으로 여러 가지 문제점을 들어내고 있다. 아토피 피부병의 증가, 과거에 비해 신체 크기는 커졌으나 지구력이나 집중력, 저항력은 오히려 약화된 점, 과도한 학습 스트레스로 인한 유아기 원형 탈모증, 신경정신성 환자 증가 등은 그런 예들이다. 이런 문제점들은 어떻게 해결될 수 있을까? 그 한 가지 해결 방법은 자연을 접할 기회를 많이 주는 것이다. 이런 맥락에서 양옥승(2001)도 앞으로 유아교육기관에서 자연친화교육을 의도적 · 계획적으로 더 많이 해야 할 필요가 있다고 강조한 바 있다.

좁은 아파트에서 숨 가쁜 일정을 소화해 내며 살아가고 있는 어린 아이들에 대해 정병호(2000)는 반 생태적으로 집단 사육되는 닭, 소 등과 크게 다르지 않다고 염려한다. 그에 의하면 현대의 많은 어린이들은 아파트라는 좁은 공간에 갇혀 자연과 또래와의 접촉 기회를 상당 부분 차단당한 채 살아가고 있다. 그 속에서 자칫 TV나 비디오, 게임기 등에 과도하게 노출되는 한편, 집단 사육되는 닭이나 소, 돼지가 항생제와 성장 촉진제를 먹도록 강요당하듯이 사회 · 문화적으로 '이기적 경쟁' 이라는 항생제와 '조기교육' 이라는 성장 촉진 호르몬을 먹도록 강요받고 있다는 것이다. 그 결과 네오 호스피탈리즘(Neo-hospitalism: 일종의 감각 차단 현상)까지 나타날 수 있다고 보았다. 이때 그 효과적 치료 방법은 '자연과의 풍부한 만남 기회 제공' 이다.

비슷한 맥락에서 임재택(2005)도 자연생태적인 삶을 강조한다. 그는 도시의 아파트에서 생활하는 현대의 어린이들이 인류 역사상 가장 풍요한 환경 속에 있지만 반면 가장 각박하게 자라고 있는 것 같다고 하면서 이를 심각한 문제점으로 제기하고 있다. 결과적으로 어린이들이 날로 악화되는 양육 · 보호 · 교육 환경으로 내몰리고 있기 때문이다.

이렇게 유아들에게 자연과 접할 기회를 많이 갖도록 하는 것은 육체적 건강 증진 뿐 아니라 정신적인 스트레스 해소에도 상당한 도움을 준다. 관련하여 텃밭의 생물 돌보기로 마음의 상처 치유 과정을 담은 알린 번스타인의 「텃밭에서 발견한 충만한 삶」(변용란 역, 2006), 자연의 품에서 상처와 분노로 가득한 마음을 치유하는 이야기를 담은 벤 마이켈슨의 「스피릿 베어(원제: Touching spirit bear)」(정미영 역, 2005), 던 프린스-휴즈의 아스퍼거 증후군(Asperger' s Syndrome)[3] 치료 실제를 담은 「고릴라 왕국에서 온 아이」(윤상운 역, 2006) 등에서는 자연과의 접촉이 정신적 치유에 매우 효과적 방법임을 보여주고 있다.

그러므로 21세기를 살아가는 한국의 유아들에게 자연을 접할 수 있는 기회를 많이 제공해 주는 것은 꼭 필요한 일이다. 이를 통해 육체적 건강을 도모하도록 하고, 더 나아가서는 문화적 · 사회적인 압력이 주는 스트레스를 해소하여 정신적 건강도 증진시켜야 하기 때문이다.

3) 생태적 감수성 키우기

유아기의 한 가지 중요한 특성으로 몬테소리(Montessori)는 민감기(sensitive period)를 들었다. 이는 자연에 대해서도 마찬가지이다. 어린이들은 인생의 그 어느 시기보다도 자연 속에서 생생한 기쁨, 감탄을 느끼며 자연을 알아나간다. 장회익(2001)은 5~6세경에 그림에서 본 민들레 한 송이가 일생을 통해 자연을 동경하

3) Dawn Prince-Hughes(윤상운 역, 2006, 44-45)에 의하면 자폐증에는 Kanner' s Syndrome과 Asperger' s Syndrome이 있다. 자폐증이라고 할 때 사람들이 일반적으로 떠올리는 것은 Kanner' s Syndrome(저기능 자폐증)인데 이 증상은 비언어적인 제스처를 사용하고 또래와 사회적 관계를 형성하지 못하며, 정서가 단조롭고 언어 발달이 지체되거나 미숙하다. 또한 대화를 시작하거나 유지하지 못하고 한정된 관심사에 몰두하며 특정 행동이나 의식을 강박적으로 수행하고 손바닥을 찰싹찰싹 치거나 비틀고 물건의 일부에 집착한다. 이와는 달리 1994년에야 '정신장애 진단 및 통계 열람' 에 오른 Asperger' s Syndrome은 크게 두 가지 면에서 Kanner' s Syndrome과 구분된다. 그것은 첫째, 언어 능력 면에서 임상적으로 의미 있는 발달지체가 나타나지 않는다. 둘째, 인지 능력, 학습 연령에 따른 자립 능력(사회적 상호작용을 제외한), 학습 적응행동, 환경에 대한 호기심에서는 중요한 발달지체를 보이지 않는다. 그런데 감각과 행동 면에서는 저기능 자폐아와 똑같은 특징을 보인다. 즉, 또래와 어울리지 못하고 의사소통 능력이 부족하다. 반복행동에 열중하고 관심의 범위가 극도로 좁다. 또한 감각에 지나치게 예민하고 오래 전의 일을 엄청나게 잘 기억한다.

게 되는 계기로 작용할 수 있다고 하였다. 그러므로 자연과 직접적 접촉을 하게 해주면서 동화나 미술, 음악 등을 통해 자연과의 감성적 연관을 맺도록 하여야 한다는 것이다. 양옥승(2001) 역시 유아기 자연친화교육의 중요성을 언급하면서 이때 인지적 요소 뿐 아니라 정의적인 요소도 중시해야 한다고 강조하였다.

전술한 「침묵의 봄」의 저자인 Carson(표정훈 역, 2002)은 또 다른 저서 「자연, 그 경이로움에 대하여」에서 어린 조카 로저와 함께 한 자연 체험(예 숲 속에서 돋보기로 아주 작은 세상 보기, 바다의 냄새 맡기, 가을 밤 곤충의 오케스트라 듣기, 새벽의 새들 노래 듣기)에서 로저가 보여준 생생한 기쁨과 경이의 감정을 실감나게 표현하고 있다. 그가 여기서 힘주어 말하고 싶었던 점은 어린 시절의 그런 경험들이 어린 아이의 감성과 영성, 지성에 큰 영향을 미친다는 점, 그리고 그 영향은 일생에 걸쳐 계속될 것이라는 점이다. '어린이가 자연에서 생생하게 받은 느낌은 세월의 흐름 속에서도 결코 바래지지 않는 기억이 되고, 그 감수성이야 말로 일생에 걸쳐 생명 세계를 위협하는 행동을 줄이게 하는 요인이 될 것' 이라는 표현은 그의 이런 주장을 잘 드러낸다. 최원형(2006)의 「도시에서 생태감수성 키우기」도 어렸을 때 생태적 감수성을 키워주는 것이 중요하다는 전제하에 1월에서 12월까지 도시에서 살면서 보고, 듣고, 느끼는 등 직접 경험할 수 있는 자연 체험 활동들을 소개해 놓은 것이다.

Fenton(1996) 역시 같은 맥락에서 어린이들에게 환경을 잘 돌보도록 교육시키고 싶다면, 무엇보다도 먼저 자연을 친숙하게 경험하도록 해 주고, 자연과 '사랑에 빠지도록' 해주어야 한다. 또한 Wilson(1995)은 유아기에 바깥세상에서의 경험, 특히 덜 구조화된 자연에서의 놀이 기회를 많이 갖게 될 때 모든 발달 영역-심미감 발달, 인지 발달, 의사소통 기능, 감각운동 기능, 사회 · 정서 발달 특히 긍정적인 자아개념 발달-에 매우 바람직한 영향을 미친다면서 자연 속에서의 활동을 적극 권장하였다.

여성환경연대 생태미술팀(2006)도 어린 시기의 자연 체험 학습을 강조한다. 어릴 적 경험은 일생에 걸쳐 강한 인상으로 남아 작용하기 때문이다. 일례로 어린 아이들에게 갓 나온 풀과 잎을 만져보게 하면 그 부드러움을 좋아하고 즐거워하는데, 이렇게 자연 속에서 즐거운 체험을 하게 되면, 마치 아이가 엄마 품을 평생 잊지 못하듯이, 자연을 몸으로 깊게 느끼며 생태적 품성을 자연스럽게 갖추어 나간다는 것이다. 이렇게 '생태적 감수성 기르기' 측면에서도 유아기에 자연에 친숙해지도록 하는 것은 정말 중요한 과업임을 알 수 있다.

4) 자연에서 배우도록 하기

자연은 인간에게 너무나 소중한 존재이지만 막상 우리가 자연에 관해 아는 것은 별로 많지 않다. 도시의 한 원에서 근무하는, 30세가 다 되어가는 교사가 "배추씨나 무씨를 한 번도 본 적이 없어요. 배추는 시장에서 사 오는 것까지만 생각했지, 배추씨로부터 자라난다는 사실조차 의식하지 못하고 살았거든요."라고 이야기한 적이 있다. 이와 유사하게 많은 사람들이 매일 접하는 자연에 대해 잘 모르는 경우가 많다. 예를 들어 집 앞의 벚나무가 개미를 좋아하는지 혹은 싫어하는지, 목련나무는 어떻게 추운 겨울을 나는지, 쌀쌀한 초봄에 만나는 꽃다지는 왜 포근한 잔털옷을 입고 있는지, 할미꽃은 왜 씨를 날릴 때쯤 되면 굽었던 꽃대를 곧게 펴는지 등에 대해 잘 알지 못한다. 아니, 알려고도 하지 않는다. 이 하나하나가 우리에게 주는 교육적 의미는 참으로 큰 데 말이다.

주변 자연에 대해 잘 모르고 무심한 것보다 더 심각한 것은 생태적 특성을 잘 알지 못함으로써, 또는 잘못된 편견을 가지고 있음으로 해서 해를 끼치는 경우이다. 벚나무와 개미는 공생관계인데 벚나무를 보호한다고 주변에 모여 있는 개미들을 죽인다거나, 윤이 나게 잘 가꾼다고 난초에게 우유를 매일 조금씩 부어 준다거나, 징그럽고 더럽다며 지렁이에게 돌멩이를 던져 죽여 버리는 것이 그런 예이다.

이런 문제점 극복을 위해 우리나라 환경부(2004)에서는 "체험 환경교육 프로그램"의 기본 취지를 '자연에 대해 잘 알도록' 하는 데 두고 있다. 자연에 대해 잘 모를 때 자연을 경시하고 지배하려는 행동 양태가 나타나게 되므로 '어려서부터 주변 환경 속에서 다양한 생명체들과 함께 살아갈 수 있는 조화와 질서를 배우고 경험하도록 하려는 것이다. 이렇게 될 때에 자연환경의 중요성을 깨달아 환경문제를 스스로 해결하고 실천' 하는 것이 가능해질 수 있다.

이와 관련하여 민성길(2001)은 '자연 교육이 한 인간의 건강한 성장, 발달' 을 위해 매우 중요하다고 한 바 있다. 그에 의하면 자연을 교육한다는 것은 자연에 대한 지식을 교육한다는 목적도 있겠으나 더 크게 보면 자연이 인간에 부여한 가능성 즉, 한 사람의 타고난 잠재력을 개발한다는 의미로서 생명의 원리를 체득하도록 하는 데 있다고 보았다. 그런 의미에서 유아들에게 자연을 즐겁게 체험하도록 할 때 자연에 친숙해지고 더 나아가 진정한 생명 경외 사상, 자연보호 사상, 신에 대한 생각 등을 싹틔울 수 있다는 것이다. 그의 이런 주장은 초기 유아교육학자들이 교육의 근원으로서 자연의 의미를 강조했던 면과 상당 부분 일치한다고 할 수 있다.

감각적 실학주의자로서 자연의 질서에 따른 교수 원리를 주장한 코메니우스(Comenius), 교육방법론에서 자연법을 기준으로 삼고, 특히 아동기까지의 교육에서는 자연 환경을 유일한 교육 장소로 삼아야 한다고 주장한 루소(Rousseau), 유아학교에서의 교육 내용으로 옥외놀이를 강조한 오웬(Owen), 노작교육을 실천한 페스탈로찌(Pestalozzi), '합 자연' 을 지향하며 자연과의 공감, 농작물 재배, 마당 가꾸기, 동식물 관찰 등을 중시한 프뢰벨(Froebel) 등은 모두 어린이들에게 자연 속에서의 직접 경험, 감각을 통한 다양한 체험, 놀이의 중요성을 강조한 경우이다.

이 중 특히 유치원의 아버지라 일컬어지는 프뢰벨은 어린이들이 자연 속에서 놀이하는 것을 창조적 자기 활동으로 보고 매우 중요하게 생각하였다. 그에 의하면 인간을 포함한 현상적 자연, 가령 꽃잎이나 줄기의 모양, 색깔, 이파리의 수 같은 것들은 그 내면에서 작용하고 있는 신성이 외적으로 현상한 것이며, 그 힘의 드러나는 방식이 바로 법칙이다(이항명, 2003). 따라서 어린이들에게 자연 속에서 충분히 경험하고 느끼도록 하는 것을 '자연, 인간, 신과의 합일' 이라는 교육 목적 성취 방안으로 간주하였다.

현재 유아교육에서 실외놀이를 중요하게 생각하고, 일과 시간 중에 정기적으로 배치하는 것은 이런 전통적 사고의 반영이라 할 수 있다. 단, 1960년대 이후 인지발달에 대한 강조가 두드러지고 학문적 기능 획득에 대한 부모들의 요구도 높아지면서 자연에서의 놀이에 대한 의미 부여 또한 상당 부분 약화된 것은 사실이다. 그런 맥락에서 최근 공동육아에서 큰 의미를 부여하는 자연체험(*나들이의 일상화)은 초기 유아교육자들이 그렇게 강조했던 '자연의 의미에 집중하도록 하고 그 본래 의미를 되살리려는 것' 으로도 풀이해 볼 수 있다.

실제로 공동육아의 대표적 인물인 정병호(2000)는 오웬이 강조한 '아이들과의 산책' (*산책 자체도 중시했지만 여러 자연물을 가지고 오게 해서 방 안에 늘어놓고 교재로 사용), 프뢰벨이 강조한 노작교육(*유치원에서 공동으로 농사짓는 밭 옆에 아이들마다 자기 밭을 만들어서 밭일을 하는 것이 중요한 하루 일과)을 예로 들면서, 집단적 육아 환경에서 '자연의 힘'이 가지고 있는 유익함을 강조하고 있다. 그래서 그 실천으로 공동 육아[4]에서는 '삶으로의 체험교육'으로서 나들이를 중시한다. 이 나들이는 특별한 날을 제외하고는 매일 아침 10시부터 12시까지 아이들의 원기가 가장 왕성하고 정신이 맑은 아침 시간에 빼놓지 않고 행해진다.

이렇게 볼 때 자연친화교육에서 1차적으로 강조할 점은 '주변 자연을 충분히 경험하고 느끼도록 하며 올바른 지식을 갖도록 하는 것임을 알 수 있다. 그리고 더 나아가 궁극적으로는 자연의 질서 내지는 생명의 원리를 깊이 깨닫게 하는 것이다.

5) 한 인간으로서의 유아 인권보호하기

"어린이와 환경, 안전"이라는 주제 하에 2000년 서울에서 개최된 국제 학술대회에서 Churchman(2000)은 '도시에 어린이를 위한 공간이 있는가?'라는 다소 냉소적 질문의 제목하에 발표를 한 바 있다. 그에 의하면 물리적 의미와 상징적 의미에서 도시에 어린이를 위한 공간은 매우 부족하다. 물리적 의미에서 어린이들이 안전하고 즐겁게 있을 만한 공간이 부족할 뿐 아니라, 상징적 의미에서도 어린이를 위한 고려는 거의 되지 않고 있다는 주장이다. 상징적 의미란 도시가 디자인되고 계획되는 과정에서, 또 어른들의 태도와 행동을 통해서 어린이들에게 자신들이 환영받는 존재이며, 어른과 동등한 사회의 한 부분이라는 메시지를 전달하는가 하는 문제이다. 과거부터 지금까지 그렇지 못했으며 따라서 앞으로는 어린이들의 도시 환경 이용력을 확장시키는 것이 매우 필요하다는 것이 그의 중심 논지이다.

이와 관련하여 이부미(2001)는 '어린이들이 안전하게 자연을 접할 수 있는 권리'를 하나의 인권으로 간주해야 한다는 것이 최근 추세라고 하면서, 자연을 어린이들의 환경 권리적 측면에서 생각할 필요가 있다고 지적하였다. 어린이들에 대한 자연환경권, 자연학습권에 관심을 가져야 할 때라는 것이다. 이렇게 인권 존중 측면에

---

4) 1992년에 공동육아연구회가 만들어졌으며 1994년 첫 공동육아 어린이집인 '우리 어린이집'이 만들어졌다(김정희, 2001). 공동육아에서는 '삶으로서의 체험교육'을 수행하고 있으며, 자연친화적 생활과 교육, 놀이가 통합되어 있다. 한편 이 공동육아에서 매우 중요시하는 "나들이는 좁은 의미에서 자연교육 프로그램으로 한정되는 것이 아닌 생태윤리학적 관점에서 관계 중심의 사유가 전제된 실천적 활동"이다(이부미, 2001, 74).

서도 유아들의 생활 공간, 교육 공간은 안전하고 자연친화적으로 가꾸어져야 할 필요가 있다.

6) 상호협력적인 생명공동체 구성원으로 자라나도록 하기

오늘도 지구 곳곳에서 갖가지 이유로 인간의 자연물에 대한, 또는 인간에 대한 폭력과 유린이 자행되고 있다. '슈퍼 돼지는 관절염, 슈퍼 닭은 심장질환' [5]과 같은 기사는 인간의 다른 생물에 대한 유린 사례이다. 그런가 하면 선진국이 후진국에 산업 폐기물을 떠넘겨 버리는 것 등은 나라 간 유린의 예이다. 결과적으로 자연 만물이 인간의 이기적 욕심으로 몸살을 앓고 있을 뿐 아니라 개인간, 집단간, 나라간에 불평과 원망, 미움과 분노가 증가하고 있고 연장선상에서 전쟁과 테러가 끊이지 않고 있다.

이와 관련하여 이인식(2005)은 환경문제가 단순한 자연 환경 오염, 생태계 파괴의 문제로 그치는 것이 아니라 자본의 극대화로 인한 빈곤계층의 증가, 실업, 인권 문제 등을 양산했고, 마침내 노동 소외로 인한 사회불안 원인이 되고 있다고 지적한다. 2006년에 우리나라를 방문한 「오래된 미래」의 저자 헬레나 노르베리-호지(Helena Norberg-Hodge)(김종철 · 김태언 역, 2003)는 개발되지 않은 라다크(*히말라야에 위치)에 세계화로 인한 개발이 이루어진 후 오히려 정신적 · 물질적으로 심각하게 피폐해진 사례를 들면서 '경제 논리에 근거한 세계화는 오히려 빈곤 · 폭력 · 실업을 부른다.' 고 주장한다(한겨레신문 2006년 5월 27일자, 조홍섭 기자의 헬레나 노르베리-호지 인터뷰 기사 내용 참조).

그렇다면 우리가 지향하는 이상적인 미래 사회의 모습은 무엇인가? 개인 간, 이웃 간, 나라 간, 종교 간 등에 있어 폭력적인 분쟁 없이 평화롭게 공존하는 상호 협력적 공동체이다. 그리고 더 범위를 넓힌다면 생태계 전체의 안녕과 평화이다. 이

5) "… 닭, 오리, 돼지, 소 이것들 모두는 더럽기 짝이 없는 좁은 공간에서 일체의 불필요한 운동과 신진대사가 배제된 채 오로지 달걀과 고기와 우유를 생산해낸다. 닭은 발톱과 부리를 자르고 밤낮 주기를 바꾼다. 수평아리는 산 채로 빻아져 닭 모이가 된다. …" (한겨레신문 2006년 2월 17일 금요일. 부록 10-11면 임종업 기자의 「희망의 밥상」(제인구달 지음) 소개 기사 중)

것은 어떻게 가능한가? 그 중요 방안 중 하나가 유아기 자연친화교육이다.

이와 관련하여 양옥승(2001)은 자연을 사랑하고 자연과의 상호의존적인 사고를 할 수 있는 성숙한 자연친화적 태도는 유아기 이후 삶에도 작용하여 아름다운 공동체를 형성하는 데 중요한 역할을 한다고 하였다. 위형윤(2003), 윤응진(2003) 등은 기독교적 입장에서, 파괴된 자연생태계의 회복을 위해서는 본래대로의 자연과 인간관계를 회복하는 생태학적 공동체(ecological community)를 이룩하여 '더불어' 살아가도록 돕는 교육이 되어야 할 것이라고 논한 바 있다. 우리나라 환경부에서 내놓은 「2005 환경백서」, 「2006 환경백서」에서도 21세기 자연환경 보전 정책 목표 및 과제를 '인간과 자연이 더불어 사는 생명공동체 실현' 으로 보고 자연친화 교육의 중요성을 강조한 바 있다.

이렇게 볼 때 유아기에 자연친화 교육을 통해 생태계 내의 상호의존성(예 벚나무와 개미의 공생), 인간과 자연과의 상호의존성, 인간들 간의 상호의존성을 경험하도록 하는 것이 중요함을 알 수 있다. 그럼으로써 어린 시기부터 생태적 감수성, 영성을 풍부하게 갖추게 될 때에 자연을 바르게 돌볼 수 있고 약자의 빈곤과 고통을 덜어주려 하는 상호협동적인 공동체 구성원으로 바르게 자라나게 될 것이다.

이상에서 유아기 자연친화교육의 필요성 및 지향 방향을 6가지 측면에서 짚어보았다. 이제 보다 구체적으로 한국 유아교육 현장에서 자연친화교육이 어떻게 구현되어 왔는지를 살펴보고자 한다. 이를 통해 '프로젝트 접근법을 활용한 자연친화교육' 은 어떤 의미를 갖는지 가늠해 볼 수 있을 것이다.

2 한국 유아교육 현장에서 자연친화교육의 흐름

유아를 위한 자연친화교육의 최초 출현배경은 코메니우스, 페스탈로찌, 프뢰벨 등에 의한 초기 유아교육에서부터 이다(홍은주, 2005). 이들은 모두 감각적인 경험에 기초한 놀이중심의 자연학습을 강조했기 때문이다. 예를 들어 유치원의 창시자인 프뢰벨(이원영 · 방인옥 역, 2005)은 「인간의 교육」에서 자연에서의 직접 체험을 강조하였다. 단, 이때 아이들에게 사물의 이름을 서둘러 가르치려 들거나 어른의 관점이나 생각을 넣어 주려 하는 것은 효과적이지 못하다고 하였다.

그들의 이런 교육관은 우리나라 유아교육 현장에서도 전통적으로 실외놀이를 중요하게 취급하는 중요한 근거가 되어 왔다. 유아교육기관에서 일과 계획 시 바깥놀이를 중시해 온 것도 같은 맥락이다. 그런데 이런 비구조화된 바깥놀이 외에 1990년 이후에는 '환경교육' '생태교육' 프로그램 안에서 자연친화교육이 보다 의도적인 계획하에 이루어져 왔다. 그리고 병행하여 최근 2000년 이후에는 '자연친화교육'이라는 명칭을 그대로 사용하는 프로그램도 개발, 적용되고 있다. 그만큼 현재 한국 유아교육 현장에서 자연친화교육에 대한 관심은 매우 높다. 이런 점들을 개괄해 놓고 그 흐름을 보다 구체적으로 살펴보고자 한다.

가. 환경교육과 자연친화교육

1) 환경교육에서 자연친화의 의미

최남숙(2004, 111)은 "환경이란 자연 환경뿐 아니라 인공 환경, 인간행동 환경까지를 모두 포함하는 광범위한 개념"이라고 정의[6] 하면서 이때 환경교육이란 "인간

---

6) 최남숙(2004, 102-103)에 의하면 자연환경은 시간, 물리적, 생물적 요소에 의해 형성된 환경이다. 인공 환경은 인간에 의해 변경 또는 창조된 환경으로서 인간이 변형시킨 자연환경의 물리적 · 생물적 요소와 사회적 · 문화적 구조가 포함된다. 그리고 인간행동 환경이란 인간과 인간의 생물리학적(사람들의 존재, 신체적 움직임과 물리적인 상태를 포함), 심리적 · 사회적 행동 환경이다.

과 환경과의 생태적인 관계를 이해하고 자신이 처해있는 지구 환경 위기를 깨닫게 하여 자신과 환경 여러 요소들 사이의 관계를 개선하며 현재와 미래의 환경문제 해결에 적극적으로 대처하도록 하는 교육"이라고 하였다. 여기서 핵심은 '인간과 환경과의 생태적인 관계 이해'와 '환경문제 해결에 적극적으로 대처'하는 것이다. 환경교육의 궁극적 목적이 인간을 포함한 생태계의 안녕 지향인데, 이는 인간과 환경의 관계를 바르게 이해하고 능동적으로 노력하는 인간을 육성할 때 가능한 일이기 때문이다. 즉, '환경에 대한 바른 이해', '환경 보전을 위한 가치관 및 태도의 내면화', '지속적 실천'은 환경교육의 초점이라고 할 수 있다.

그런 관점에서 환경 교육 분야의 대표 주자인 Lucas(1980)는 환경교육을 '환경에 대한 교육(Education about the Environment)', '환경을 위한 교육(Education for the Environment)', '환경 안에서의 교육(Education in the Environment)'으로 나누어 설명하면서 환경교육은 이 세 부류를 다 포괄해야 한다고 주장(윤기영 · 조경희, 1993, 6에서 재인용)한 바 있다. '환경에 대한 교육'이란 환경에 대한 여러 가지 지식과 정보를 습득함으로써 인간과 환경과의 바른 관계를 이해하도록 하는 것이 초점이다. 그 효과적 방법은 체험을 위주로 하는 '환경 안에서의 교육'이다. 그런데 여기서 끝나버리면 환경교육의 원래 목적을 달성하지 못한다. 더 나아가 자연에 대한 인간의 도리를 실천하고 환경 보전을 위해 노력하는 '환경을 위한 교육'이 되어야 비로소 그 진가가 발휘되기 때문이다. 루카스의 이런 주장은 우리나라 여러 학자들의 연구 결과(윤기영 · 조경희, 1993; 최미현, 2000b; 양옥승, 2001; 김정원, 2003; 남효창, 2004)에서도 공통적으로 나타나고 있다. 몇 가지 경우를 살펴보면 다음과 같다.

먼저, '유치원 연간 환경교육 프로그램'을 개발한 윤기영 외(1993)는 '환경교육은 환경을 구성하는 여러 요소들 간의 관련성과 상호의존성에 대한 지식, 환경에 대한 올바른 태도를 갖도록 하는 것'이라고 하였다. 즉, 유아기의 환경교육은 지식과 기능의 습득뿐 아니라 인식과 태도의 형성, 더 나아가 실천적인 측면까지 포함해야 한다는 것이다.

환경교육은 21세기의 가장 필요하고 중요한 교육 일면이라고 강조한 최미현(2000b)은 특히 생태 교육적 입장에서의 환경교육을 강조하였다. 그러면서 유아기에 형성된 가치관과 습관이 삶의 태도에 큰 영향을 준다고 볼 때 유아들에게 자연에 대한 올바른 인식을 갖도록 하는 것은 환경 문제를 해결하는 장기적이고 근본적인 대안이 된다고 보았다. 따라서 유아 환경교육이란 환경 그 자체뿐만 아니라 환경을 구성하는 여러 요소들 간의 관련성과 상호 의존성에 대한 지식, 환경에 대한 올바른 태도를 갖도록 하는 것까지 포함해야 한다고 하였다. 이를 통해 미래의 세대들에게 환경 문제 인식, 현재 환경의 보전, 오염된 환경 회복에 기여할 수 있는 사고력 · 판단력 · 실천력을 길러 주어야 한다는 것이다. 여기서도 역시 환경에 대한 바른 이해 및 태도 형성, 그리고 이에 기초한 실천이 강조되고 있음을 알 수 있다.

양옥승(2001) 역시 앞으로의 유아기 환경교육은 생태학적 관점에서 근본적으로 생활방식의 바람직한 변화가 일어나도록 가치관 및 태도의 형성에 주력해야 할 것이라고 하였다. 이때 자연회귀적이고 자연보존적 차원의 교육이 아니라 인간과 자연의 조화와 협력을 위한 자연보전의 교육으로 전환될 필요가 있다고 하였다. 즉, 환경교육에서 가장 중요한 것은 자연에 관한 여러 가지 지식이나 정보를 알도록 하는 것보다 장기적인 관점에서의 자연친화적 가치관 및 태도 형성이라는 것을 알 수 있다.

현온강 외(2001)도 환경과학계에서의 주 관심은 '환경적으로 건전하면서 지속가능한 발전' 혹은 '생태적으로 지속가능한 발전'을 어떻게 이룰 것이냐 하는 것이라는 전제하에 교육의 초점은 환경과의 올바른 관계를 갖고 올바른 삶의 모습을 형성해 나가도록 유도하는 것이 되어야 한다고 보았다. 그 구체화가 「유아 환경교육 활동 프로그램」에서 '식물 기르기, 식물 관찰', '여름의 곤충', '나무의 변화, 자연물을 이용한 놀이 관찰' 등 자연에 친숙해질 수 있는 활동주제들과 '아껴 쓰는 생활습관', '가정에서의 절약 실천', '물 아껴 쓰기', '쓰레기 줄이기', '에너지 절약' 등의 생활 속의 실천을 강조하는 활동주제로 나타나고 있다.

교육인적자원부(2002, 7)에서 개발된 「유아를 위한 환경보전 교육활동자료」에서는 환경보전을 위한 실천을 강조하고 있다. 즉, "환경을 구성하는 모든 요소들은 서로 관련되어 작용하고 있어서 어느 한 측면의 오염은 결국 전반적인 환경오염 문제를 가져온다."고 전제한 후, 환경교육이란 단순히 환경오염에 대처하는 차원을 넘어서 보다 적극적으로 환경보전을 위해 노력하는 교육이 되어야 함을 강조하고 있는 것이다. 이때 유아기 아동에게는 일상생활과 직접 관련 있는 '음식'을 통해 교육하는 것이 바람직하다고 보았다. 그런 맥락에서 2부의 활동 실제편은 '음식과 환경보전'이다. 구체적으로 활동 주제별 주요 개념을 보면 '음식 근원'에서 자연생태계에 대한 이해, '소중한 물'에서 깨끗한 물의 보전, '음식물 쓰레기'에서 음식물 쓰레기와 자연생태계의 관계 등 자연생태계의 보전과 이를 위한 유아 수준에서의 실천 방법이 중심을 이루고 있다.

서구의 근대 문명이 야기한 위기 극복 대안으로 체험 환경교육을 강조한 남효창도 [그림 I-1]과 같이, Janseen(남효창, 2004, 21, 재인용)의 말을 빌려, 환경교육에서는 감성과 지식, 실천의 세 측면을 적절하게 연결하여야 한다고 강조하였다. 체험 위주의 자연 경험이나 감각 위주의 자연 체험이 흥미롭고 효과적인 교육 방법의 하나는 될 수 있으나 실천이라는 환경교육의 궁극적인 목적을 달성하지 못할 때 단순한 일방통행 교육, 일회성의 교육이 될 위험이 있기 때문이다. 단, 그는 8세 미만 어린이들의 경우 환경교육은 단지 숲 안에서의 체험 활동, 놀이에 치중하는 것만으로도 바람직하고 의미 있다고 하였다. 어린이들은 마치 스펀지가 물을 흡수하듯이 사물을 인식하고 파악하게 되기 때문이다. 이후 8~13세 정도가 되면 여러 가지 자연현상에 대한 지식, 기술적인 내용의 연관 관계를 이해하는 데 더 큰 관심을 보이게 된다. 이런 과정을 통해 궁극적으로는 자연환경 및 생활환경의 보전이 곧 자기 자신의 보전임을 자각하게 하고, 환경에 대한 책임감 있는 태도와 행동을 유도할 수 있다는 것이다.

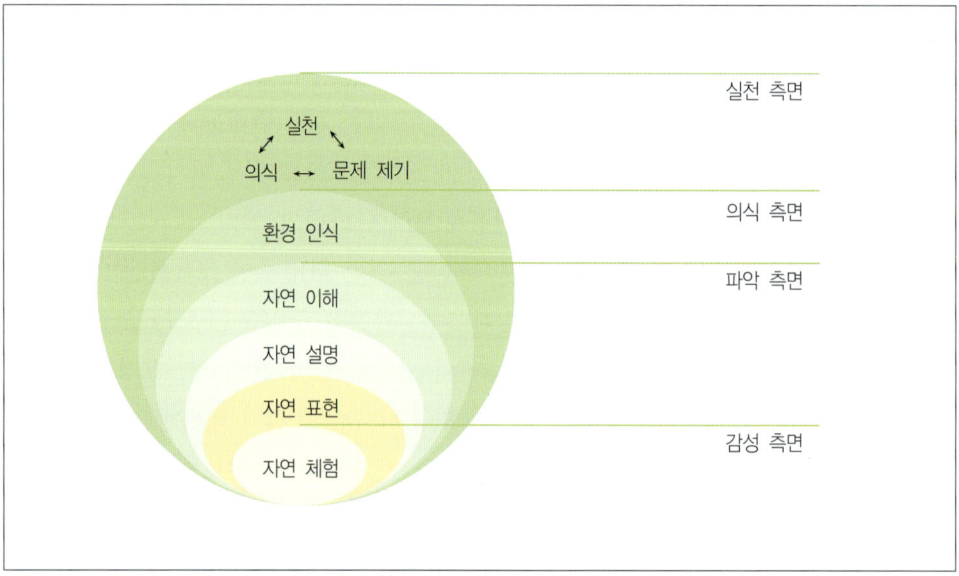

[그림 I-1] 체험 환경교육을 위한 실천적 측면

이와 같은 여러 학자들의 연구 결과와 주장에 근거하여 유아기 환경교육에서 자연친화의 의미를 다음과 같이 정리해 볼 수 있겠다.

- 21세기 현대 사회에서 환경오염 및 생태계 파괴 문제는 인류 모두가 함께 해결해야 하는 중요하고도 급박한 과제이다.
- 그 구체적 방안이 환경교육이다. 이때 교육 목적은 환경에 대한 지식뿐 아니라, 환경과의 관계 이해를 통한 자연친화적 태도 및 가치관의 형성을 돕고 그럼으로써 환경보전 행동을 능동적 · 적극적으로 실천할 수 있도록 하는 것이다.
- 유아기 환경교육에서 '자연친화'는 핵심적인 부분이다. 자기 주변의 자연에 친숙해지는 것이야 말로 환경 보전의식을 갖추기 위한 가장 기본적 전제 조건이기 때문이다.
- 따라서 유아기 환경교육은 자연친화에 초점 맞추어 자연에서의 직접 체험, 놀이 위주로 이루어지는 것이 바람직하다.

이상에서 환경교육에서 자연친화의 의미에 대해 살펴보았다. 이제 한 걸음 더 나아가 유아기 환경교육 프로그램의 출현 배경과 사례, 그리고 그 안에서 중요한 부분을 차지하고 있는 '자연친화교육'에 대해 살펴보고자 한다.

2) 유아 환경교육에서의 자연친화교육

가) 유아 환경교육의 출현배경

전 세계적으로 환경교육에 대한 관심이 일어나기 시작한 때는 1972년으로, 스웨덴의 스톡홀름에서 '단 하나 뿐인 지구(Only One Earth)'라는 주제로 개최된 유엔인간환경회의에서부터이다. 이 회의에서 제창된 '유엔인간환경 선언문'은 환경 문제를 세계적 차원으로 부각시킴으로써 환경교육의 필요성을 상기시켰다. 이후 환경교육은 '자기 주변 환경을, 자기가 할 수 있는 범위 내에서 관리하고 규제하는 행동을 확실하게 할 수 있는 인간 육성'에 중점을 두어 왔다(최남숙, 2004).

우리나라의 경우도 전 세계적 흐름 속에서 1970년대 초부터 환경 문제가 논의되기 시작하고 교육적 방안 제시도 이루어졌다. 즉, 서울대학교 환경대학원에서 개최한 "인간의 환경 학술 발표회" 및 한국교육개발원에서 1977년 개최한 "환경교육에 관한 워크숍" 등을 계기로 환경교육에 관한 관심이 본격적으로 일기 시작해 1978년에는 자연보호 헌장이 채택되기에 이르렀다(현온강 · 이완정 · 김영명, 2001).

학교 교육과 관련해서는 1982년 제4차 교육과정에 환경교육 내용을 포함시킨 것이 시작이다.[7] 이후 환경문제를 교육과정에 반영시켜 초등학교 이상의 학생들을 교육하려고 노력해 왔다. 예를 들어 초등학교에서의 환경교육은 '슬기로운 생활', '도덕', '사회', '과학' 등 관련 교과목에 분산, 실시하였으며 특히 1997년 12월에 고시되어 2000년부터 단계적으로 시행된 제7차 교육과정은 제6차 교육과정에 비해 배가된 재량 활동 시간(각 학년별 60~68시간) 중 환경교육을 실시할 수 있도록 한 바 있다(환경부, 2004). 그리고 이와는 별도로 환경부[8]에서 「체험환경교육 프로그램」을 개발 · 보급하였다.

유치원 교육 분야에서는 1990년대 초반까지도 국가적 차원에서 자연보호 차원의 간단한 내용 제시 외에 교육 현장에서 활용할 수 있는 환경교육 지침은 마련되지 않았다. 당시 문교부의 「유아교육지도자료집」에서 환경교육 관련 내용으로 자연생태계, 인공환경, 자원, 환경오염, 자연보존을 일부 다루었을 뿐이다(윤기영 외, 1993). 그러나 제5차, 6차 유치원 교육과정으로 넘어오면서 그 비중이 상대적으로 높아져 제6차 유치원 교육과정을 보면 환경 및 자연 관련 내용을 거의 모든 교육과정 영역에서 비중 있게 제시하고 있다. 더 나아가 2007년 개정 유치원 교육과정에서도 개정 방향을 "인간 간의 관계를 존중하고 자연과의 관계 개선을 주도할 한국인 육성"(김진숙, 2007, 7)이라고 밝히고 있을 만큼 '자연친화교육'의 의미는 더욱 강화되었다.

---

7) 윤웅진(2003)에 의하면, 이후에도 국가적 차원에서 1987년 제5차 교육과정에 환경교육을 8대 중점 지도 사항으로 명시, 1992년 제6차 교육과정에서 중, 고교에 '환경' 과목을 설치, 1997년 제7차 교육과정에 환경 관련 과목(중학교에 '환경', 고등학교에 '생태와 환경')을 설치함. 2000년 제7차 교육과정의 중학교 '환경' 교과서 검정 심사본이 발표되었다.

8) 환경부는 우리나라 환경행정의 주무부서로서 1967년 보건사회부 공해계에서부터 시작하여 1973년 환경행정전담과인 공해과로 확대된 것이 그 뿌리이다. 그 후 1980년 보건사회부의 외청인 환경청으로 확대, 1990년에는 보건사회부 외청에서 국무총리 소속하의 장관급 부처인 환경처로 승격하였다. 1994년에는 다시 환경처가 환경부로 승격되어 독자적인 정책입안을 추진할 수 있는 역량을 갖추게 된다. 현재 환경부는 환경보전의 주무부처로서 중앙환경분쟁조정위원회, 국립환경과학원 및 8개 지방환경관서를 두고 있으며 산하기관으로는 환경관리공단, 한국환경자원공사, 국립공원 관리공단 및 수도권매립지 관리공사가 있다(환경부, 2005).

나) 유아 환경교육 프로그램에 나타난 자연친화교육

한국 유아교육계에서 환경교육 프로그램이 시도된 때는 1990년 이후이다. 이렇게 개발된 환경교육 프로그램[9]들은 비록 프로그램명 자체에서 '자연친화교육'이라는 용어를 직접 사용하지는 않았지만 주요 목적 중 하나를 유아들이 자연에 친숙해지도록 하는, 더 나아가 자연을 잘 돌보도록 하는 데 두고서, 물, 공기, 동물, 식물, 흙 등 자연 친화 소재를 중요한 교육 내용으로 다루고 있다. 이 중 구체적으로 몇 가지 프로그램을 살펴보면 다음과 같다.

1 윤기영 외(1993)의 〈유치원의 환경교육 프로그램〉

유아기 환경교육은 지식과 기능 습득뿐 아니라 인식과 태도의 형성, 더 나아가 능동적인 환경 보호까지 염두에 두고 실행해야 한다는 목표 하에 개발된 프로그램이다. 이를 위해 특별히 한국교육개발원에서 제시한 환경 교육의 10개 영역[10] 중 자연생태계, 인공환경, 자원, 환경오염, 자연보존, 환경보전, 자연정화 7개 영역을 선정하여 연간 환경교육 계획을 세운 후 각각의 활동별로 계획안(활동 제목, 활동 유형, 준비물, 활동 방법 등의 체제)을 제시하였다. 특별히 자연생태계에서의 직접 체험과, 노래 부르기, 게임, 동화, 실험, 토의 등이 연계되어 이루어질 것을 강조하고 있다.

2 현온강 외(2001)의 〈유아 환경교육 활동 프로그램〉

환경교육의 의미는 구체적 경험과 실천을 통하여 체득하도록 함으로써 환경보전 의식과 태도 및 행동을 내면화시키는 데 있다고 보고, 실천 활동과 자연친화적 활

---

9) 한국에서 1990년 이후 개발된 환경교육 프로그램에는 시연유치원(1992)의 〈유아환경교육〉, 윤기영 · 조경희(1993)의 〈유치원의 환경교육 프로그램〉, 서울시 교육청(1993)의 〈유치원 환경교육 활동자료〉, 환경처(1994)의 〈유아환경교육〉, 색동유치원(2000)의 〈4, 5세 환경친화적 행동의 습관화를 위한 환경교육 수업안〉, 현은강 · 이완정 · 김영명(200)의 〈유아환경교육 활동 프로그램), 교육인적자원부(2002)의 〈유아를 위한 환경보전교육 활동〉, 윤애희 · 박정민(2002)의 〈유아환경교육〉, 김정원(2003)의 〈문학을 활용한 유아환경교육 프로그램〉, 동아유치원(2006)의 〈유아환경교육의 실제〉 등이 있다.

10) 한국교육개발원에서 학교 환경교육 내용으로 선정 · 제시한 3분야 10가지는 ① 환경의 개념 : 자연생태계, 인공환경 ② 환경문제 : 인구, 공업화, 자원, 환경오염 ③ 환경보호 : 자연보존, 환경보전, 자연정화, 환경의 질 향상이다.

동 중심의 유아 환경교육이 될 것을 강조하였다. 연간 교육 계획안(3월부터 다음해 2월)은 생활주제(주로 계절적 요인에 따른 자연친화적 주제)에 따른 활동 주제, 활동 내용, 견학으로 나누어 제시하였다.

연간 교육 계획안에 제안해 놓은 활동 주제들을 살펴보면 1/2이상이 물리적, 생물학적 자연과 직접 관련된 자연친화적 교육 내용(예 식물 기르기, 식물 관찰, 여름의 곤충, 나무의 변화, 깨끗한 공기 등)임을 알 수 있다. 또한 자연에서의 직접 활동들(예 봄동산 산책하기, 우리 동네 깨끗이 하기, 도토리로 놀이하기 등)에도 큰 비중이 주어지고 있다.

3 교육인적자원부(2002)의 〈유아를 위한 환경보전 교육활동〉

프로그램 개발 배경은 '우리나라에서 음식물 쓰레기로 인한 환경오염 실태가 날로 가중되고 있다는 문제점' 의 인식이다. 그런 연유로 중심 주제는 '음식과 환경보전' 이다. 목적은 '음식물 쓰레기 줄이기에 대한 내면화 과정을 통하여 환경보전에 대한 인식과 태도를 형성하는 것' 과, '환경보호를 위한 지식과 기능을 습득하도록 하며 환경보호 행동을 실천하도록 돕는 것' 이다(교육인적자원부, 2002, 8).

이를 위한 활동 내용으로 '음식의 근원' , '음식의 유통과 보관' , '올바른 식습관과 건강' , '소중한 물' , '음식과 쓰레기' 라는 주제를 선정해 놓았다. 그리고 각 주제마다 4~5가지의 구체적 활동, 총 30가지를 소개하고 있다. 활동명들을 보면 '지렁이 만세' , '먹이사슬 이야기' 등 자연친화적 소재 및 '더러워진 바다' , '깨끗한 환경 우리가 만들어 가요' 등 우리 주변의 생물학적 자연이 중요 소재이다.

4 김정원(2003)의 〈문학을 활용한 유아 환경교육 프로그램〉

교육 목표는 지구 자연 환경에 대한 예민한 관찰자로서의 유아 성향 계발, 자연환경에 대한 지식과 정보 획득, 자연환경 보호의 필요성 인식이다. 이를 위해 질 높은 문학작품을 매개로 하는 8주간의 프로그램을 제안하였다. 문학 작품은 4가지 주제, 즉 '자연환경 관찰과정 및 기술' , '자연환경의 변화 인식' , '자연환경에 관한 구체적인 실험 및 적극적 탐색과정' , '자연환경의 감상 및 보호' 등과 관련하여 각 2권씩 총 8권이 선정되어 있다. 선정된 동화책을 보면 「나무는 좋다」, 「꽃길」, 「숲길」, 「숲의 속삭임」, 「숲이 살아났어요」 등 자연친화적 소재 중심이다.

프로그램의 특성을 '자연친화교육' 측면에서 볼 때, 첫째, 자연에서의 직접 체험

이전에 먼저 유아들이 동화를 통하여 자연을 친숙하게 느끼도록 할 것, 둘째, 동화 주제 관련 활동으로서 자연에서의 직접 체험, 음률, 게임, 미술 등을 통한 연관 활동들이 통합적으로 이루어질 것을 강조하고 있다는 점이다.

전술한 유아기 환경교육 프로그램들에서 자연친화 교육 내용과 관련하여 공통적으로 찾아볼 수 있는 사실은 다음과 같다.

첫째, '유아기 환경교육'을 효과적으로 시행하기 위한 중심 소재는 생물학적·물리적 자연이다.

둘째, 연계하여 그 교육 내용으로 자연을 느끼기 외에 자연에 대해 알기, 이해하기, 자연보전을 위한 유아 수준의 실천하기가 강조되고 있다.

셋째, 환경교육의 중요한 방법으로 자연물을 통한 유아들의 직접 체험, 놀이를 중시하고 있으며 동시에 동화, 노래 부르기, 실험 등 유아들의 흥미를 끌 수 있는 다양한 방법을 활용하고 있다.

넷째, 자연 체험 과정과 결과를 다양한 방법으로 표현해 보도록 함으로써 통합적 발달을 도모하고 있다.

나. 생태유아교육과 자연친화교육

1) 생태교육에서 자연친화의 의미

'미 볼사치카 생태계 107년만의 복원'이라는 기사(한겨레신문 2006년 8월 26일자. 워싱턴 류재훈 특파원의 기고 글 중)나 우리나라 새만금 간척사업을 둘러싼 엄청난 논란의 화두는 '생태계 파괴'였다. 이는 현재 환경오염 문제와 관련하여 가장 크게 염려되고 있는 부분이다. 여기서 한 가지 생각해 보자. 생태계[11] 일부가 조금

11) 생태계에 대한 학문인 '생태학'은 헤켈(Ernst Haeckel)이 1869년 oekologie라는 용어를 처음으로 도입하면서 학문 분야로 자리잡았다. 이후 1985년 크렙스(Charles J. Krebs)가 관계의 개념을 추가하여 '생물의 분포와 수를 결정하는 상호작용에 대한 과학적 학문'으로 정립하였다(정민걸, 2005). 즉, 생태학은 "인간과 인간, 개체와 개체 등 전 세계를 관계의 측면에서 설명하려는 시각을 총칭하는 상징적 표현"(문순홍 역, 1997, 237)이며, 중요 단어는 생태계 구성 요인들 간의 '상호 관계'이다.

망가진들 그것이 왜 그렇게 심각한 문제란 말인가? 그 이유는 생태계를 구성하는 모든 생물, 무생물들은 서로 밀접하게 유기적 관계를 맺고 있기 때문이다. 따라서 관계의 훼손, 또는 단절은 생태계 일부에서 일어나는 것이라 해도 결과적으로 생태계 전체에 영향을 미치는 심각한 위험 요인이 될 수 있는 것이다.

여기서 '관계'는 서로 가까이 존재하는 것들 간에만 형성되는 것은 아니다. 외형상 전혀 관계없어 보이는, 또는 거리상으로 너무 멀어 관계를 맺을 수 없을 것 같이 보이는 것들 간에도 존재한다. 이에 대해 Wackemagel과 Rees(1996)의 「생태발자국(Our Ecological Footprint)」[12]을 번역한 이유진과 류상윤(2006, 7)은 그 책 서문에서 '한국인의 휴대폰과 아프리카 나라들의 산림, 그 곳에서 일어나고 있는 피비린내 진동하는 내전들'이 '상호관계' 있음을 밝히고 있다. 즉, 여기서 보면, 2005년 말 시점으로 한국인 3천 813만 명이 휴대전화를 가지고 있다. 이 휴대전화의 핵심 부품은 '탄탈 커패시터'이다. 그 원료는 '콜탄'인데 이를 캐내느라 아프리카의 숲이 뽑혀 나가고, 강바닥 곳곳에 구멍이 뚫린다. 전 세계적인 휴대전화 수요 폭등으로 콜탄 값이 10배나 뛰었다. 콩고, 르완다, 앙골라 등 내전 국가의 군벌들이 서로 콜탄 광산을 차지하기 위해 전쟁을 벌이고 있다. 1990년대 콜탄 광산의 이권다툼 소용돌이 속에서 무려 500만 명의 주민들이 사망했다는 것이다.

이런 '관계'에 주목한 「생태발자국」에서는 잘 사는 나라 사람들의 평균 생태 발자국이 '공정한 지구 몫의 2~3배'를 초과하고 있다는 점을 심각한 문제로 제기하고 있다. 그러면서 지구를 2~3개로 늘리는 것은 절대로 불가능하니까 인간들, 특히 잘 사는 나라 사람들이 지구 자원을 펑펑 쓰는 것을 반드시 자제해야 한다고 촉구한다. 영국 환경부의 밀리번드 환경부 장관이 "가디언"과의 인터뷰에서 5년 안에 반드시 시행에 옮길 것이라고 강조한 '탄소카드'(한겨레신문, 2006년 12월 13일자.

---

12) 이유진과 류상윤 역(2006, 5)에 의하면, '생태발자국'이란 음식, 옷, 집, 에너지 등을 생산하기 위해 필요한 토지, 쓰레기를 처리하는 데 필요한 토지 등 인간 생활에 필요한 자원을 생산하는 데 소요되는 토지 면적을 나타낸 지수이다. 연관하여 인터넷 경향신문(2006. 11. 24. 최민영 기자 글 중)에서는 '한국처럼 자원 펑펑 쓰면…지구 하나 더 필요'라는 글에서 한국인의 '생태발자국 지수' 결과를 밝히고 있다. 그 자료에 의하면 1980년의 생태발자국 지수는 0.8ha였는데 비해 2005년에 3.0ha로 4배 가까이 늘어났으며 이 수치는 지구가 감당할 수 있는 한계 생태발자국 지수 1.8ha를 2배 가까이 초과한 것이라고 한다.

'탄소 가라' 이상수 기자 글 중)[13]도 삶의 전 영역에서, 세계인 특히 선진국 사람들이 생태적인 삶을 살기 위한 노력을 해야 한다고 강조하고 있다.

관련하여 김영호(한겨레신문, 2006년 12월 15일자)는 '서울의정서로 생태문명 르네상스 이끌자' 라는 글에서 대안 세계화를 통해 생물 다양성, 문화 다양성 및 산업 다양성 등을 존중하고 촉진해야 한다고 주장한다. 그 의미는 "널리 인간을 유익하게 한다는 '홍익인간' 의 개념을 넘어 널리 자연을 이롭게 한다는 '홍익자연' 의 개념이다. 그렇게 되어 생태계가 살아나고, 그 다양성이 보전될 때 비로소 인간은 제 위치에서 제대로 된 삶을 살 수 있다는 것이다.

연계해 볼 때 생태교육에서 관심을 기울일 중요 문제 중 하나는 '생태계의 보전을 위한 인간 역할' 임을 알 수 있다. 이에 관해 근본 생태론자로 간주되는 Capra(1993, 노상우, 2003, 재인용) 등은 탈인간적 관점에서 생물 중심주의로의 환원을 강조한다. 즉, 인간도 오징어나 개미 등과 같이 그저 생태계의 한 구성원일 뿐 결코 다른 생물들의 관리자적 입장이 아니라는 것이다. 반면 Bookchin(문순홍 역, 1997)을 중심으로 하는 사회 생태론자들은 '변증법적 이성' 을 소유한 인간에 의한 생태 윤리를 강조한다. 이는 인간과 자연을 상생적 관계로 파악하지만 동시에 다른 생물들과는 다른, 인간의 고유한 위치와 책임, 바른 돌봄 등을 인정하는 것이다. 이때 전제조건이 되는 것은 객관적인 생태윤리이다. 같은 맥락에서 정민걸(2005)도 인간의 자연 이용, 자연에 대한 인간의 책임, 그리고 이를 위한 필요조건으로서 '다른 존재들을 감싸안고 가는 지혜' 를 강조한다. 여기서 '지혜' 는 북친이 강조한 '이성' 과 같은 의미로 해석해 볼 수 있다.

관련하여 조형숙(2005, 345)은 자연과 인간의 삶이 불가분의 관계임을 어린 시절부터 체험하고 인식하도록 할 때, 지적 호기심의 충족을 넘어 공존적 삶을 실천할

13) 영국 환경부가 지구 온난화의 주범인 온실 가스 배출량을 일정한 범위 안에서 제한하기 위해 개인별 '탄소 소비 정량제' 의 도입을 추진한 데서 비롯된 것이다. '탄소 소비 정량제' 란 영국 전역에서 1년치 온실가스 배출 통제 목표를 정한 뒤, 이를 인구 수로 나눠 한 사람이 한 해에 소비할 수 있는 배출량을 수치화해 나눠 주는 것이다. 이렇게 되면 시민은 자동차에 가솔린을 넣거나 비행기 표를 예매할 때 자신의 '탄소가스' 를 함께 제시해야 한다. 개인끼리 배출권을 거래할 수도 있다. 이 제도에 대해 영국 환경부 장관은 '부자가 가난한 사람보다 온실가스를 더 많이 배출할 것이기 때문에 무차별적 탄소세를 부과하는 것보다 진보적' 이라고 말했다.

수 있는 소양을 길러줄 수 있다고 전제한 후, "생태주의 교육이 지향하는 '보살핌'의 윤리 내면화"를 자연친화교육의 중요한 지향점으로 들고 있다. 이는 북친이 주장한 '이성을 가진 인간의 객관적인 생태윤리'와 거의 동일한 의미로 보인다. 양옥승(2001) 역시 같은 맥락에서 유아를 위한 자연교육은 생태적 공동체의 구성원으로서 인간을 인식하고 인간, 자연, 환경을 동시에 배려할 수 있는 능력의 토대를 갖추도록 하여야 한다고 하였다.

이와 같이 환경교육에서 뿐 아니라, 생태교육에서도 '자연친화'는 매우 중요한 요인이다. 생태유아교육의 구체적 사례로 들 수 있는 〈산책 프로그램〉, 〈텃밭 가꾸기 프로그램〉, 〈생태미술 프로그램〉 등에서 일관되게 '자연에서의 지속적인 활동'을 중시하는 것도 같은 맥락으로 해석해 볼 수 있다. 이를 통해 유아들이 자연 생태계의 순환, 질서 및 조화, 관계 등을 경험하고 느끼며 결과적으로 생태윤리를 체득할 수 있다고 보기 때문인 것이다. 전술한 여러 학자들의 논의에 근거하여 생태교육에서 자연친화교육이 갖는 의미를 정리해 보면 다음과 같다.

첫째, 생태교육에서는 '생태계 구성원간 상호 관계'를 강조한다. 관련하여 생태교육의 목적은 관점에 따라 차이는 있으나, '생태계에 대한 바른 돌봄의 내면화'로 정리해 볼 수 있다.

둘째, 생태교육에서 강조하는 '관계' 인식, '생태 윤리 내면화'가 이루어지도록 하기 위해서 어려서부터 자연 생태계에 친숙해지도록 해주어야 한다. 생태계에서 강조하는 '관계'를 가장 잘 경험할 수 있는 곳, 감성과 지성을 도야할 수 있는 곳이 바로 자연이기 때문이다.

2) 생태유아교육에서의 자연친화교육

가) 생태유아교육의 출현 배경

생태학에 대한 논의는 1970년대 환경 문제가 국제 문제로 부각되고, 1973년 노르웨이의 과학 철학자 안 네스(Anne Naess)를 중심으로 한 근본 생태론이 주창되면서 본격적으로 시작되었다(문순홍 역, 1997). 이후 1992년 브라질의 리우에서 '지구 정상회의'가 개최되고 환경 문제가 세계적인 관심사로 부상하면서 자연에 대한 생태학적 관점(ecological perspective) 또한 크게 관심을 끌게 되었다(양옥승,

2001). 그 기저에는 환경 문제에 대한 환경관리주의적인 태도에 대한 비판이 있었다. 동시에 환경 위기에 대한 근본적 해결을 위해서는 새로운 생태적 접근 방식으로 전환해야 한다는 주장과 요구도 있었다.

국내 유아교육에서는 1990년경부터 유아교육 분야에서의 생태교육 연구가 활발해졌다. 동시에 실천 노력도 병행되었다. 1990년 결성된 '우리 아이들의 보육을 걱정하는 모임', 1992년 '공동육아연구회' 등은 이런 동향을 주도했던 단체들이다. 특별히 '생태유아교육'이라는 용어를 만드는 데 중심 역할을 한 임재택(2005, 114)은 "생태유아교육이라는 용어는 자연친화적 유아교육, 정원식 유아교육에 대비되는 숲식 유아교육, 생태지향적 유아교육, 생명중심적 유아교육 등의 용어 등과 혼용하여 사용하다가 1998년 '생태유아교육강좌'를 시작하면서부터 '생태유아교육'이라는 용어로 통일하였다."고 기술하고 있다. 이렇게 볼 때 우리나라 유아교육 분야에서 생태교육에 대한 관심과 구체적 시도는 그렇게 오래되지 않았다는 것을 알 수 있다.

한편, 생태유아교육에서는 교육 한 면이 아닌 전체적인 패러다임 속에서 유아교육의 방향 전환을 꾀한다. 이에 대해 임재택(2005)은 '생태유아교육'이란 '자연의 순리에 따른 자연친화적 교육'이며, 새로운 패러다임(*생명의 세계관)에 기초하고 있기 때문에 유아과학교육, 유아언어교육 등과 구분되어야 하고 더 나아가 '유아생태교육(이 또한 기계론적 세계관에 기초하고 있다고 봄)'과도 분명하게 구분되어야 한다고 하였다. 같은 맥락에서 김은주(2005)도 '생태유아교육은 제도권 내에서 기존 유아교육의 패러다임을 새로운 유아교육 패러다임으로 전환[14]함으로써 현대사회에서의 아이들 삶과 교육문제를 해결해 나가고자 하는 것'이라고 한 바 있다. 이런 이유로 생태유아교육 관점을 취하고 있는 프로그램에서는 공통적으로 자연의 순환, 조화, 질서, 관계, 맥락, 그리고 그 안에서 함께 어우러지는 교육을 강조한다.

---

14) 생태유아교육에서의 세계관은 '인간은 생태계 다른 존재들과 동등한 위치에서 관계를 맺고 있는 또 하나의 생명가치'라고 보는 것, 아동관은 '아동과 아동을 둘러싼 주변 환경과의 관계를 상호보완적으로 연결된 그물망으로 보며 아동 존중뿐 아니라 타인의 존중도 함께 고려한다'는 것, 발달관은 '인간과 만물과의 관계 속에서 순환적으로 일어나는 끝없는 과정으로, 개체 내에서도 연속적이지만 개체 간 연결되어 있으므로 모든 생명체의 발달은 상생의 관계로 이해되어야 한다'는 것(임재택, 2004; 김은주, 2005)이다.

나) 생태유아교육 프로그램에 나타난 자연친화교육

우리나라에서 개발된 생태유아교육의 실천 프로그램들[15]과 기타 특별한 생태교육 사례 몇 가지를 통해 생태교육에서 '자연친화'가 갖는 의미를 살펴보고자 한다.

1 하정연 외(2005)의 〈생태미술 프로그램〉

생태미술 프로그램은 아이들의 감성과 영혼을 살리기 위한 미술을 목표로 하고 있으며, 접화군생(接化群生)에 기초하고 있다. 접화군생이란 네 가지 강조점, 즉 사람과 자연과의 관계성으로 표현되는 '접'에 근거하여 이루어져야 할 것, 순환성(봄부터 1년 주기로 흘러갈 것)으로 표현되는 '화'에 근거하여 이루어질 것, 다양성(표현, 매체, 표현의 다양성 모두를 포함)으로 표현되는 '군'에 근거해야 할 것, 영성 혹은 영혼인 '생'을 바탕으로 해야 할 것을 말한다. 그리고 이런 모든 활동은 아이들의 삶(삶의, 삶에 의한, 삶을 위한)과 더불어 이루어질 것을 강조한다(하정연 외, 2005, 15-18). 그렇기 때문에 〈연간 미술 프로그램〉의 실천 예를 보면 계절별로 자연친화적 소재에 의한 다양한 활동, 예를 들면, 천연염색, 자연물 모빌 만들기, 여름 곤충 마블링, 조롱박에 그림 그리기 등이 이루어지고 있으며, 이는 아이들의 삶의 일부로서 다른 프로그램들과 통합적으로 실천되고 있는 것이다.

2 임재택 외(1999)의 〈산책 프로그램〉

산책 프로그램의 목적은 자연의 의미를 밝힌 글에 잘 표현되어 있다. 즉, "자연은 놀이터와 놀잇감을 주고, 감각 능력과 지적 호기심, 상상력을 길러 주며, 마음의 안정과 평화를 줄 뿐 아니라, 생명의 소중함과 또래간의 협동심을 길러준다. 자연은 밤과 낮, 날씨 및 사계절의 변화, 삶과 죽음, 더불어 사는 지혜도 가르쳐 준다." (임재택 외, 1999, 17).

구체적으로 산책 프로그램은 봄, 여름, 가을, 겨울의 계절적 특성에 따른 산책과 동네 산책 중 할 수 있는 활동들을 소개(연간 계획안, 월/주간 산책 계획안 및 일일

---

15) 생태유아교육을 위한 실천 프로그램으로서 〈얘들아! 산책가자〉, 〈선생님 텃밭가요〉, 〈선생님! 세시풍속이 뭐예요〉, 〈할머니 · 할아버지 함께 놀아〉, 〈손끝으로 만나는 세상〉, 〈선생님 바깥놀이해요〉 등이 계속적으로 개발, 출판되고 있다.

산책 계획안)하고 있다. 일일 산책 계획안은 주제, 목표, 장소, 가는 방법, 준비물, 산책가기 전, 산책 가는 길, 산책을 가서, 다녀와서, 기타로 나누어 사전에 상세하게 계획되지만 아이들의 흥미, 요구, 반응에 따라 항상 융통성과 유연성을 가진다는 것이 강조되고 있다. 여기서도 산책은 단순하게 자연에게 친숙해지기 위한 통로라기보다는 자연계의 순환, 질서, 조화, 자연물들 간의 유기적인 관계 등을 터득하도록 하기 위한 구체적 방법이라고 할 수 있다.

3 생태교육연구소(2005) '터' 의 〈무심천 생태교육〉

청주, 청원 지역 거주 자연안내자들이 주축이 되어 무심천의 생태를 교육의 중심 소재로 삼고 진행하는 교육 활동이다. 구체적으로 무심천을 잘 드러내는 다섯 개 지점(*발원지인 내암리, 방서다리, 꽃다리, 운천동, 까치내)에서 할 수 있는 활동들을 곤충 관찰 및 교육 활동, 놀이, 배움터와 쉼터 느끼기로 나누어 제시하고 있다. 이 프로그램의 근거는 세 가지로서 첫째, 올바른 생태교육은 사람들이 각자 발붙이고 살아가고 있는 지역을 소중히 하고 잘 보전하려고 하는 가운데 이루어져야 한다는 것, 둘째는 그런 의미에서 청주의 아이들에게는 청주의 젖줄인 무심천을 생태적으로 되살리는 교육이 중요하다는 것, 셋째는 자연은 한두 번의 지식으로 접근할 것이 아니라 감수성을 살리는 것으로 다가가야 한다는 것이다. 이 역시 생태교육에서 강조하는 바인 학습자의 삶과 교육의 통합을 잘 보여주고 있다.

4 공동육아 프로그램

공동육아는 약 10년여의 역사(*1994년 최초의 공동육아 협동조합인 '우리 어린이집' 개원)를 가지고 있다. 그 과정에서 나름대로의 진화과정을 거치고 있는데 예를 들어 나들이의 경우 초기 자연친화적 나들이 수준에서 생태나들이[16] 로 바뀌었다.공동육아가 지난 10년여 동안 실천해 온 교육 내용은 생태교육, 생활문화교육, 관계교육, 통합교육이라는 네 축 사이에서 교차 구성되었다고 할 수 있다(이부미, 2006). 구체적으로 공동 육아에 대한 모색과 실천을 담은 「함께 크는 삶의 시작, 공

---

16) 생태 나들이의 의미는 ① 공동체 사회를 위한 출발, ② 아이들이 스스로 삶의 방식을 찾는 과정, ③ 자연스럽게 환경문제에 관심 갖게 됨, ④ 경험과 통합된 인식을 하게 됨, ⑤ 지역의 역사에 대한 관심과 문화적 소양을 키워 주는 것이다(이말순, 2006).

동육아」의 내용에서 볼 수 있듯이, 공동육아 어린이들은 먹을거리, 나들이(생태 나들이, 문화 나들이), 마을 사람들과 함께 하는 세시 풍속, 공동육아 장애아 통합교육 등 삶 전체를 통해 자연과, 지역사회와, 문화와 주체적으로 관계 맺기를 해 나가고 있다.

5 장영란 · 김광화(2006)의 자녀교육: 아이들과 함께 크는 교육

「아이들은 자연이다」는 장영란, 김광화 부부와 그 자녀들의 삶을 담은 일종의 체험서이다. 여기서 저자들은 자신들의 두 아이인 탱이와 상상이가 자연과 더불어 살고 그 속에서 배우고 익히며 그때그때 필요에 의해 지식을 쌓아가는 모습을 소개하고 있다. 즉, 삶과 교육이 통합되어 있으며, 아이들은 그 속에서 주체가 되어 자연 만물과 교감하고 필요한 것을 스스로 깨쳐 나간다. '내가 주인인 배움', '싱싱한 몸', '일하고 싶은 아이들' 이라는 소제목에서 알 수 있듯이 삶의 장소이자 교육의 장소이기도 한 가정과 자연에서 각자 몸의 리듬에 따라 자연과 교감하면서 일어나 먹고 일하며 주체적으로 필요에 따라 지식과 기술을 터득해 가는 것이다. 사례 하나를 직접 인용(244-245)해 보면 다음과 같다.

> 탱이가 군불 방에서 살고 싶단다. 아이 자신이 땔감을 하고 군불을 지필 자신이 섰단다. … "얘들 공부 삼아 한 번 지어볼까? 탱아, 아빠가 도와줄 테니 네 방은 네 힘으로 지어 보겠니?" 한다. 그러자 탱이는 눈빛을 반짝이며 고개를 끄떡인다. 식구가 머리를 맞대고 마루방과 구들방, 두 칸으로 모두 여섯 평짜리 작은 집을 설계했다.

전술한 다섯 사례 외에도 생태교육의 시도는 최근 다양한 형태로 나타나고 있다. 아름다운 마을 학교[17]와 같이 공동체적 삶의 맥락에서 이루어지는 교육 실천 사례, 햇살네 교류 학습과 같은 시골 생활 체험 프로그램(*산촌유학 프로그램)[18] 등이 그런 예들이다. 아직 일반인들에게 잘 알려지지 않은 '산촌 유학 프로그램' 에서 강조되는 점 역시 교육과 전체 삶의 통합 강조이며, 생물학적 자연에 친숙해지는 것을 강조하고 있다. 이런 여러 사례에 비추어 생태교육에서 '자연친화' 를 통해 이루고자 하는 것을 정리해 보면 다음과 같다.

첫째, 생태교육 프로그램은 그 외형적 모습이 어떻게 나타나든, 중심 원리는 학습자가 주체가 되는 교육, 학습자의 삶 속에서 함께 이루어지는 교육이다.

둘째, 생태교육에서는 관계(사람과 사람 간, 사람과 자연 간, 자연물들 간 등), 순환성, 생태계의 조화 내지는 섭리, 과정 맥락 등을 중시하고 있다.

셋째, 자연은 생태유아교육을 위한 중요한 장이다. 따라서 유아들이 자연과 일상적으로, 지속적으로 만날 수 있는 기회를 마련해 줌으로써 자연친화를 이루도록 돕고 자연의 질서와 순환을 깨닫도록 하는 것이 중요하다.

다. 2000년 이후의 유아기 자연친화교육

2000년대 들어서면서 유아기 자연친화교육은 환경교육, 생태교육의 테두리 안에서 뿐 아니라 독자적인 형태로도 나타나고 있다. '자연친화교육' 이라는 명칭을 직접 사용한 교육 실천 및 프로그램 개발 등(류진희, 2001; 엄성은 · 홍은주, 2003; 노성향, 2005; 조형숙, 2005; 홍은주, 2005; 지옥정 · 이상현 · 연숙자, 2006)이 그 증거이다. 물론 이 프로그램들도 그 지향 방향을 볼 때 환경교육, 생태교육과 동일한 맥락이기는 하다. 단, 좀 더 구체적이고 분명하게 '자연친화' 자체를 전면으로 내세우면서 특별히 교육 소재로서의 동물, 식물, 무생물 등 생물학적 · 물리적 자연을 통한 교육에 초점을 맞추고 있다.

이런 점을 전제하고 한국에서 2000년 이후 개발된 자연친화교육 사례 또는 프로

17) '아름다운 마을 공동체' (www.maeullo.net)의 일부인 '아름다운 마을학교' (http://cafe.daum.net/maeulschool) 홈페이지의 글을 직접 인용하면 다음과 같다. "아름다운 마을학교는 삶의 실제적인 문제들과 삶의 터전에서 분리되지 않은 살아 있는 교육을 지향합니다. 마을과 교사, 부모와 이웃, 친구들과 내가 함께 살며 배우며 자라는 관계적 존재로의 온전한 성장을 지향합니다. 또한 어린이를 대상화하는 교육이 아닌 배움을 통해 부모와 교사, 아이들과 지역사회가 함께 성장하는 주체적인 교육을 지향합니다. 수유 5동에 거주하는 주민과 아이들이 영아반을 통해, 공동육아를 통해, 주말학교와 계절학교를 통해, 교육사랑방을 통해 아름다운 지역의 교육문화를 함께 가꾸어 나가고 있습니다."

18) 산촌 유학 프로그램이란 일본의 교사 아오키 다카야쓰가 도시 아이들을 위한 '진짜 교육'을 위해 고향인 나가노현 산골에서 시작한 장기 시골 생활 프로그램(대개 1~2년)이다. 이 프로그램에 참여했던 어린이들은 성인이 되어서도 자신이 한때 머물렀던 산골을 고향처럼 생각하고 자연을 가까이 느끼는 것을 볼 수 있었다. 우리나라의 경우 현재 시작 단계로서 개별적 · 산발적으로 이루어지고 있다. 일례로 창원마을의 김일복이 운영하는 햇살네 교류 학습은 9월 한 달간 근처 마천 초등학교에 다니면서 다양한 방과후 프로그램에 참여하는 식으로 진행된다(한겨레신문, 2006년 7월 24일, 부록 '함께 하는 교육 2-3면. 현병호〈민들레〉 발행인 기고 글 중).

그램들 몇 가지를 목적, 내용, 방법 측면에서 먼저 개괄해 보고자 한다. 이를 통해 '프로젝트 접근법을 활용한 자연친화교육'은 그러한 교육 사례 내지는 프로그램들과 어떤 공통점을 갖는지, 구분되는 특성은 무엇인지 짚어보려 한다.

1 류진희(2001)의 〈풀꽃으로 접근해 본 자연친화적 통합교육〉

교육 목적은 자연을 친숙히 느끼고 소중하다는 생각을 갖도록 하는 것이다. 이를 위해 풀꽃을 주제로 하여 자연환경을 제공해 주고, 유아가 자발적으로 여러 가지 활동을 할 수 있도록 하였다. 활동 내용으로는 '놀잇감으로서의 풀꽃', '그리기로서의 풀꽃', '이야깃거리로서의 풀꽃', '먹거리로서의 풀꽃', '노래로서의 풀꽃'의 다섯 가지 영역이다. 각 영역에 속한 활동 내용을 개괄해 보면 다음과 같다.

구분	활동 내용	
놀잇감으로서의 풀꽃	봄에 하는 풀놀이	풀씨름/꽃반지, 꽃팔찌, 꽃목걸이/냉이 딸랑이/질경이 제기차기/풀각시, 소꿉놀이
	여름에 하는 풀놀이	강아지 풀놀이/삘기 빨기/풀묻기/잎따기/봉숭아 물들이기/표창 만들기/애기똥풀 손톱 장식
	가을에 하는 풀놀이	꽈리 불기/훈장 만들기/분꽃 낙하산/꽃바람개비/분가루 만들기
그리기로서의 풀꽃	민화의 감상과 표현/사임당이 그린 초충도의 감상과 표현/세밀화 그리기	
이야깃거리로서의 풀꽃	동시(예 꽃방귀)의 감상과 표현/풀꽃 전설/풀꽃의 이름 분류하기	
먹거리로서의 풀꽃	요리 활동(예 돌나물 무침)	
노래로서의 풀꽃	동요(예 이른 봄 에 피는 꽃)/전래동요(예 고사리대사리 꺾자)/민요	

2 엄성은 · 홍은주(2003)의 〈전래동요를 활용한 자연친화교육〉

프로그램의 목적은 유아기에 자연세계와의 직접적인 상호작용 기회를 줌으로써 놀라움과 즐거움, 창의적인 상상력을 키우고 더 나아가 삶의 질을 높이는 것이다. 구체적 방법은 전래동요를 활용하는 것이다. 교육 내용은 무생물(돌, 흙, 물, 바람),

식물(꽃, 풀, 나뭇잎, 열매), 동물(개미, 달팽이, 누에, 올챙이)에 관한 것이며 각각 그 내용에 적합한 전래동요를 선정하여 제시하고 있다. 예를 들면 다음과 같다(엄성은 외, 2003, 206).

	내용	전래동요
식물	꽃	연달래 꽃줄까, 호박꽃, 할미꽃, 분꽃
	풀	나물노래, 나물타령(말놀이, 각시풀, 강아지풀), 쇠비름놀이
	나뭇잎	솔
	열매	동아따기 놀이, 밤

이렇게 제시된 교육 내용들은 각각 추구하는 목표를 갖는다. 예를 들어 식물인 꽃이나 풀의 경우에는 자연물의 성장과 그 특징에 대해 알아봄과 동시에 이러한 자연물을 친숙하게 여김으로써 생명의 소중함을 알도록 하는 것이다. 활동 순서는 전래동요를 중심으로 하여 사전 이야기 나누기, 전래동요 활용, 관련된 놀이 활동, 놀이 활동 후의 느낌 나누기 등의 순서로 진행하도록 되어 있다.

3 노성향(2005)의 〈자연친화적 프로그램〉

교육 목적은 자연친화적인 태도를 형성하고 자연에 의존함과 동시에 자연을 돌보고 배려하며 베푸는 생활양식을 형성하여 '전인적 인간'으로 성장할 수 있도록 하는 것이다. 이를 위한 방법으로 실험, 관찰, 조사, 수집, 노작, 견학, 자유 탐구, 현장 답사 등과 같은 활동을 하면서 마음껏 생각하고 직접 보며, 듣고 만지고 스스로 해결하는 법, 남과 더불어 살아가는 삶을 배울 것을 강조한다. 교육 내용은 10개의 자연친화적인 주제[19] 중심으로 구성되어 있는데, 한 주제는 2주에서 길게는 2달 정도를 잡고 있다. 일부 예를 들면 다음(노성향, 2005, 352)과 같다.

19) 산책 활동, 텃밭 가꾸기 활동, 나무와 친구하기, 전통놀이, 요리 활동, 동물 사육 활동, 천연염색, 모래놀이, 악기 만들기 및 사진 찍기, 자연친화 프로그램 후기

활동명	활동내용	활동목표
악기 만들기 사진 찍기	식물이나 나무를 이용해 자신이 원하는 악기를 만들어 보게 하고 잎의 종류와 두께에 따라 다르게 나는 소리를 비교하며 이야기해 보게 하고 공동으로 연주하게 한다. 이 모습을 사진기로 서로 찍어주게 한다.	연주를 통해서 공동의 활동을 완성하게 하며 자연으로 만들어진 악기에 대해 이야기해 본다.

4 조형숙(2005)의 〈자연과 친해지고 교감하며 탐구하기로 접근하는 자연친화교육 프로그램〉

궁극적 목적은 친환경적이고 친사회적인 태도와 실천 능력을 가진 사람을 기르는 것이며 이를 위한 목표 영역은 자연에 대한 태도, 자연에 대한 지식 이해, 자연친화적 문제해결 능력의 세 가지이다. 중심적 교수 원리는 '자연과 친해지기, 교감하기 활동이 우선되고, 탐구하기로 연결' 되도록 하고, 세 과정을 융통성 있게 순환적으로 진행할 수 있도록 하는 것이다. 그 과정을 그림으로 보면 다음과 같다.

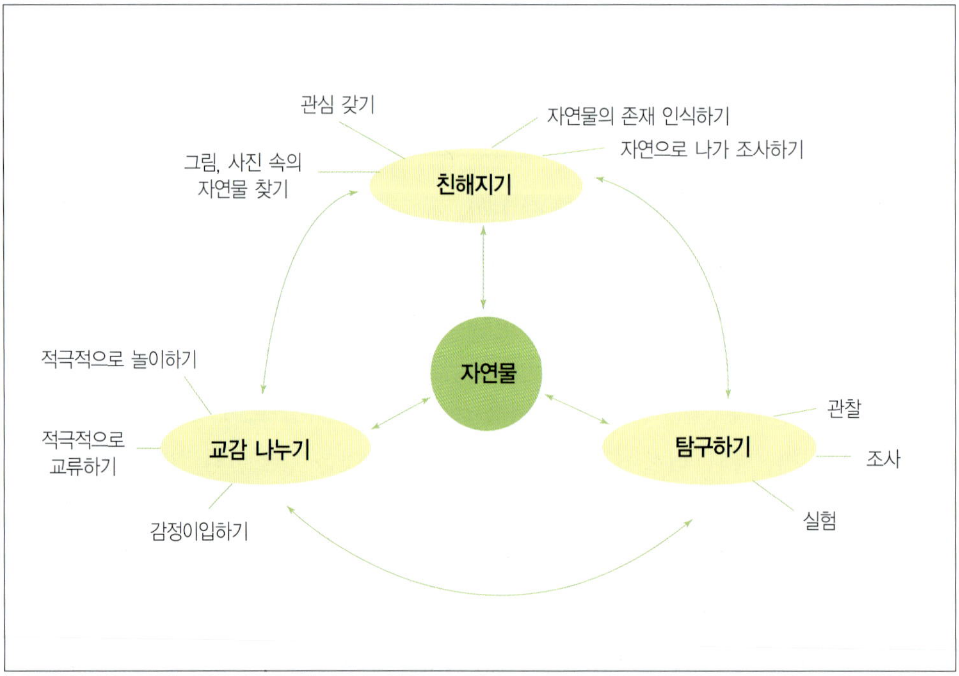

[그림 I-2] 자연과 친해지고 교감하며 탐구하기 접근 프로그램 (조형숙, 2005, 355)

이를 위한 활동의 실제로서 동식물과 무생물 영역에서 유아들이 쉽게 접할 수 있는 12개 주제(흙, 하늘, 바람, 비, 장수풍뎅이, 금붕어, 달팽이, 마당의 벌레들, 라일락, 미나리, 국화, 장미)에 관한 총 110개 활동을 구성 · 제시하고 있다. 이중 '흙' 주제를 인용해 보면 다음(조형숙, 2005, 356)과 같다.

주제	과정	활동내용
흙	친해지기	• 흙을 찾아요-주변에 있는 흙을 찾아 장소별로 분류하고 탐색하기 • 흙 거르기-흙을 걸러 구성 성분을 탐색하고 거른 흙으로 마당에 그림 그리기 • 우리 동네 흙 지도 만들기-찾아온 흙이 있던 곳을 사진 찍어 전지에 흙과 함께 붙여 지도 만들기
	교감하기	• 흙으로 소리를 만들어요-다양한 질감의 물체에 여러 가지 흙을 넣거나 부딪혀 소리 탐색하기 • 나무가 되어 발로 흙 느끼기-발목까지 흙을 묻고 나무가 되어 흙의 촉감 느끼고 표현하기 • 토우 만들기-토우를 감상하고 만들기
	탐구하기	• 흙에도 색물이 들까?-흙에 물감 색을 들여 건조시키기 • 비옥한 흙을 만들려면?-과일 껍질 썩혀 거름 만들기 • 흙이 더 잘 뭉쳐지게 하려면?-흙 반죽의 점성이 잘 생기는 반죽 방법 탐구하기

5 홍은주(2005)의 〈유아를 위한 자연친화교육〉

유아의 발달적 특성 고려를 기본 전제로 하여 자연에서의 직접 경험과 통합교육으로서의 자연친화교육이 될 것을 강조하고 있다. 여기서 자연친화교육의 목적은 자연에 대한 감수성 증진 및 생명에 대한 경외심의 형성이며, 구체적인 교육 목표는 자연생태계를 바르게 이해할 것, 상호의존적인 관계를 인식할 것, 주변 자연환경과의 상생적 경험을 할 것, 자연친화적인 태도를 형성할 것 등이다.

교육 내용은 양옥승(2001)이 생태적 관점에서 자연교육 내용으로 제시한 것을 중심으로 다음과 같이 정리해 놓았다(홍은주, 2005, 31). 교수 · 학습 방법으로는 유치원 교육과정 속에서 통합교육을 통해 이루어질 것, 유아의 일상적인 생활 경험에 기초할 것, 유아가 생활 속에서 지속적이고 직접적으로 자연의 아름다움을 접하도록 할 것(*동물을 기르고 식물을 재배해 보는 것 포함) 등을 제안하였다. 이외 실외환경을 개선하여 유아들이 생태학적인 자연을 느끼도록 해줄 것, 지역사회와 연계한 프로그램의 운영으로 자연교육의 장을 풍부히 할 것을 강조하고 있다.

교육 내용

구분	내용
1. 자연에 대해 관심가지기 ① 자연환경에 대해 관심가지기 ② 자연현상에 대해 관심가지기 ③ 자연과의 상호의존성 인식하기	꽃과 나무, 곤충, 물고기, 짐승, 산과 들, 바다, 우주, 물, 공기, 날씨의 변화, 계절의 변화, 낮과 밤, 오염된 자연현상과 인간 생활 간의 상호관련성 알기
2. 자연에 대해 체험하기 ① 자연환경 체험하기 ② 자연현상을 체험하기 ③ 자연보전 활동 참여하기	동식물 기르기, 텃밭 일구기, 야외견학(소풍, 견학, 나들이, 캠프 등), 청결, 절제된 생활, 자동차 매연, 지구 온난화, 대기오염
3. 자연친화적 태도 가지기 ① 자연에 대한 가치 발견하기 ② 자연에 대한 경험과 느낌 표현하기	물, 공기, 흙, 미생물, 생물 등의 중요한 역할 이해하기, 환경 보살피기, 자연물 수집하기, 자연물 감상하기, 자연물 특성 비교하기

한편, 교사의 역할은 유아의 본보기 되기, 개방적인 질문하기, 지속적으로 일상의 교육이 되도록 하기 등이다. 더불어 교사도 유아와 함께 자연에 관심을 갖고 경험하면서 즐거움을 느끼게 될 때, 유아와 마찬가지로 긍정적인 자아개념과 정서 함양 등의 내적 성숙이 이루어질 수 있다고 하였다.

'활동의 실제'로 제시한 9개 사례[20]의 활동 진행 과정은 무어(Moore)가 제시한 원리(탐색하기, 발견하기, 기록하기, 표현하기, 적용하기, 옮기기 등의 6단계)와 프로젝트 접근법을 토대로 하고 있다. 그것은 1단계 계획하기(주제 탐색하기, 사전경험 나누기, 주제망 구성 및 질문목록 작성), 2단계 현장 활동(영역별 활동, 발견하기 · 기록하기 · 표현하기), 3단계 결과 공유(결과에 대한 공유, 전시회 및 발표회, 지식의 내면화)이다. 이런 특성을 가지고 있기 때문에 다른 어느 사례보다도 교수 · 학습 과정상 '프로젝트 접근법을 활용한 자연친화교육'과 유사한 특성을 보이고 있다.

20) 나비 기르기, 실내 연못 만들기, 텃밭 가꾸기, 내 나무 돌보기, 새 놀이터 만들기, 모임 장소 만들기, 돌 전시회, 지렁이 농장 만들기, 개미집 만들기이다.

6 지옥정 외(2006)의 〈유아를 위한 자연친화교육 프로그램-풀꽃, 나무를 통한 자연의 신비 맛보기〉

교육 목적은 자연에 대한 기초 지식, 신체 · 정서 · 사회성 · 창의성 및 표현 능력 발달, 자연친화적 태도 및 자연보전 의식을 증진시키는 것이다. 교육 내용은 3월부터 12월까지 각 월별로 5개씩 소개된 활동들이며, 활동의 주요 소재는 식물, 특히 우리 주변에서 쉽게 볼 수 있는 나무와 풀꽃들이다. 프로그램 내용 중 3월의 활동명을 예로 들면 다음과 같다.

3월	추우면 납작 엎드려 봐
	꽃다지, 할미꽃의 털옷 입기
	냉이 캐서 냠냠
	새싹을 찾아라
	야생화분 만들어요

각 활동에서는 교육 목표와 활동 과정을 소개하고 있다. 활동 과정은 프로젝트의 기본 원리를 적용하여 유아들의 흥미와 궁금한 것을 중심으로 진행하도록 되어 있다. 즉, 먼저 도입 단계에서는 활동 소재에 대한 유아들의 흥미를 유발시키는 데 초점을 둔다. 이를 위해 실물이나 사진 등을 보여주기도 하고, 관련된 동화 듣기, 노래 부르기 등을 하기도 하며 궁금한 것을 추려보거나 예측해 보기 등의 활동을 한다. 전개 단계에서는 예측해본 것, 궁금해 했던 것을 해결하는 활동을 한다. 이때 실외에서의 관찰을 포함한 직접 경험이 중요시된다. 이와 더불어 느낌을 말로 표현해 보거나 글로 적기, 노래 부르기 및 개사하기, 창의적인 신체 표현하기, 조형 활동하기, 도표로 나타내기, 요리 등이 통합적으로 이루어진다. 마무리 단계에서는 활동 결과를 확인하고 교사 및 친구들과 공유하도록 한다. 이런 과정을 거쳐 시작 단계에서 목표한 것이 달성되면 활동을 일단락할 수도 있고, 심화 확장시킬 수도 있다.

'자연친화교육 프로그램' 들을 몇 가지 살펴보았다. 이들은 각각 나름대로 특징이 있지만, 종합 정리해 볼 때 '자연친화교육' 이라는 공통분모로 인한 두드러진 특성들을 공유하고 있다. 이런 특성들은 '프로젝트 접근법을 활용한 자연친화교육' 에서도 동일하게 나타나고 있는데, 정리해 보면 다음과 같다.

첫째, 지향 방향 및 목표에서의 공통성이다. 여기서 보면 무엇보다도 자연에 친숙해지는 즉, 정서적인 면(감성과 느낌)을 중시하고 있음을 알 수 있으며 더불어 인지적인 면(지식과 이해)과 실천적인 면(태도 및 실천)도 통합적으로 지도할 것을 강조하고 있다.

둘째, 교육 내용 내지는 소재의 공통성이다. 이때 유아 주변의 자연 환경에서 쉽게 찾아볼 수 있는 동물, 식물, 무생물을 교육 내용의 중심으로 하고 있다.

셋째, 교수원리 내지는 교수 · 학습 과정상의 공통성이다. 여기서 두드러지는 점은 유아들이 흥미를 가지고 활동에 임하도록 해야 한다는 사실이다. 이를 위한 구체적 방법이 자연에서의 직접 체험, 유아의 발달적 특성을 고려한 놀이 중심, 동화, 노래, 실험, 관찰 등 통합적 접근이다.

이렇게 볼 때 결국 환경교육, 생태교육, 자연친화교육에서 지향하고 있는 기본적 공통분모는 '궁극적으로 생태계의 안녕을 위해 유아기부터 생물학적 · 물리적 자연에 친숙해지도록 함으로써 어려서부터 자연에 대한 감수성을 키우고 생태윤리를 내면화한 친 환경적인 인간으로 자라나도록 하는 것' 임을 알 수 있다.

II

프로젝트 접근법을 활용한 유아기 자연친화교육

1 프로젝트 접근법을 활용한 자연친화교육의 특성

가. 프로젝트 접근법의 특성

'프로젝트 접근법을 활용한 자연친화교육' (이후 '프자' 로 표기)이란 말 그대로 자연친화교육을 할 때 그 방법으로 특별히 프로젝트 접근법을 비중 있게 활용하겠다는 것이다. 그러므로 '프자' 에서는 프로젝트의 본질인 '유아들의 아이디어, 질문, 이론, 예상, 흥미 등을 중심으로 한 조사 활동을 중시' (Katz & Chard, 2000)한다. 단, 프로젝트 주제를 전개해 나가는 과정에서 교사 주도의 체계적 교수(systemetic instruction)도 적절하게 활용한다. 여기서 체계적 교수란 교사 주도의 수업을 의미하는 것으로서 프로젝트와는 구분되는 특성을 가지고 있다. 그것은 다음과 같다.

〈표 II-1〉 체계적 교수와 프로젝트 활동의 차이

	체계적 교수	프로젝트 활동
목적	기능의 획득	기능의 적용
활동 수준	수업 수준에서 활동	독립적 수준에서 활동
교사의 역할	교사가 학습자의 활동을 지시함	교사가 학습자 활동을 안내함
학습자의 역할	교사의 지시를 따름	학습자가 여러 대안들 중 선택
동기 유발 유형	외적 동기유발을 중시함	내적 동기 유발이 활동 특성을 결정함
주안점	교사는 학습자의 부족한 면에 유의함	교사는 학습자의 능력을 토대로 프로젝트를 진행함

(지옥정 역, 1995, 23)

그렇다면 '프자' 에서는 언제 체계적 교수가 이루어지는가? 교사가 프로젝트 활성화를 위한 체계적 교수의 필요성을 느낄 때이다. 예를 들어 '아이들이 활동하는 것을 보니 막대그래프 만드는 방법을 알려주면 훨씬 더 효과적으로 자료 정리를 할 수 있겠다.' 라고 교사가 판단할 때 '막대그래프 만드는 방법' 에 대한 체계적 교수를 하는 것이다. 또는 '조별 과제를 하기 전 우선 소집단 활동 진행 방법을 알려줄 필요가 있겠다.' 하면 '소집단 활동 방법' 에 대한 체계적 교수와 함께 단계별 소집단 활동을 교사 주도하에 해본다. 교사가 소집단 활동 내용 및 방법을 유아들 수준에 맞게 조절하면서 체계적으로 교수하는 것이다. 이외에도 유아들에게 물적 자원 및 도구 활용 방법 알려주기, 주제 관련 새 노래 가르치기, 사회적 지식 및 프로젝트 수행을 위해 필요하다고 판단되는 정보나 개념 알려주기 등이 체계적 교수를 통해 이루어질 수 있다.

이런 점을 전제해 놓고 '프자' 에 대한 설명에 앞서 프로젝트 접근법의 성격부터 간단히 짚어 보려고 한다. '프자' 의 근간이 프로젝트 접근법이기 때문이다.

프로젝트 접근법은 Katz와 Chard(2000)가 진보주의 학자인 Kilpatrick의 'Project Method' 를 중심 근거로 하여 유아 및 초등교육 현장에 맞게 재고안한 새로운 교수·학습 방법(a way of teaching and learning)' 으로서, 1989년 「Engaging Children' s Minds: The Project Approach」라는 저서에서 처음 소개[21]되었다. 이후 교육과정의 통합적 운영을 위한 효과적 방법으로 인정받으면서 전 세계의 유·초등교육현장에서 활발하게 적용되어 왔다. 우리나라도 예외는 아니어서 현재 상당수 유아교육기관 및 초등학교에서 프로젝트 접근법에 근거한 프로젝트를 실시하고 있다(지옥정, 2002).

프로젝트 접근법의 목적을 포괄적인 한 마디 용어로 표현하면 유아의 '정신 계발' (to cultivate the life of the young child' s mind)이다. 여기서 '정신' 이란 단어 안에는 지식, 기능뿐 아니라 사회적, 정서적, 도덕적, 심미적, 영적 감수성까지의

21) 프로젝트 접근법은 1989년 Katz와 Chard에 의해 「Engaging Children' s Minds: The Project Approach」(이윤경 · 석춘희 역, 1995)라는 저서로 발표되었다. 프로젝트 접근법에 대한 첫 이론서인 이 저서를 근거로 Chard는 현장교사들을 위한 실행지침서를 두 권 냈다. 1992년에 제1권 「The Project approach: A practical guide for teachers」, 1994년에 제2권 「The Project approach: A second practical guide for teachers」(지옥정, 1995년 2권 통합번역)이다. 한편 1989년 출판된 이론서는 2000년에 second edition이 나왔다.

개념이 포함되어 있다. 보다 구체적으로 프로젝트 접근법의 목적을 열거하면 다음과 같은 여섯 가지이다(Katz & Chard, 2000).

첫째, 학습자들에게 지적 목적(academic goals이 아닌 intellectual goals) 성취

둘째, 놀이 또는 체계적 교수와 프로젝트 활동을 통합함으로써 교육과정 운영에 있어 활동의 균형을 이룸

셋째, 실제 삶과 유리되지 않은 학교 생활

넷째, 공동체 정신(community ethos) 체득

다섯째, 민주사회에 대한 이해를 높이고 더 나아가 민주사회에 공헌할 수 있는 능력 있는 구성원이 되도록 하기

여섯째, 교사들에게는 자신들의 일에 몰입하고 도전할 수 있도록 하는 것이다.

이런 목적들만 보아도 프로젝트가 어떤 식으로 전개되어야 하는 것인지, 학급 구성원들은 상호간 어떤 존재가 되어야 하는지, 교사가 특히 유의해야 할 사항은 무엇인지 등 기본적인 특성을 알 수 있다. 예를 들어 프로젝트를 했는데 학습자들이 단지 주제 관련 잡다한 정보들을 아는 것만으로 끝났다면 이는 제일 첫 번째 목적인 '지적 목적 성취'와는 거리가 먼 것이다. 마찬가지로 프로젝트 과정 중 유아들의 발달 단계를 훨씬 넘어서는 글씨 쓰기가 과도하게 강조된 경우, 활동 간 유기적 연계가 없이 주제 관련 다양한 활동들이 산발적으로 이루어진 경우, 학급 공동체에 기여할 수 있는 기회가 거의 주어지지 않은 경우, 또는 사전에 미리 짜놓은 계획안(교사가 짰건, 상품화된 프로젝트 사례집을 따랐건)을 그저 따라가는 식으로 프로젝트가 진행된 경우 등 이 모두는 프로젝트 접근법의 본질을 이해하지 못해 빚어진 잘못들로서 프로젝트 접근법의 목적 성취에 위배된다. 이렇게 볼 때 프로젝트를 하고 있는가 하는 문제보다 더 중요한 점은 프로젝트를 어떻게 하는가, 프로젝트의 본질과 목적에 부합되도록 얼마나 노력하는가 하는 문제임을 알 수 있다.

나. 프로젝트 접근법을 활용한 자연친화교육의 특성

프로젝트 접근법의 기본 성격과 목적에 대해 살펴보았다. 이제 보다 구체적으로 '프자'의 특성에 대해 알아보자. 전술한 바와 같이 '프자'는 프로젝트 접근법의 골자인 '특정 주제에 대한 깊이 있는 탐구 활동인 프로젝트'를 통해 자연친화교육을 하자는 것이다. 이때 두드러지는 특성은 다음과 같다.

첫째, 각 원의 여건과 상황에 따라 자연친화 프로젝트를 교육과정에 다양하게 통합
둘째, 프로젝트를 통해 추구하는 교육 목적 및 목표 영역과 자연친화교육에서 추구하는 목적 및 목표 영역을 아우르는 통합적 발달 추구
셋째, 주제에 대한 깊이 있는 탐구 활동 중시
넷째, 프로젝트에 들어가기 전 교사의 충분한 준비와 프로젝트의 구조에 따른 전개
다섯째, 과정(process), 내용(content), 결과(products)를 동일한 강도로 강조
여섯째, 교육 내용 선정 시 발달적 적합성과 사회 · 문화적 적합성 중시
일곱째, 교육 주체로서 교사, 학습자(유아), 부모(지역사회까지)의 주도적 참여 강조이다. 이런 특성들을 하나씩 살펴보도록 하자.

1) 각 원의 여건과 상황에 따라 자연친화 프로젝트를 교육과정에 다양하게 통합

프로젝트는 교육과정의 한 부분이다. 즉, 각 교육 기관마다의 여건과 상황(지향 방향, 준수해야 할 규정, 기관이나 교사에 따른 제약 조건 등)에 따라 교육과정에 다양한 방법으로 프로젝트를 통합하는 것이 가능하다. 예를 들어 프로젝트 활동이 교육과정의 상당한 비중을 차지하도록 할 수고 있고 일부분이 되도록 할 수도 있다. 또한 프로젝트 활동을 자유선택활동 시간에만 하는 것으로 할 수도 있고 특별히 학습 센터(learning centers)에 통합시켜 할 수도 있다. 유아교육기관에서는 교육과정의 대부분을 프로젝트로 운영하는 것도 가능하다(Katz & Chard, 2000).

프로젝트를 다양하게 통합하는 예를 들어보자. 두 유아교육기관에서 '나무' 에 대한 프로젝트를 한다고 할 때 한 원은 일정 기간(예 4월 한 달)을 정해 집중적으로 그 주제에 대한 프로젝트를 한다. 물론 이 기간 중 필요 시 체계적 교수도 병행한다. 현재 많은 유아교육기관들이 프로젝트 접근법을 적용한다고 할 때 취하는 방식은 이런 유형이다. 그런가 하면 또 다른 원은 자기 원 나름대로 프로그램(예 몬테소리 프로그램)을 운영하면서, 병행하여 '나무' 프로젝트를 1년에 걸쳐서 한다. 이렇게 '프로젝트 접근법을 활용한 자연친화교육' 은 각 원의 교육 방침, 물리적 · 인적 여건 등에 따라 같은 주제하에서도 다양한 접근이 가능하다.

2) 통합적 발달 추구

일반적으로 바람직한 교육과정과 교수 방법은 4가지 학습 목적 영역(the four categories of learning goals)-지식, 기능, 성향, 느낌-의 통합적 발달을 지향한다(Katz & Chard, 2000). 프로젝트 접근법에서도 프로젝트를 통해 이 학습 목적 영역들이 상호 유기적인 영향을 주고받으면서 통합적으로 발달되는 것을 강조한다. 그런가 하면 자연친화교육의 목표 영역은 육체적 · 정신적으로 건강해지기, 자연을 느끼기(감성적인 측면), 자연에 대해 알기(인지적인 측면), 느끼고 안 것을 생활 속에서 실천하기(실천적인 측면)로 정리된다. 그러므로 '프자' 의 목표로 이 두 목표 영역들을 통합한 여섯 가지 영역(〈표 II-2 참조, p.60)을 설정해 볼 수 있다. 그것은 다음과 같다.

- 건강(육체적 · 정신적 건강)
- 느낌 및 감성(심미감, 영적 감수성 및 자존감, 학습에 대한 유능감 등)
- 성향(학습하고자 하는 성향, 자연을 가까이 하고 바르게 돌보고자 하는 성향)
- 지식 및 이해(주변 자연에 대한 바른 지식 및 이해)
- 기능(살아가는데 필요한 기본적인 기능 발달-학문적, 사회적, 의사소통 기능 및 도구 다루는 기능 등)
- 태도 및 실천(생태 윤리적 측면에서 자연 보전 태도 갖기 및 작은 일부터 생활 속에서 실천)이다.

3) 깊이 있는 탐구 활동을 통한 자연친화교육

프로젝트는 '특정주제에 대한 깊이 있는 탐구'로서, 중심 특성은 조사(investigation)이다. 즉, 프로젝트를 전개해 가는 과정에서 교사와 유아(들)가 같이, 또는 유아들끼리 궁금한 것에 대한 답을 찾아가는 깊이 있는 탐구 활동이다(Katz & Chard, 2000, 2). 이렇게 볼 때 자연친화교육에서 교사의 주 역할은 단순히 학습자들에게 자연에 대한 지식이나 정보를 많이 알려주는 것이 아님을 알 수 있다. 그보다는 학습자가 능동적으로 자연물 및 자연계의 현상에 대해 '왜, 무엇 때문에', '그래서 어떻게 해야 하는지', '그 다음에 무슨 일이 일어날지' 등을 예측해 보고 관계를 유추해 보며 스스로 알아가는 과정을 통해 지식을 구성해 가도록 돕는 것이다. 이것은 프로젝트 접근법의 목적 중 첫 번째가 '학문적 목적(academic goals)이 아닌 인지적 목적(intellectual goals) 성취'라는 사실에서도 강하게 드러난다. 이에 대해 윤은주(2003, 199)는 "지식 학습과 달리 지적 학습은 내용의 문제라기보다 방식의 문제라 할 수 있다. 놀이조차 지적일 수 있는가 하면 지식 학습조차 지적이지 못할 수 있을 것이다"라고 논하고 있다.

이런 입장에서 볼 때, '식충식물' 프로젝트 중 유아들이 '식충식물은 어떻게 벌레를 잡아먹는가?' 하고 궁금해 할 때 교사가 정보원이 되어 바로 답을 알려주거나 질문에 대한 답이 나와 있는 책을 즉시 찾아 주는 것은 바람직하지 않다. 그보다는 유아들 스스로 생각을 발전시켜 가며 발견해가도록 도와야 하기 때문이다. 물론 이 과정에서도 필요한 정보가 나오는 책을 찾아보는 것은 필요하고 또 중요하다. 단, 먼저 유아들이 자신의 사고 구조 안에서 나름대로 왜 그럴까 생각해 볼 기회를 갖고, '이래서 그럴 것이다' 등 나름대로 관계에 대한 논리를 세워보고 예측해 보고 조사해 보는 등 능동적으로 지식을 구성할 수 있는 기회를 주어야 한다.

4) 교사의 충분한 준비와 프로젝트의 구조에 따른 전개 중시

엄밀히 말하면 프로젝트는 교사의 준비부터 시작된다. 물론 어떤 예기치 못한 상황에서 갑자기 프로젝트가 발현되는 경우는 준비 기간을 사전에 거의 갖지 못한 채 프로젝트 진행에 따라 그때그때 상황에 맞추어 대처해 나가야 한다. 그런데 교사 1명이 반을 담임하고 있는 경우, 준비 단계 없이 프로젝트를 진행할 때 유아들의 다양한 요구나 흥미에 대한 대처 능력은 현저히 떨어진다. 따라서 특히 장기 프로젝트의 경우에 교사의 충분한 준비는 매우 필요하며 중요하다. 이때 준비의 핵심은 목표와 내용을 미리 예상해 보고 필요한 자원들을 점검, 준비해 놓는 것이다. 이렇게 해 놓으면 교사는 프로젝트 과정 중 예기치 못한 새로운 상황이 발현된다고 해도 적절하게 대처해 나갈 수 있고 보다 적합하게 유아들의 활동도 안내하고 이끌어 줄 수 있다.

교사의 준비를 거친 후 프로젝트는 시작 단계, 전개 단계, 마무리 단계라는 구조 속에서 진행된다. 이때 각 단계마다 중심 사건과 과정, 학습자들의 활동 내용이 다르며[22] 이와 유기적인 관계 속에서 교사의 관심 및 역할이 달라진다. 이런 구조적 특성으로 인해 교사는 보다 용이하게 프로젝트 각 단계에 적합한 활동을 안내할 수 있다(지옥정 역, 1995, 106).

이를 자연친화적 소재인 '새싹의 색깔' 프로젝트에 대입시켜 보면 다음과 같다. 교사는 준비 단계에서 주제망 구성을 통해 새싹에 대해 교사 자신이 알고 있는 것을 다 끌어내 본 후, 궁금한 것은 여러 경로를 통해 알아내고, 다양한 새싹들을 직접 관찰도 해본다. 그리고 필요할 것이라 생각되는 자원들을 마련해 보는 준비 단계 과정을 거친다. 이 기간을 통해 교육 목표도 설정해 보고, 어떤 식으로 프로젝트를 진행해 가면 좋을 것이라든가, 유아들 흥미나 반응은 이런 쪽으로 나올 것이라는 등 나름대로 예상해 보는 것이다. 이렇게 하고 나면 이전에는 새싹에 대해 아는 것이 별로 없어 자신없었던 교사라도 이제 '나름대로 아이들과 새싹에 대해 재미있게 활동할 수 있겠다' 하는 자신감과 빨리 해보고 싶다는 기대감까지 갖게 된다.

시작 단계에서는 새싹에 대한 경험을 유아들과 함께 나누고 주제망도 그려보며, 궁금한 것이 무엇인지 정리해 보고 연계하여 새싹을 어디서, 어떻게 찾아볼 것인지, 누구와 함께 할 것이며 이것을 어떻게 기록할 것인지 계획을 세운다. 이때 교사는 유아들의 발달 단계에 따라 계획의 정도와 범위를 조정해 주게 된다.

---

22) 시작 단계에서는 이전 경험 표현, 주제망 구성, 질문거리 구성 등을 통해 활동을 계획하게 되고, 전개 단계에서는 궁금한 것을 중심으로 하는 조사, 탐구, 표현 활동(중심 사건은 현장견학과 전문가의 방문)을 하며, 마무리 단계에서는 전시회 및 발표회 등을 한다.

프로젝트 전개 단계에서는 계획한 대로 질문거리를 중심으로 돋보기와 색상환(이외 카메라, 또는 필기도구 등)을 들고 밖으로 나가 실제 새싹들의 색깔 등 궁금한 것을 찾아보도록 한다. 그리고 다시 교실에 돌아와서는 자신들이 관찰하면서 새롭게 보고 느낀 것, 스케치한 것, 사진 찍은 것 등을 가지고 '새싹의 색깔'을 말, 글, 그림, 도표(예 새싹에서 찾은 색을 막대그래프에 표시하기), 노래 등 다양한 방법으로 표현해 보고 사진도 게시한다.

이 과정에서 여러 가지 요인(예 반 구성원의 특별한 경험, 새로운 자원의 충원, 교사의 창의적 생각, 부모들의 아이디어 등)에 의해 새로운 내용이 발현되거나 확장될 수 있다. 예를 들면 "나 새싹 비빔밥 먹어본 적 있어요."라는 아이가 있을 때 '어떤 새싹들을 먹을 수 있는지?', '새싹으로 또 무엇을 할 수 있는지?' 등 또 다른 조사 활동과 병행하여 다 같이 '새싹 비빔밥 만들어 먹기' 활동을 할 수도 있는 것이다. 이런 활동들과 관련하여 필요한 현장을 방문한다거나, 전문가(예 식물원 주인)를 만난다면 활동은 더욱 활성화된다.

프로젝트 마무리 단계의 중심은 학습 결과를 주변사람들과 공유하고 느낌을 나누며 평가해 보는 것이다. 장기 프로젝트인 경우 전시회 및 발표회를 마무리 단계의 중심 사건으로 하는 데 비해 단기 프로젝트의 경우 구성원들끼리 처음 목표하고 계획했던 것, 즉 새싹에 대해 궁금한 것이 무엇이었고 그래서 어떤 활동들을 할 예정이었는데 결과적으로 무엇을 알게 되었는지, 계획했던 것을 얼마나 달성하였는지 점검하고 평가해 보는 것이다. 단, 어떤 식으로 마무리할 것인가는 처음 목표하고 계획했던 것이 무엇인가에 따라 달라질 수 있다.

5) 과정(process), 내용(content), 결과(products)를 동일한 강도로 강조

학습할 가치가 없는 내용은 과정이 아무리 훌륭하다 해도 바람직하지 않으며, 마찬가지로 아무리 가치 있는 내용이라 해도 부적합한 과정 맥락 안에서 진행된다면 이 역시 바람직하다고 할 수 없다. 또 아무리 훌륭한 결과물이 나왔다 해도 부적합한 내용과 과정으로 프로젝트가 진행되었다면 그 의미는 무산된다(Katz & Chard, 2000, 88). 따라서 프로젝트 주제를 선정할 때나 프로젝트를 전개시켜 나갈 때, 교사는 '학습할 가치가 있는 내용'인가를 우선적으로 고려하여야 한다. 그리고 프로젝트 진행 중에는 상황과 맥락을 고려하여 유기적인 연계가 이루어지도록 주의를 기울이고 그 결과 바람직한 성취물이 나오도록 노력해야 한다.

6) 교육 내용 선정 시 발달적 적합성과 사회 · 문화적 적합성 중시

프로젝트 접근법에서는 교사가 학급 유아들의 생활과 관심사를 교육에 적극적으로 반영함으로써 '지역적으로 적합하고(locally suitable)', '문화적으로 적절한(culturally relevant)' 교육이 되도록 노력해야 한다(Katz & Chard, 2000, 160). 최근 유아교육계에서 사회문화적으로 적합한 교육의 중요성(Kostelink, 1997)에 관심을 기울이는 것은 주로 발달적 적합성을 강조해 오던 것에서 방향의 전환을 의미하는 것(William, 1997)으로 프로젝트 접근법의 특성과 일치한다(이기숙, 2000, 재인용). 이렇게 볼 때에 제주도 근로복지공단 어린이집에서 이루어진 바 있는 '유채꽃' 프로젝트나 '도새기' 프로젝트[23], 나비 축제로 유명한 함평에서 이루어진 '나비' 프로젝트 등은 지역사회의 사회 · 문화적 적합성을 충족시키는 바람직한 주제라 할 수 있다.

7) 교육 주체로서 교사, 학습자(유아), 부모(지역사회까지)의 주도적 참여 강조

프로젝트 접근법에서는 교육의 3주체인 교사, 유아, 부모(지역사회 주민 포함)의 주도적 참여를 강조한다. 따라서 '프자'가 효과적으로 이루어지기 위해서는 교사, 유아뿐 아니라 지역사회 구성원의 적극적 참여 방안을 모색하는 것이 필요하다. 특히 부모나 지역사회의 경우 프로젝트 자원 함께 모으기, 프로젝트 진행과정 중 아이디어 제공하기, 적합한 현장견학의 장 제공하기, 전시회 및 발표회에 참여하여 의견 나누기 등 여러 측면에서 주체적 역할을 감당하여야 한다. 역할을 나누어 살펴보면 다음과 같다.

---

23) 도새기는 '돼지'의 제주도 방언이다. 제주도에서는 지역사회 축제 중 하나로 도새기 축제(예 돼지를 우리에 몰아넣기, 돼지 오줌통 차기 등)가 이루어지고 있다. 그 이유는 '똥돼지'가 예로부터 지역주민들에게 친숙하고 중요한 존재이기 때문이다.

가) 교사의 역할

교사는 준비 단계에서 효과적인 프로젝트를 만들어가기 위한 계획을 세울 뿐 아니라 프로젝트 전 과정에서도 유아(들)와 더불어 계속적으로 활동 내용과 방법을 조정하는 등 주도적 역할을 하게 된다. 즉, 활동의 조정자, 촉진자, 안내자, 협조자, 함께 하는 학습자 등의 역할을 하는 것이다(Helm & Katz, 2001). 이런 다양한 역할을 한 마디로 요약하면 유아들 개개인에게 의미 있는 학습이 이루어지도록 사람, 물체, 환경과의 상호작용을 적절하게 격려해 주어야 하는 것이다. 이를 위해 교사는 프로젝트 주제에 대한 각 유아의 이전 경험과 발달 특성을 파악한 후 이런 특성들이 반영된 학습이 이루어지도록 노력해야 한다.

나) 학습자의 역할

프로젝트 과정에서 교사와 함께, 또는 친구들끼리 활동 계획을 세우고 이를 실행해 나감으로써 학습의 주도적 역할을 담당하게 된다. 즉, 교사에 의해 주어지는 교육이 아닌, 교사와 함께 학습자인 유아 또한 능동적인 역할을 하는 것이다. 이를 위해 프로젝트 전 과정에서 교사와 유아, 유아와 유아 간의 적극적인 사고 교류를 통한 협동적 학습(Vygotsky, 1978)이 강조된다.

다) 부모 및 지역사회의 역할

부모는 교사, 유아와 함께 교육의 전 과정에서 주체적 역할을 수행해야 한다. 유아의 학습은 가정에서부터 시작되었으며, 현재도 계속해서 그 영향을 받고 있기 때문이다. 구체적 역할로는 자원 제공, 현장 활동 시 보조자, 가정에서의 유아 기록, 활동에 대한 아이디어 제공, 전문가로서 활동, 프로젝트 마무리 행사 참관 및 평가에 참여하기 등이다. 지역 사회는 현장견학의 장으로서 뿐 아니라 여러 가지 자원의 원천으로서 유아교육에 대한 책임을 함께 나눌 것이 기대되고 있다.

이제 이런 특성을 기반으로 하여 '프자'를 교육 목적 및 목표, 교수 · 학습 내용, 교수 · 학습 방법으로 나누어 자세히 살펴보면 다음과 같다.

2. 프로젝트 접근법을 활용한 유아기 자연친화교육

가. 교육 목적 및 목표

'프로젝트 접근법을 활용한 유아기 자연친화교육'의 교육 목적 및 목표는 '프로젝트 접근법'에서 추구하는 목적 및 목표 영역에 '자연친화교육'의 필요성 및 지향 방향, 목표를 더하여 다음과 같이 설정하였다.

1) 교육 목적

- 유아의 육체적 · 정신적인 건강을 증진시킨다.
- 자연에 대해 친숙하게 느끼고 바르게 알며, 자연친화적 태도가 내면화되어 지속적으로 실천하는 삶을 살도록 한다.
- 유아의 정신(지식, 기능뿐 아니라 사회적 · 정서적 · 도덕적 · 심미적 · 영적인 감수성) 계발을 한다.

2) 교육 목표 영역

목표 영역은 목적을 구체화하여 6가지 목표 영역-육체적 · 정신적 건강 증진, 감성 및 긍정적 느낌 발달, 바람직한 학습 성향 증진, 주변 자연에 대한 바른 지식 구성 및 이해 고취, 자연보전 태도의 내면화 및 실천하기, 살아가는 데 필요한 기능 습득-으로 하였다(〈표 II-2〉 참조, p.60). 이때 특히 다음과 같은 사항들을 염두에 두었다.

- 교사 1인이 20명 이상의 유아(본 서에서는 만 4~5세 가정)와 함께 프로젝트를 해 나간다[24] 는 가정하에 목표 영역을 가장 일반적 수준에서 설정하였다. 따라서 실제 프로젝트 진행 시 각 원별로 목표를 조정할 필요가 있으며 더 나아가 각 유아별로 목표를 재조정할 필요가 있다.
- 체계적 교수가 기능의 획득에 초점 맞추는 데 비해 프로젝트는 기능의 적용에 중점을 둔다(Katz & Chard, 2000, 13)고 전술한 바 있다. '프자' 에서는 프로젝트 과정 중 필요한 경우 체계적 교수를 적절하게 활용한다. 즉, 프로젝트 활동을 중심에 두고 필요에 따라 유아들의 자유로운 놀이(*프로젝트가 진행되어 갈수록 주제 관련 활동 비율이 높아짐)와 교사에 의한 체계적 교수가 함께 이루어진다고 전제하였다. 이런 의도에서 〈표 II-2〉의 목표 영역, 특히 '지식 및 이해', '기능', '태도 및 실천' 부분은 프로젝트만의 목표라기보다는 그 주제에 대한 프로젝트 기간 동안 교사가 교육적 의도를 가지고 추구하는 목표라는 의미로 기술하였다.
- 6가지 목표 영역에서 '감성 및 느낌' 을 '지식' 이나 '기능' 보다 우선된 목표 영역으로 놓은 것은 유아기 자연친화교육에서 자연에 대해 알고 이해하는 것보다 더 중요한 것이 자연을 가슴으로 느끼는 것이라고 보았기 때문이다.
- '프자' 의 목표 성취, 특히 감성, 느낌, 성향, 태도 등은 교육 내용보다는 교수방법에 더 영향을 받는다고 본다. 따라서 '교사의 지도 시 유의점' 을 중요한 사항으로 기술하였다.

---

24) 학급 전체가 함께 하나의 주제로 프로젝트를 해나간다 해도 그 과정 중 유아 개인이 하는 프로젝트, 교사와 유아 몇 명이 함께 하는 프로젝트, 유아 몇 명이 하는 프로젝트, 학급 전체가 함께 하는 프로젝트 등이 병존한다. 실례는 장기 프로젝트 '텃밭의 배추' 를 참조하면 된다.

〈표 II-2〉 프로젝트 접근법을 활용한 유아기 자연친화교육의 목표 영역

목표 영역	지향 목표	교사의 지도 시 유의점
건강	• 육체적으로 건강해진다. • 정신적으로 건강해진다.	• 실외로 나가 자연을 직접 접할 수 있는 기회를 가능한 한 많이 제공한다.
느낌 및 감성	• 자연의 질서와 조화, 관계의 오묘함 등을 느낀다. • 자신을 포함하여 생태계 모든 자연물은 각각 고유하고 독특하게 아름다우며 귀한 존재라는 것을 느낀다. • 다른 사람이나 자연물을 사랑하고 감사하는 마음을 갖는다.	• 인간을 포함하여 자연만물의 상호의존적인 관계를 인식하도록 돕고 그것을 다양하게 표현(언어적, 미술적, 음악적, 신체 표현 등)해 보도록 장려해 준다. • 자연을 다양하게 경험하고(실물 직접 경험, 사진, 동화, 동영상 등), 지속적(연중 계속)으로 접하는 가운데 자연의 질서를 느끼고 더 나아가 심미감, 영적인 민감성까지 계발될 수 있도록 돕는다.
성향	• 바람직한 학습 성향(예 글을 읽고 쓰고자 하는 성향, 문제에 부딪혔을 때 적극적으로 해결하려는 성향, 호기심을 가지고 탐구하려는 성향, 다양한 방법으로 표현해 보려는 성향 등)을 계발한다. • 자연을 친숙히 여기고 가까이 하려는 성향, 자연 생태계 보전을 위해 노력하는 성향을 계발한다.	• 특히 유아들의 경우 프로젝트 과정에서 무리한 글쓰기(예 주제망 구성 시 글자 강조 등)가 되풀이될 때 오히려 학습하고자 하는 성향이나 학습에 대한 유능감 등이 상실될 수 있으므로 유의한다.
지식 및 이해	• 주변 자연의 특성, 자연물들 간의 관계 등을 안다. • 주변 자연이 우리 생활에 어떤 도움을 주는지 안다. • 생태 윤리적 관점에서 자연보전을 위한 인간의 역할을 안다.	• 그 시점에서 주제 관련하여 꼭 습득할 필요가 있다고 교사가 판단한 기본 개념, 정보 등에 대한 교사의 체계적 교수와 유아들 간의 토의, 실험, 관찰, 책 보기 등 다양한 방법을 병행하여 유아들의 능동적 지식 구성을 돕는다.
태도 및 실천	• 주변 자연물을 그 특성에 따라 바르게 돌보고 관리한다. • 주변 자연물을 바른 방법으로 이용한다. • 아(끼고) 나(누고) 바(꾸어 쓰고) 다(시 쓰고)를 생활화한다. • 다른 사람이나 자연물을 사랑하고 감사할 수 있는 방법을 찾아 실천에 옮긴다.	• 프로젝트를 통해 알고 느낀 것에 기초하여 유아들과 함께 행동 기준이나 규칙 정하고 실천해 보기, 가정이나 지역사회와도 연계하여 바람직한 실천 확산시키기 등을 한다. 무엇보다도 교사가 동일시 모델이 되어준다.

목표 영역	지향 목표	교사의 지도 시 유의점
기능	• 학문적 기능: 읽기, 쓰기, 셈하기와 같은 학문적 기능 및 다양한 방법으로 표상하는 방법 등을 터득한다. • 의사소통 기능: 타인과의 의사소통 능력, 자기표현 능력과 추론 능력을 높인다. • 사회적 기능: 차례 지키기, 협상하기, 문제 해결 방안 세우기 등에 익숙해진다. • 신체 및 도구 사용 기능: 실외 작업 시 적절하게 신체 및 기본적 도구를 사용한다.	• 기능들을 적절하게 적용해 보도록 격려(예 지렁이와 개미 비교표 만들기)해 준다. 단, 프로젝트 기간 중 특별히 교수할 필요가 있는 기능(예 막대그래프 그리기)인 경우, 체계적 교수를 통해 지도하면서 이를 실제 상황에서 적용해 보도록 한다.

이런 목표 영역들 중에서 '지식 및 이해', '태도 및 실천' 목표 영역은 프로젝트 준비 단계에서 어느 정도 구체적으로 목표를 설정하는 것이 가능하다. 그러나 건강, 감성 및 느낌, 기능, 성향 등은 매 프로젝트마다 구체적 목표를 설정하기는 어렵다. 모든 프로젝트에서 지향하는 목표가 정도의 차이는 있지만 동일하기 때문이다. 그러므로 건강, 감성 및 느낌, 기능, 성향과 같은 목표 영역들은 프로젝트를 하는 시기(학기 초기, 중기, 말기), 유아들의 발달단계 등을 고려하면서 교사가 목표의 수준 및 정도를 조정하고 특히 유아들 개인차에 유의하면서 지도에 임한다.

나. 교수·학습 내용

1) 주제 선정

어떤 내용을 다룰 것인가 하는 문제는 프로젝트 주제 선정부터 시작된다. 좋은 주제 선정이 좋은 프로젝트, 좋은 교육을 보장해 주는 것은 아니지만 교사와 유아 모두에게 있어 적합한 주제 선정은 프로젝트 성패를 결정짓는 첫 관문이라고 할 만큼 중요하다. 그런 의미에서 주제 선정 기준부터 살펴보면 다음과 같다.

가) 주제 선정 준거

특히 장기 프로젝트인 경우 주제 선정 시 다음과 같은 10가지 일반적 준거를 충분히 고려할 필요가 있다(지옥정, 2000, 29).

- 유아들의 일상생활, 직접 경험과 관련된 친숙한 주제인가?
- 주제와 관련된 실물이나 현장 견학 및 함께 활동할 수 있는 전문가 등을 주변에서 쉽게 찾을 수 있는 주제인가?
- 여러 교과 영역이나 학문 영역을 통합적으로 다룰 수 있도록 하는 주제인가?
- 유아들 간에 서로 더 잘 이해하고 도울 수 있는 상호 협동의 기회를 제공하는 주제인가?
- 탐구와 조사 활동, 문제해결을 위한 충분한 기회를 제공하는 주제인가?
- 그리기, 쓰기, 만들기, 구성(construction)하기, 극화 활동하기, 음률 활동하기 등 다양한 표현 활동을 위한 아이디어를 제공하는 주제인가?
- 유아들이 문자나 수의 가치를 인식하도록 하는 주제인가?
- 유아들이 원 밖에서도 쉽게 정보원(source of information)을 찾을 수 있는 주제인가?
- 부모와의 의사소통을 촉진하는 주제인가?
- 교사의 입장에서도 관심과 흥미가 느껴지는 주제인가?

이와 같은 일반적 기준에 더해 자연친화교육을 위한 프로젝트 주제인 경우에 다음과 같은 기준을 더 구비한다면 보다 바람직하다.

- 주변 자연에서 쉽게 찾아볼 수 있는 자연물인가?
- 유아들의 흥미를 자극하며 오감을 통해 직접 경험이 가능한가?
- 계절적 특성과 관련이 있는가?
- 지역사회의 사회·문화적 여건이 고려되어 있는가?

이렇게 볼 때 전술한 바 있듯이 제주도 근로복지공단 어린이집에서 이루어진 '유채꽃'이나 '도새기'(*돼지의 제주도 방언) 주제는 지역사회의 사회·문화적 여건까지도 고려하였다는 점에서 바람직한 주제 선정이었다고 할 수 있다.

나) 주제 선정 주체 및 선정 방법

프로젝트 주제는 유아들이 직접 제안할 수도 있고 교사가 유아들의 활동 과정이나 대화 속에서 뽑아낼 수도 있으며, 교사와 유아들의 합의에 의해 정할 수도, 또는 교사(회)가 선정할 수도 있다. 주제 선정 주체가 교사, 교사와 유아, 유아(들) 모두 가능하다는 것이다. 그런데 장기 프로젝트인 경우 이런 모든 경우가 한 프로젝트 안에서 같이 나타나기도 한다. 예를 들어 '흙' 프로젝트의 경우 처음 주제 선정은 교사회에서 한 것이나 프로젝트 과정 중 '바위에서 흙이 되기까지' 게임판 만들기[25]는 유아들의 직접 제안("그때처럼 우리가 또 게임판 만들어 볼래요.")에 의해 이루어진 유아 몇 명의 프로젝트였다. 그런가 하면 황토의 이용에 대한 이야기 나누기에서 발현된 '황토벽돌 만들기 및 이후 황토담집 만들기'는 교사와 유아들의 합의에 의해 진행된 프로젝트였다.

다른 주제의 예로 '텃밭의 배추' 프로젝트에서 유아들 몇 명이 특별히 배추벌레의 몸 구조에 관심을 갖고 궁금한 것을 조사(예 배추벌레는 배춧잎을 어떻게 먹나? 이빨이 있나? 다리가 있나? 진녹색 똥을 누는데 항문은 어디 있나?)한 후 '배추벌레 책 만들기'를 하였다. 그런가 하면 다른 한 유아는 '배추벌레 동화 만들어서 친구들에게 들려줄 거예요.' 하더니 '귀엽고 작은 배추벌레'라는 동화를 만들었다. 이런 사례들은 모두 장기 프로젝트 중 유아(들)에 의해 활동의 목표가 설정되고 실행된 단기 프로젝트들이다. 물론 이런 조별, 개별 활동이 유아들에게서 발현되었다 해도 구체적인 목표를 갖는 프로젝트로 발전하기 위해서는 교사의 개입이 필요하다. 즉, 교사가 유아들의 처음 아이디어에 대한 교육적·현실적 가능성을 잘 따져 보아 활동 범위와 정도를 조정해 주며, 적절하게 지원해 주어야 하는 것이다.

2) 교사가 준비 단계를 통해 예상해 놓은 교육 내용

일단 프로젝트 주제가 선정되었다고 해도 구체적인 교수·학습 내용은 두 단계–준비 단계 때 교사의 예상과 프로젝트 과정 중 조정–를 거쳐 정해진다. 최소 4~5

---

25) 게임판 만들기 자체가 하나의 작은 단기 프로젝트이다. 즉, 계획 세우기, 게임판을 함께 만드는 과정에서 잘 모르는 것 조사하기(예 '두더쥐가 땅 밖으로 나올 수 있나?' 에 서로 의견이 다름), 조사한 내용을 반영하여 처음 계획 수정하기, 완성된 게임판으로 친구들과 함께 실제 게임해 보기, 문제점 발견 후 보완하여 다시 만들기를 하며 마무리하는 것이다.

주 이상 걸릴 거라고 예상되는, 반 전체가 참여하는 프로젝트인 경우에 교사가 준비 단계를 거쳐 교육 내용(또는 활동들) 내지는 필요 자원 등을 예상해 놓을 때 실제 프로젝트 과정 중 풍부한 조사와 성취 기회를 제공할 수 있다.

먼저, 준비 단계 때 교사에 의한 예상은 주제망 구성, 예상 목표 선정, 교육과정 조직안 및 활동예상안 작성, 자원목록 작성 및 준비, 환경구성이라는 일련의 과정을 통해서 이루어진다. 이런 과정을 거치면서 교사는 프로젝트 주제에 대한 자신의 생각, 아이디어, 의문점들을 정리하는 한편, 현 시점에서 학습자인 유아들에게 보다 적합하리라고 예상하는 활동 내지는 교육 내용들을 선정하게 된다. 그 구체적 절차 및 사례는 다음과 같다.

가) 주제망

주제 선정 후 교사(들)는 주제망을 구성해 보게 된다. 주제망은 프로젝트 주제에 대해 교사가 그 시점에서 생각해 낼 수 있는 모든 생각의 총체로서, 비유하자면 아직 '정금' -유아들에게 적합한 교육 내용-으로 정련되지 않은 '사금 상태' -가능성 있는 모든 교육 내용 자원-라고 표현해 볼 수 있다. 교육 내용이 유아들에게 적절하도록 다듬어지는 정련 과정은 교사의 주제망 구성 이후에 교육 목표 예상, 교육과정 조직안 및 활동예상안 구성, 자원목록 작성, 프로젝트 과정 중 유아들의 반응 · 흥미 등을 반영한 교육 내용 조정 등을 거치면서 계속적으로 이루어지게 된다.

한편, 교사의 주제망은 프로젝트 주제에 대한 교사의 개인적 경험, 가지고 있는 지식이나 개념, 이해 정도, 취미 등에 따라 동일 주제라도 교사마다 어느 정도 다르게 구성된다. 그러므로 프로젝트를 하려는 교사는 동일 주제에 대해 누군가가 짜 놓은 주제망을 구하게 되었다고 해도 본인의 특별한 생각, 경험, 아이디어 등을 녹여 넣어 자기만의 색깔이 가미된 주제망으로 재구성해 보는 것이 필요하다. 자기 원, 자기 반만의 독특한 프로젝트 전개는 바로 이 주제망을 바탕으로 하여 구성된 교육과정 조직안 및 활동예상안으로부터 상당 부분 영향을 받기 때문이다. 주제망의 실제 예로 청주 가경 유치원에서 행해진 '흙'[26] 주제망을 들어보면 다음과 같다.

---

26) 이론 부분에서 실례로 예시되고 있는 '흙' 프로젝트 관련 결과물들은 청주시 가경 유치원(원장 우성자)에서 2006년 이루어진 프로젝트에서 인용한 것이다. 프로젝트 진행 및 기록은 김수남, 이진주, 이경미 교사가 담당하였다.

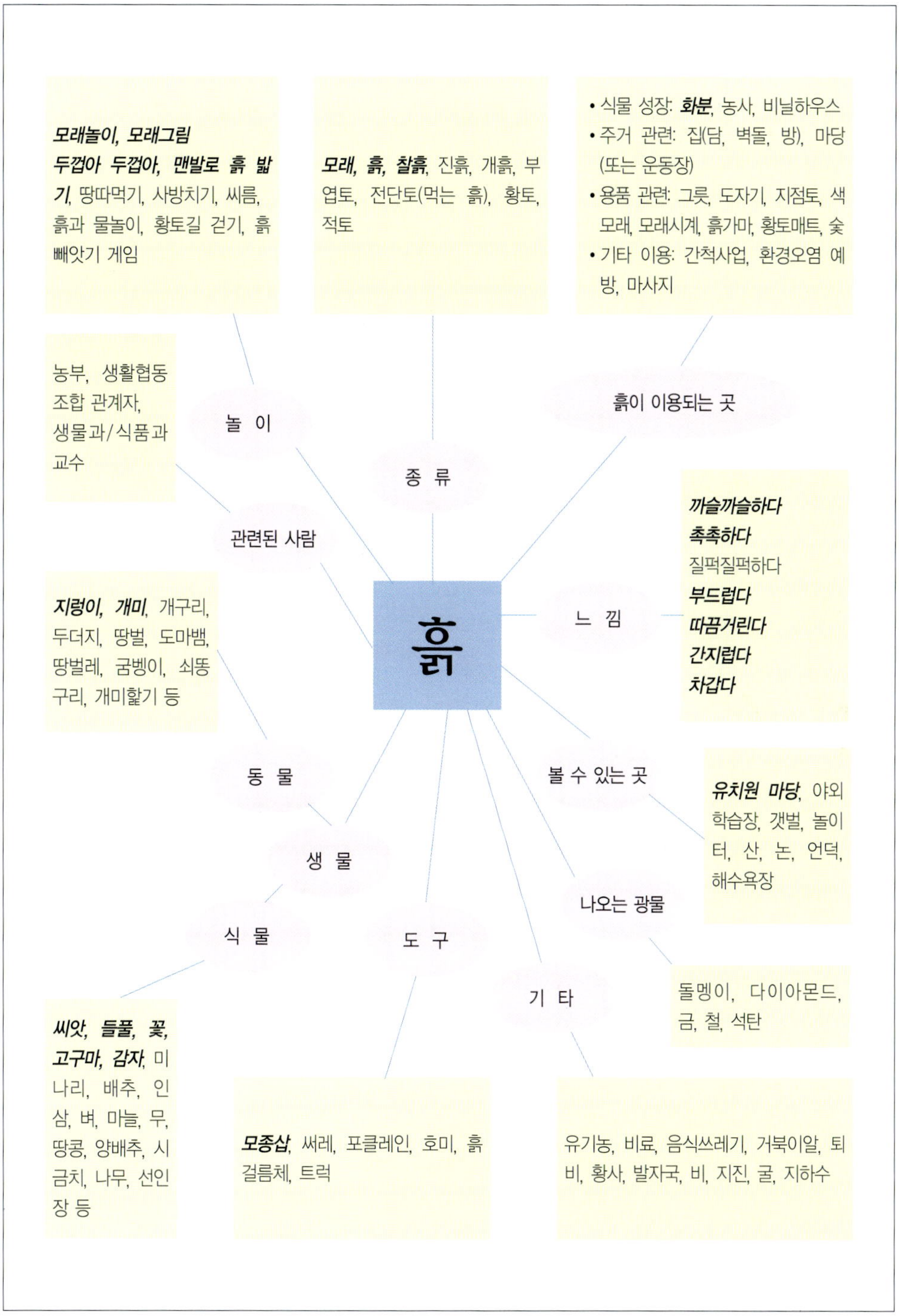

*주제망, 교육과정 조직안, 활동예상안의 이탤릭체, 진한 글씨는 프로젝트 초기에 하면 좋겠다고 교사가 생각한 내용, 활동들

주제망의 활용

교사(회)에 의해 선정된 주제로 반 전체가 함께 프로젝트를 하게 된 경우, 프로젝트 첫 주부터 유아들이 스스로 활동 목표를 세우고 몰입하여 활동을 하는 경우는 드물다. 그러므로 프로젝트 첫 주에는 교사 주도로 유아들의 흥미를 이끌어내는 활동들을 주로 하게 된다. 이후 점차 유아 개별, 또는 조별로 흥미를 느끼는 조사 탐구거리나 구체적 목표하에 활동이 생기게 되면서 다양한 작은 프로젝트들이 그 안에서 역동적으로 이루어진다. 그렇기 때문에 교사는 주제망 구성 후 그 주제망에 있는 여러 항목들 중 프로젝트 첫 주에 유아들과 다루면 좋겠다고 생각되는 항목들을 구분해 놓는 것이 효과적이다. 즉, 다른 글씨체나 색깔로 표시(*여기서는 이탤릭체, 굵은 글씨로 표시)해 두면 프로젝트 첫 주를 어떤 활동들부터 시작할지, 어떤 자원들을 내줄지 용이하게 판단할 수 있다.

나) 목표 선정

주제망이 구성되면 다음 단계로 목표를 선정하게 된다. 목표 선정의 기본 준거는 유아들의 이전 경험 및 발달 정도, 교사의 특별한 교육적 의도 등이다. 따라서 다른 두 원의 교사가 같은 연령의 유아들과 동일한 시기에 같은 주제로 프로젝트를 한다고 해도 예상하는 목표는 어느 정도 달라진다. 여기서 '어느 정도'라는 단어를 쓴 이유는 같은 주제이고 유아들도 같은 연령이라면 상당 부분은 비슷해지기 때문이다. 예를 들어 '흙' 프로젝트라면 '지식 및 이해' 목표 영역에 '흙은 동·식물이 살아가는 데 없어서는 안 될 소중한 자원임을 안다.' 정도는 '흙'에 관한 기본적이고도 중요한 개념이기 때문에 대부분의 유아 교사들이 공통적으로 선정하게 될 것이다. 그러나 시골 원과 도시 원의 경우 전체적으로 '흙'에 대한 경험 및 이해 정도가 다르기 때문에 목표 선정에서 일정 부분은 차이가 날 것이다.

목표를 선정하고 나면 프로젝트 과정 중 이루어지리라고, 또는 이루어졌으면 좋겠다고 생각되는 활동들에 대한 예상도 어느 정도 가능하다. 예를 들면, '흙 속에는 여러 가지 생물이 살아가고 있음을 안다.'라는 목표와 연계해서 「아기 지렁이 꼬물이의 일기」 동화책 들려주기 및 동극해 보기 활동을 예상할 수 있다. 이와 같이 목표 선정은 준비 단계에서의 교육과정 조직안 및 활동예상안 구성에 직접적인 영향을 미친다.

다) 교육과정 조직안 및 활동예상안 구성

'교육과정 조직안' 구성이란 프로젝트 중심의 교육과정을 운영하는 유아교육기관에서 장기 프로젝트(대체로 4주 이상)를 한다고 할 때, 예상되는 교육 내용 및 활동들을 유치원 교육과정 5개 영역별로 조직해 보는 작업이다. 이를 통해 프로젝트 중심의 통합 교육과정 운영을 할 때 빠지는 영역은 없는지 등을 검토하고 그런 경우 보완하는 것이다.

방법적인 면에서 교육과정 조직안을 구성할 때에는 국가 수준의 교육과정, 교사가 작성한 주제망, 목표 및 일차 예상해 놓은 활동안을 모두 옆에 놓고 각 영역별로 내용을 안배해 본다. 이어서 영역 내 통합(*건강생활 영역 안에서 또는 사회생활 영역 안에서 등 한 영역 안에서 묶을 수 있는 내용들을 적절히 통합하여 활동으로 전환)과 영역간 통합(*건강생활 영역과 사회생활 영역의 내용 통합 등 서로 다른 영역들끼리 적절히 통합하여 활동으로 전환)이라는 재조직 과정을 거쳐 활동예상안을 구성하게 되는 것이다. 이런 단계를 모두 거치고 나면 교사는 '음~! 이 주제에 대해서는 이런 이런 목표를 가지고 이런 이런 활동들을 할 수 있겠구나. 또는 하면 좋겠구나.' 하는 것을 구체적으로 구상해 볼 수 있게 된다. 역시 '흙' 주제를 예로 들어 보면 다음과 같다.

〈표 II-3〉 교육과정 조직안

	내 용	하위 내용
건강 생활	나의 몸 인식하기	• ***여러 종류의 흙 비교하고 관찰해 보기, 다양한 흙놀이*** • ***다양한 흙(진흙, 모래, 황토 등) 위에서 맨 발로 걸어 보기, 손으로 만져 보기, 물을 섞어 만져 보기***
	나의 몸 움직이기	• ***운동장을 뛰어 보기, 제자리에서 굴러 보기, 걷기*** • ***흙 파보기, 쌓기, 굴 만들기***
	건강하게 생활하기	• ***흙놀이 후 손 씻기*** • ***흙, 모래놀이 후 놀이 도구 정리하기, 주변 정리하기*** • 주방 선생님의 도움으로 우리 땅에서 나온 농산물 먹기 및 가정과 연계하기(가정통신문)
	안전하게 생활하기	• ***흙, 모래놀이에 사용되는 놀이 도구의 안전 사용법을 알고 지키기*** • ***흙이 눈이나 입에 들어갔을 때 대처 방안 알기*** • 흙이 오염되었을 때 어떤 위험이 있는지 알고 대처하기
사회 생활	나를 알고 사랑하기	• ***흙, 모래놀이 도구 싸우지 않고 사용하기, 사용 후 잘 정리하기*** • ***화난다고 다른 사람들에게 흙 던지거나 뿌리지 않기***
	가족과 함께 생활하기	• ***흙 프로젝트 관련 자원을 가족과 함께 찾아보기***(가정 학습과제–N · I · E, 활동지, 자료 수집 스크랩 등), 함께 텃밭(또는 화분) 만들기
	이웃과 더불어 생활하기	• ***공동 놀이 도구나 용품을 규칙에 따라 사용하고 소중히 다루기*** • 친구들과 공동 작품 계획 및 만들어 보기
	사회현상에 관심 가지기	• 우리 동네에서 흙을 볼 수 있는 곳 찾아보기(N · I · E, 활동지, 자료 수집 스크랩 등) • 흙과 관련된 직업(예 도예공, 포크레인 기사, 정원사, 벽돌공 등) 찾아보고 전문가 만나기 • ***흙 관련 자료 모으기***(부모들에게 공지, 자원목록표 부착, 신문 스크랩해 보기)

	내 용	하위 내용
표현 생활	자연과 생활에서 아름다움 찾아보기	• 땅 위, 땅 아래에서 살아가는 생물들의 모습, 움직임 탐색하기 • ***흙 이용한 실물 자원(예 토우, 항아리 등)의 특성 탐색하기***
	예술적 표현 즐기기	• 흙으로 만든 악기(예 오카리나)로 소리내 보기 • ***흙 관련 새 노래 배우기*** 및 개사하기 • ***흙에 대한 경험 그리기*** • 흙을 이용한 만들기(예 두꺼비 집, 흙벽돌, 토우, 장식품, 모래액자 등) • 흙 속 생물들의 움직임 나타내 보기 • 흙 관련 동화 쓰기, 동극해 보기
	감상하기	• 논, 밭의 흙과 거기 사는 생물들 보기, 관계 이해하기 • 흙 관련 음악, 흙을 이용한 용품(예 독박물관의 독들) 및 작품, 동극 등 보고 즐기기 • 자신과 다른 사람의 작품을 소중히 다루기
언어 생활	듣기	• ***친구, 선생님, 전문가 등 여러 사람의 이야기를 바른 자세로 잘 듣기*** • ***이야기 듣고, 이해되지 않은 것, 궁금한 것에 대하여 묻기***
	말하기	• ***흙 관련 경험, 생각, 느낌을 말하기*** • ***상황에 맞게 바른 자세로 말하기***
	읽기	• ***흙 관련 책 찾아보기, 교사 및 친구와 함께 읽어 보고 읽은 내용에 대해 의견 나누기*** • ***질문거리 해결을 위해 책 찾아보기***
	쓰기	• 그림, 상징화된 기호, 글 등으로 글로 자신의 생각, 알게 된 내용 등 표현해 보기
탐구 생활	탐구하는 태도 기르기	• 고구마 심고 변화 모습 관찰하기
	과학적 기초능력 기르기	• 흙 일 할 때 필요한 도구와 기계 알아보고(실물 자료 제시) 간단한 도구는 사용해 보기
	수학적 기초능력 기르기	• ***흙이 만들어지는 순서(큰 돌, 자갈, 굵은 흙. 고운 흙) 알기*** • 다양한 용기를 사용하여 흙 옮기기, 흙 담아 본 후 양 비교하기 • 흙 비교표 만들기

[이야기 나누기]

- ***흙은 어떻게 만들어졌을까?***
- 흙의 종류는?
- 흙 속에는 무엇이 있을까?
- 생물이 좋아하는 흙은?
- 흙이 사용되는 곳
- 흙이 오염되면?

[동화 / 동시]

〈동화〉

- ***「돌멩이도 춤을 추어요」 테이블 동화***
- 「아기 지렁이 꼬물이의 일기」

〈동시〉

- ***씨 하나가 땅에 묻히어***
- 흙

[관찰 / 실험]

- ***여러 종류 흙 경험: 관찰, 냄새 맡기, 체로 걸러 보기, 물 뿌려 보기 등***
- 고구마 심기
- 흙/모래 비교(벤다이어그램)
- 정수 과정
- 화산 폭발 실험

[현장학습 / 전문가 초빙]

- 현장학습: ***놀이터, 모래놀이 교실***, 논과 밭
- 전문가: (고구마, 고추 등)농부 아저씨, 생활협동조합원

흙

[신체 표현 / 음률]

〈신체 표현〉

- 흙이 되는 과정
- 바람에 날리는 모래
- 좋은 흙과 죽어가는 흙의 모습과 그 안에서 사는 생물의 상태 표현

〈음률〉

- ***흙 아저씨***(작사 조문현, 작곡 홍원표)
- 알 수 있잖아 (작곡 이명호, 작사 김옥배)
- 갯벌친구들(작사 이성관, 작곡 류정식)

[조형 활동 / 창의성]

〈조형 활동〉

- ***흙 관련 경험 그리기***
- 색 모래 작업
- 흙 그림
- 흙으로 모양 및 특정 물건(도자기, 토우 등) 만들기

〈창의성〉

- 만약 흙이 없다면/만약 흙이 죽어간다면/흙이 다시 살아난다면 사람들은, 식물은, 동물은 어떨까?

[자유선택활동] *특별히 교사가 준비한 것만 기술

〈흙 놀이 영역〉

- ***도자기, 그릇, 황토길***

〈수 · 조작〉

- 흙이 되는 과정 교구
- 흙 속에 사는 친구들 붙이기
- 흙을 오염시키는 것과 도움을 주는 것 분류 교구

〈과학〉

- ***여러 종류의 흙, 돋보기***

[게임 / 실외놀이]

- ***맨발로 흙 밟기***
- ***모래 놀이***
- ***두껍아, 두껍아***
- ***깊이 파보기***
- 씨름
- 흙 빼앗기 게임
- 공기
- 황토길 걷기
- 땅 따먹기

[가정 학습 과제]

- ***가까운 공원이나 마당에서 흙 놀이 해보기***
- 부모님과 함께 흙 관련 장소 방문하기(예황토 체험관)

[그림 II-1] 활동예상안

교육과정 조직안과 활동예상안 작성 시 유의점과 그 의미

활동예상안 작성 시 주제망과 교육과정 조직안을 활용한다. 즉, 주제망과 교육과정 조직안을 보면서 통합할 필요가 없는 활동 항목(예 모래놀이)은 활동예상안에 그대로 옮겨 적고, 통합을 거쳐 적합한 활동으로 재구성할 필요가 있는 항목들(또는 활동)은 그렇게 해서 활동예상안에 옮겨 적는 것이다. 예를 들어 건강생활 영역의 '흙놀이 후 손 씻기/흙 · 모래놀이 후 놀이 도구 정리하기/주변 정리하기'와 사회생활 영역의 '싸우지 않고 놀이 도구 사용하기/사용 후 잘 정리하기' 등은 '흙놀이 도구 사용과 규칙에 대한 이야기 나누기'와 '도구를 사용한 흙놀이'로 통합한 것이다.

주제망의 경우처럼 교육과정 조직안 및 활동예상안에서도 프로젝트 첫 주에 하면 좋겠다고 판단되는 활동들을 구분되게 표시(*이탤릭체로 진한 글씨)해 놓으면 프로젝트 시작 첫 주를 위한 주안 작성 시 쉽게 뽑아 쓸 수 있다. 이후 프로젝트가 전개되어 나가면서 2주, 3주 등의 주안은 프로젝트 진행 상황을 보아가면서, 활동 간 유기적 연계를 고려하여 융통성 있게 구성한다. 이를 위해 본서 103~105쪽에서 제시한 것과 같은 〈표 II-6〉 다음 주 예상안, 〈표 II-7〉 일일 활동 예상 및 결과 기록 양식, 〈표 II-8〉의 한 주간의 주요 예상 활동과 실행 결과 분석 기록 양식을 활용한다.

한편, 교육과정 조직안과 활동예상안을 구성해 보는 것은 여러 가지로 중요한 의미가 있다. 특히 다음과 같은 경우에 유용하게 활용되기 때문이다.

① 자원 목록을 작성하고 마련할 때
② 프로젝트 시작 전 환경 구성할 때
③ 시작 단계에서 유아들의 흥미 유도를 위한 활동 선정할 때
④ 프로젝트 과정 중 유아의 질문이나 흥미를 적합한 활동으로 연결할 때 등이다.

라) 자원목록 구성

활동예상안을 준거로 자원목록(1차적 자원-관련 있는 실물, 현장견학 장소, 도움을 줄 사람, 2차적 자원-책, 그림이나 사진, 팜플렛, CD, 비디오 테이프, 인터넷 사이트 등)을 작성해 보고 그에 따라 미리 준비해 둘 것(예 오래 두어도 변질되지 않는 자원으로 사진, 책, 오카리나 같이 흙으로 만든 악기 등)과 프로젝트 기간 중 준비하는 것이 더 좋은 것(예 고구마 모종 등과 같이 필요 시점에서 구해야 하는 것)을 구분하여 챙겨놓는다. 간혹 자원을 찾는 과정에서 역으로 프로젝트 과정 중 이루어지면 좋을 것 같은 활동 아이디어를 얻기도 한다. 그러면 다시 활동예상안으로 돌아가서 생각난 활동을 적어 놓는다. 자원목록 작성 및 그 효과적 활용 방법은 다음과 같다.

- 처음 자원목록을 작성할 때는 단일 색(예 일반적으로 검은색)으로 기록한다.
- 자원목록에 들어 있는 자원 중 활용한 자원에는 프로젝트 주별로 색깔을 달리하여 밑줄을 그어 나간다. 만일 어떤 자원이 프로젝트 내내 활용되었다면 주마다

계속 다른 색깔로 밑줄 그어 놓으면 된다. 이렇게 해 놓으면 어느 주에 어떤 자원이 어느 정도로 활용되었는가를 파악할 수 있고 이는 프로젝트를 평가하는 준거가 된다. 또한 다음 동일 주제로 프로젝트를 할 때 유용한 참고자료가 된다.

- 비고란에는 그 자원에 관한 정보, 활용 정도 등을 간단하게 메모해 둔다.
- 프로젝트 과정 중 충원되는 자원들은 누가적으로 기록해 나간다. 예를 들면 다음과 같다.

〈표 II-4〉 자원목록

구 분		내 용	비 고
1차적자원	실물	• 흙으로 만든 물건: 지점토, 찰흙, 오카리나, 도자기, 화분, 황토(팩), 황토옷, 황토비누, 황토매트, 장독대, 유리	• 황토옷은 며칠 간 빌림 • 지점토와 찰흙은 프로젝트 과정 중 거의 매일 사용 • 오카리나는 리코더와 소리, 연주 비교 • 도자기 등 흙을 이용한 용품은 플라스틱 용기와 비교 시 사용
		• 도자기 인형, 찰흙으로 만든 컵, 모래시계	• 유아가 예전에 직접 만든 컵은 흙 이용 용품에 대한 흥미 유발 시 사용
		• 흙일 할 때 쓰는 도구 및 기계: 모종삽, 괭이, 호미	• 포클레인, 경운기 등 큰 기계는 사진 등으로 간접 경험
		• 흙에서 수확한 식물: 마늘, 고구마(모종도 준비할 것), 인삼, 꽃, 선인장, 씨앗, 감자, 땅콩, 고추	• 고구마 모종을 심어 성장과정 비교할 것. 프로젝트 과정 중 고추 모종을 두 가지 종류의 흙에 심어 보기로 확장됨
		• 흙에서 볼 수 있는 동물: 우렁, 지렁이, 달팽이, 공벌레, 개미, 두더지, 개미핥기	• 지렁이, 달팽이, 우렁 등에 대한 관찰은 흙과 생물의 관계 학습을 위한 중요 자원
		• 불가사리, 장수풍뎅이, 게	• 갯벌에 다녀온 한 유아가 불가사리와 게 등 갯벌 생물들을 가져왔으나 이미 죽어 있어 냄새가 고약했음: 왜 죽었을까와 갯벌 생물들에 대한 관심 유발
		• 흙 종류 : 부엽토, 모래, 진흙, 전단토(먹는 흙), 돌, 자갈, 숯, 갈색 산림토	• 전단토는 큰 흥미 끌었으나 구하지 못함
		• 모래놀이 교실의 흙	• 그곳 흙이 잘 뭉쳐져서 만들기에 대한 흥미 지속
	사람	관리인 아저씨, 도자기 만드는 분	• 관리인 아저씨로부터 고구마 심는 방법 배움. 밭에 모종 심기
	현장견학	놀이터, 갯벌, 황토 체험관, 모래놀이 교실, 도자기 체험관, 공원, 논, 밭	• 놀이터와 모래놀이 교실 외 다른 장소는 부모들과 가능한 한 경험해 볼 것 부탁

구 분		내 용			비 고
2차적 자원	동화책	제목(출판연도)	지은이	출판사	
		꿈틀꿈틀 흙이 있어요(2004)	곽영직	웅진	*표시는 프로젝트 과정 중 유아들이 특히 즐겨 본 책
		루비와 흙투성이 강아지(2001)	헬렌 스티븐슨	계림	
		아기지렁이 꼬물이의 일기(2006)*	도린 크로닌	한언	
		코끼리 리지는 진흙탕을 좋아해(2005)	비키 이건	다섯수레	
		흙동이와 찰흙놀이 해요(2003)	김선현	꼬마이실	
		귀여운 흙덩이(2005)	아르튀로 블룸	삼성당	
		꼬마 과학자 물, 불, 흙, 공기(1998)	안드리엔 수페르-페로	보림	
		으앗, 진흙 괴물이다(1999)	자넷 맥린	하늘땅 별땅	
		낙지네 개흙잔치(2004)	안학수	창작과비평사	
		갯벌에 뭐가 사나 볼래요?(2002)	도토리 편집부	보리	
		땅 속 생물 이야기(2002)*	오오노마사오	진서	
		땅 속 나라 도둑괴물(2002)	조대인	보림	
		갯벌이 좋아요(2002)*	유애로	보림	
		돌멩이도 춤을 추어요(2002)	힐레 하이두크-후트	보림	
		마쯔와 신기한 돌(2002)	마르쿠스 피스터	보림	
		흙을 구운 조각가 권진규(2003)	조은정	나무숲	
		흙	라라 알바네세	풀빛	
		숨쉬는 항아리	정병락	보림	
		두두와 밧지의 땅속여행*	박인택	한국퍼킨스(삐아제)	

<table>
<tr><th colspan="3">구 분</th><th colspan="3">내 용</th><th>비 고</th></tr>
<tr><td rowspan="14">2
차
적
자
원</td><td colspan="2">동화책</td><td>제목(출판연도)</td><td>지은이</td><td>출판사</td><td></td></tr>
<tr><td rowspan="9">정
보
를
주
는
책</td><td rowspan="4">교
사</td><td>명태 선생님의 환경교실(1995)</td><td>김용근</td><td>푸른나무</td><td rowspan="9">**는 유용한 정보를 많이 얻은 책</td></tr>
<tr><td>얘들아 산책가자(2002)</td><td>임재택 외</td><td>양서원</td></tr>
<tr><td>선생님! 텃밭가요(2002)</td><td>임재택 외</td><td>양서원</td></tr>
<tr><td>환경보고서 땅(2005)**</td><td>김맹수</td><td>해와 나무</td></tr>
<tr><td rowspan="5">유
아</td><td>돌고 도는 돌(2005)**</td><td>이여주</td><td>두산동아</td></tr>
<tr><td>농업 박물관(2005)</td><td>김순철</td><td>해피북스</td></tr>
<tr><td>꽃 도둑(2000)</td><td>정향숙</td><td>영림카디널</td></tr>
<tr><td>지렁이(2005)**</td><td>앙드리엔 수테르 페로
(윤소영 역)</td><td>보림</td></tr>
<tr><td colspan="2">사진
팜플렛</td><td colspan="4">흙놀이 하는 사진, 환경 포스터, 흙 관련 신문 기사, 흙 공예관 팜플렛</td></tr>
<tr><td colspan="2">신문</td><td colspan="4">· 부산일보: '자연체험에 놀이 더하면 기쁨 두 배' 〈2006. 3. 20〉
· 서울신문: 불청객 황사는 오염물질 운반체 〈2006. 3. 17〉</td></tr>
<tr><td colspan="2">VTR</td><td colspan="4">· EBS 공사 창립 5주년 기념 특별기획 자연 다큐멘터리 '흙': 방송일자-05. 6. 22. 오후 10시 50분
· KBS 1TV 환경 스페셜 EBS 하나뿐인 지구: 831회 지구 살림꾼 지렁이(방송일자 05. 7.18)/ 730회 새만금 갯벌 그 미래는?(방송일자 03. 6. 9)</td></tr>
<tr><td colspan="2">인터넷
사이트</td><td colspan="4">· http://topianet. co. kr/ topia/ 3/ 3j/ 32j0211. htm: 흙, 모래 용도
topia/ 3/ 3j/ 32j0204.htm: 흙과 모래 비교
· gnedu. net/ php-bin/ swebdata: 모래와 흙이 만들어지는 과정
· http://wetland. incheon. go. kr: 갯벌</td></tr>
</table>

마) 환경구성

프로젝트를 시작하기 전에 교사는 주제 관련 환경구성을 한다. 유아들은 대체로 교사가 환경구성 해 놓은 범위 안에서 활동을 하게 되므로 환경구성은 '교사가 계획한 교육 내용' 에 포함된다고 할 수 있다.

한편 프로젝트가 전개되어 나가면서 교사는 계속 유아들의 반응과 프로젝트 진행 상황을 보아가면서 주안도 짜고 이에 따라 자원도 충원해 주게 된다. 또 부모와 유아들도 프로젝트에 재미를 느끼고 관심을 많이 갖게 될수록 점점 더 자원을 많이 찾아보고 원으로 가져오게 된다. 이렇게 자원이 충원될 때마다 언제, 누구에 의해 자원이 충원되었는지, 이 자원에 대한 유아들의 반응, 자원의 효율성은 어느 정도인지 환경구성 목록에 계속 누가적으로 기록해 놓으면 바람직하다. 자원목록표는 프로젝트 평가를 위한 하나의 준거 자료가 되기 때문이다. 예를 들어 프로젝트 3주째 쯤부터 유아 및 부모들의 자원 충원 참여가 전혀 되지 않았다면 이는 그 주제에 대한 유아들의 관심이 많이 상실되었다는 것을 간접적으로 보여주는 증거이다.

자원의 누가적 기록은 아래 〈표 II-5〉처럼 종으로 해나갈 수도 있고, 횡으로 해나갈 수도 있다. 단, 각 자원에 대하여 '비고' 와 그 자원에 대한 '유아들의 반응' 까지 기록하는 경우에 컴퓨터를 이용하여 종으로 추가해 나가는 것이 편리하다. 기록 방법을 예시하기 위하여 아래 사례에서 프로젝트 1주, 2주 자원 관련 내용을 일부 기록해 놓았다. 계속적으로 기록이 되기 때문에 프로젝트가 끝날 때쯤에는 긴 자원 목록이 된다.

〈표 II-5〉 흥미 영역별 환경구성

<table>
<tr><th colspan="3">영역</th><th>자원종류</th><th>비고</th><th>유아들 반응</th></tr>
<tr><td rowspan="11">실내</td><td rowspan="3">언어</td><td rowspan="2">교구</td><td>1주: 기본 어휘 수수께끼, 흙 관련 동화책 등</td><td>삼각대로 그림 카드를 세우고 유아 2명이 게임식으로 맞추어 보도록 제작</td><td>퀴즈를 내는 것에 익숙하지 못함. 사용 방법에 대한 구체적 지도 필요</td></tr>
<tr><td>2주: 흙 이용 용품 찾기
…</td><td>여러 용품이 그려져 있는 종이에 흙 이용 용품 찾아 표시하기</td><td>흙 이용 용품을 잘 찾아내지 못함. 실물을 보여줄 필요</td></tr>
<tr><td>벽면</td><td>사진(그림)</td><td>흙을 이용한 용품 사진과 그 이름</td><td></td></tr>
<tr><td rowspan="2">조작</td><td>교구</td><td>2주: 흙이 되는 과정 게임판
…</td><td>흙이 되는 과정을 게임식으로 알아봄. 2명의 유아가 차례대로 주사위를 던져 돌이 흙이 되는 과정에 영향을 주는 그림이 나오면 동그라미 수만큼 앞으로 움직이고, 영향을 주지 않는 그림이 나오면 동그라미 수만큼 뒤로 움직여 흙이 된 그림에 빨리 도착하는 유아가 이기는 게임</td><td>서로 게임을 하려고 하는 등 흥미 높음. 흙이 만들어지는 과정에 관심 갖는 계기 마련</td></tr>
<tr><td>벽면</td><td>사진(그림)</td><td></td><td></td></tr>
<tr><td rowspan="2">조형</td><td>교구</td><td>그림 그리기 도구</td><td>흙과 관련된 자신의 경험을 그림으로 그려 봄</td><td>고구마 심기, 화분의 흙, 해수욕장 모래놀이 등이 나옴. 유아들의 경험 정도 파악</td></tr>
<tr><td>벽면</td><td>유아 그림</td><td>유아들이 그린 그림을 붙여 줌</td><td></td></tr>
<tr><td rowspan="2">과학</td><td>교구</td><td>흙 관찰</td><td>여러 종류의 깨끗한 흙(모래, 일반 흙, 찰흙 및 색 찰흙)을 제시해 줌.</td><td>유아들이 자유롭게 만지며 이야기하고 궁금한 것들(왜 이 흙은 느낌이 달라요?)을 이야기함. 모래놀이 교실에서 가지고 온 흙을 가장 관심 있어 함</td></tr>
<tr><td>벽면</td><td>사진</td><td>사막, 산, 바닷가 등의 사진</td><td></td></tr>
<tr><td colspan="2" rowspan="2">출입문</td><td>자원목록표</td><td>자원으로 들어 온 것들에 날짜와 이름을 적어 붙여 줌</td><td>이를 통해 유아들이 스스로 자원 찾아 보려는 열의 보임</td></tr>
<tr><td>모래놀이 사진</td><td>유아들이 모래놀이를 했을 때의 사진과 인터넷상에서의 모래를 가지고 활동하는 사진을 붙여 줌</td><td>모래놀이를 하자는 이야기가 많이 나옴</td></tr>
<tr><td>실외</td><td colspan="5">화단과 놀이터 정비, 흙 보충</td></tr>
</table>

(* 2주의 경우 일부만 이탤릭체로 기록)

환경구성까지 하고 나면 교사가 준비 단계에서 교육 내용을 예상해 보는 작업은 모두 마치게 된다. 그러나 이렇게 해놓았다고 프로젝트 과정 중 이 활동들이 모두 그대로 이루어지는 것은 아니다. 프로젝트 과정 중 교사도 전혀 예상치 못한 활동이 발현되기도 하고 어느 정도 예상했던 활동이기는 한데 프로젝트 과정 중 자원 충원이나 유아들의 반응, 교사의 의도 변화 등 여러 요인에 의해 이렇게, 저렇게 조정되면서 진행되기도 하기 때문이다.

3) 프로젝트 과정 중 새로운 내용 발현 또는 준비 단계 때 예상해 놓았던 활동의 조정

교사가 준비 단계에서 예상하지 못했던 새로운 내용이 프로젝트 과정 중 교사, 교사와 유아, 또는 유아들에 의해 발현되는 경우와 준비 단계 때 교사가 예상해 놓았던 내용들이 확장 · 축소 · 통합되는 등 조정되는 경우 등이 이에 속한다. 이렇게 프로젝트 과정 중 새로운 내용이 발현되거나 예상했던 활동들이 조정되는 것은 프로젝트의 중요한 본질적 특성이기도 하다. 교육 계획안대로가 아닌 교사와 학습자가 함께 프로젝트 진행 상황에 따라 그때그때 가장 최적의 교육 내용과 방법으로 조정해 나가는 것이야 말로 프로젝트의 가장 중요한 특성이자 두드러진 장점이기 때문이다.

이런 특성 때문에 동일 주제로 프로젝트를 한다고 해도 각 원마다, 또는 같은 원이라 해도 각 반마다 어느 정도 다른 진행 과정과 결과를 얻게 되는 것이다. 각 반의 구성원인 교사와 유아들의 경험, 관심과 흥미, 새로운 자원의 충원, 부모의 협조 등 프로젝트에 직접 영향을 미치는 요인들이 원마다, 더 작은 단위로는 반마다 다를 수밖에 없고, 이에 따라 프로젝트 전개 방향 역시 달라지기 때문이다. 프로젝트 과정 중 새로운 내용이 발현되거나 준비 단계에서 예상했던 내용이 조정되는 경우를 살펴보면 다음과 같다.

가) 새로운 활동이 발현된 경우

새로운 활동 발현은 예기치 못한 상황이나 사건 발생, 독특한 자원 충원, 또는 교사나 유아, 부모들의 아이디어 등에 의해 가능하다. 구체적으로 다음과 같은 경우이다.

- 교사가 준비 단계 때까지는 미처 몰랐는데 프로젝트 진행 중 독특한 자원을 구하게 되었을 때: 예 '흙' 프로젝트 중 오카리나를 직접 만드는 전문가를 알게 되었다. 만드는 방법에 대한 설명을 들으면서 유아들도 충분히 할만하며 해볼 만한 가치가 있다고 판단하여 '오카리나 만들기'를 해보기로 하였다.
- 유아들의 흥미가 다른 방향으로 확장될 때: 예 '흙' 프로젝트 중 '흙 박사 책 만들기'를 하기로 하였다. 그 책에 유아들이 알게 된 '흙에 대한 여러 가지 사실'을 기록하기로 하였는데 그 과정에서 책 만드는 방법 자체에 대한 조사 활동이 이루어졌다.
- 유아들에게서 예기치 못한 질문이 나왔을 때: 예 "흙은 원래 살아 있는 건가요?"라는 질문에 대해 조사, 탐구 활동이 다방면으로 이루어졌다. '살아 있음과 죽은 것', '생명 있는 것과 없는 것'에 대한 토의, 죽천교 밑의 흙을 살리기 위한 쓰레기 치우기 등이 이루어졌다.
- 유아들이 특별한 요구를 했는데 교사가 실현 가능하며 교육적 가능성도 높다고 판단할 때: 예 "「아기 지렁이 꼬물이」 이야기를 인형극으로 하면 재미있겠어요." 이후 인형극으로 만들기 위한 계획 세우기, 대본 구성하기, 역할 정해 다양한 재료로 인형 만들어 보기(*지렁이 몸처럼 축축하면서 약간 반들반들한 느낌이 나도록 하려면 어떤 재료를 쓰는 것이 좋을까? 토의 등), 인형극해 보기 등이 이루어졌다.
- 어떤 현상이나 자원, 다른 친구의 활동결과물 등이 큰 흥미를 끌면서 연계된 다른 활동들을 발현시킬 때: 예 '바위에서 흙이 되기까지' 게임판을 보고 '땅 속 나라' 게임판 만들기, '흙과 친구가 된 꼬마 씨앗 이야기 꾸미기' 등 활동이 계속 연계되어 발현되었다.
- 부모 등 주변인이 좋은 활동 아이디어를 보냈을 때: 예 "수목원에 가면 맨 발로 흙 밟기 코스가 있는데 흙에 대한 느낌이 새로워요." 이후 '흙으로 할 수 있는 일'에 대한 조사, 탐구와 수목원 현장견학이 이루어졌다.

단, 새로운 활동 발현이라고 해도 교사의 교육적 판단은 일종의 거름체 역할을 하게 된다. 그래서 별 의미가 없는 것은 걸러내고 발전시킬 것은 효과적으로 더 확장되어 나가도록 돕는 것이다. 이와 관련하여 좀 더 구체적으로 '흙' 프로젝트 관련 사례를 살펴보자.

교사가 전체 유아를 대상으로 "흙이 죽어간다"는 신문기사를 보여주며 '흙의 오염'에 대한 이야기 나누기를 하던 중, 한 유아가 "그럼 원래 흙은 살아 있어요?"라고 질문하였다. 이후 이 질문에서 '흙은 살아있는 걸까?', '살아있는 것과 죽은 것은 어떻게 다른가?' 토의, 가까운 죽천교 다리 밑의 오염된 흙을 살리기 위한 대책 마련, 죽천교 밑 쓰레기 치우기, 구청과 연락하여 유아들이 한쪽에 모아 놓은 쓰레기 가져가도록 하기 등으로 계속 활동이 확장되어 나갔다. 이런 일련의 활동 계기가 된 이야기 나누기의 일부분을 살펴보면 다음과 같다.

교사 기록

('흙의 오염'에 대한 이야기 나누기 중이다.)

교사: 흙은 살아있냐고? 너희들 생각은 어떠니?

완호: 흙은 살아 있는 거예요.

예빈: 맞아. 흙은 살아 있는 거야.

완호: 나무가 자라니까 흙이 살아 있는 거죠.

지혜: (큰 목소리로) 강아지는 '멍멍' 하니까 살아있는 거야. 흙은 가만히 있잖아. 죽었지~.

교사: 그래? 그렇게 생각하는구나. 또 다른 생각은?

완호: 개미랑 지렁이가 살아 있으니까 흙도 살아 있죠.

홍석: 아니야, 흙은 안 살아 있어. 개미가 살아 있는 거지.

교사: 그래? 그럼 흙은 죽은 건가?"

유아들의 의견은 거의 팽팽하게 둘로 나뉘었다. 살아 있다는 유아들은 위에 든 근거 외에 '사람은 흙으로 만들었는데 살아 있으니까 흙도 살아있는 거예요', '바람이 불면 흙이 흔들리니까 살아 있는 것을 알 수 있어요', '우리 엄마가 그러는데 흙은 무한 년까지 살아 있대요' 등의 의견을 내놓았다. 반면 흙이 죽어 있다는 유아들은 '흙은 그냥 무너지니까', '흙 위에 아파트를 세우니까 죽어 있어요', '더러운 물 버려서 죽었어요', '흙은 듣지도 못하고 말도 못하니까 죽은 거죠' 등이 나왔다.

유아들의 생각을 파악하고 난 후, 교사는 흙에 대한 공부를 하고 있는 선생님 친구(*농대 대학원생)에게 전화로 물어보겠다고 약속하였다. 유아들이 지금, 빨리 해보라고 재촉하는 바람에 바로 그 자리에서 전화해 본 결과 다음과 같은 답을 들을 수 있었다.

- 흙은 나이를 먹어 늙어 죽는 것이 아니다.
- 자연재해, 환경오염 등의 이유로 흙 안의 영양분이 모두 없어져 미생물이 살지 못하면 '죽은 흙' 이라고 말한다.
- '죽은 흙' 이 되었더라도 영양분이 생기면 다시 살아날 수 있다.

전화를 끊은 후 유아들에게 자세히 이야기해 주자 소리를 지르며 좋아했다. 특히 죽은 흙이 살아날 수 있다는 부분("죽은 흙을 우리가 다시 살릴 수 있대.")을 좋아했다. 전화통화 후 자연스럽게 흙을 다시 살릴 수 있는 방법에 대해 이야기 나누게 되었다. '흙 속의 쓰레기를 다시 파내고 그 안에 깨끗한 흙을 넣어서 다시 생물들이 살게 해요', '쓰레기(또는 음식)를 안 버려요', '재활용해요', '농약, 비닐봉지, 일화용품 등을 조금만 사용하자(교사 의견)' 등의 대책이 나왔다.

나) 준비 단계 때 예상했던 활동들이 확장, 축소, 통합되는 경우

1 활동의 확장 또는 통합

'흙' 프로젝트 중 '모래 놀이터에서 두꺼비 집 짓기' 는 교사가 유아들의 흥미 유발을 위해 프로젝트 첫 주에 간단히 하면 좋겠다고 예상했던 활동이었다. 그런데 유아들이 교사의 기대 이상으로 두꺼비 집 만들기를 매우 좋아했고 계속 여러 번 하는 과정에서 '두꺼비 동네 만들기' 로까지 확장(터널, 길, 연못 등)되었다. 그리고 더 나아가 '모래놀이 교실' 현장견학과도 통합되어져 '모래놀이 교실' 의 모래와 놀이터 모래의 뭉쳐지는 정도 비교하기, 모양 만들어 비교하기, 모래를 적신 후 말려보기 등으로 발전되었다. 그 과정을 간단하게 살펴보면 다음과 같다.

① 모래놀이터에서 유아들이 모래와 물 섞어 가며 놀기: 물에 젖은 모래를 만져보며 물에 젖으니까 잘 뭉쳐진다고 이야기하였다. 그래서 젖은 흙을 가지고 교사가 어렸을 때 많이 해본 '두꺼비집 짓기' 놀이를 소개해 주었다. 시범을 보이자 몇몇 유아들이 자기들도 해보았다며 만들기 시작하였다.

② 교사가 동요를 부르며 모래로 두꺼비집 짓는 것 보여주기: "두껍아, 두껍아. 살집 줄게, 새집 다오 ♪" 노래를 부르며 손 등까지 모래 속에 넣어 두꺼비집을 만들자 유아들도 따라 하기 시작하였다.

③ 교사가 만든 집과 다른 유아가 만든 두꺼비집 연결시켜 보기: 모래 속에서 손가락끼리 닿자 기뻐하며 비밀통로라고 한다.

④ '두꺼비 동네 만들기' 로 놀이 확장: 유아들이 각자 두꺼비집을 만들었다. 두꺼비 집이 여러 개 나오면서 두꺼비 동네 같다는 말이 나왔다. 진짜 두꺼비 동네를 만들기로 하고 두꺼비 집들 간에 구멍(통로)을 뚫기도 하고, 이동 통로, 연못 등도 만들었다.

⑤ 모래놀이 교실 모래와 놀이터 모래 비교: "모래놀이 교실 모래랑 그냥 모래랑 달라요. 모래놀이 교실 흙이 더 잘 뭉쳐져요." 교실로 들어와 두 가지 종류의 모래 비교해 보기, 결과를 말로 하기, 글로 쓰기, 그림 그리기 등이다.

2 활동의 축소 또는 생략

준비 단계에서 예상했던 활동이 축소되거나 생략되는 경우도 있다. 그 구체적 원인은 다음과 같다.

- 막상 활동이 제시되었는데, 유아들의 발달 정도나 흥미에 비추어 볼 때 계속 지속할 의미가 없을 경우
- 자원 충원이 여의치 않을 때

- 여러 위험 요소들이 내재해 있을 때
- 활동 간의 유기적 연결이 안 될 때 등이다.

예를 들어 '흙' 활동예상안에서 '논과 밭으로의 현장체험'은 '유치원 밭에 고구마 심기'로 대치되었다. 논흙을 보겠다고 유아들이 직접 논안으로 들어가기도 어렵고 그렇다고 논을 그냥 쳐다만 보는 것은 의미가 없다고 판단하였기 때문이다. 또한 '흙을 통한 물의 정수 과정', '화산 폭발 실험' 등은 생략되었다. 두 활동 모두 교사들이 미리 실험해 본 결과 유아들은 그저 수동적 입장에서 바라만 보는 활동이 될 확률이 높았기 때문이다. 특히 페트병에 식초와 빨간 색소 섞어 흔드는 화산 폭발 실험은 순간적으로 유아들의 흥미를 끌 수는 있겠으나 화산 폭발 원리, 화산과 흙과의 관계 이해를 돕는 바람직한 방법은 아니라고 보았다.

프로젝트 과정 중 새롭게 활동이 발현되는 경우와 준비 단계에서 예상했던 활동이 확장, 통합, 축소, 생략 등 조정되는 경우에 대해 살펴보았다. 서술 편의상 나누어 기술하였는데 위 사례들에서 볼 수 있는 것처럼 프로젝트 과정 중에는 교사와 유아(들)간 계속적인 조정과 합의에 의해 활동이 이렇게 저렇게 바뀌어 나간다. 이를 위해 교사는 계속적으로 적절하게 활동의 조정자, 촉진자, 안내자로서의 역할을 해 주어야 한다. 여기서 '적절하게'라는 의미는 교육적 가능성, 유아들의 발달 단계 및 특성 등을 잘 가늠해 보면서 적합한 비계 설정(scaffolding)을 해주어야 한다는 것이다. 이렇게 볼 때 교사가 준비 단계에서 미리 활동을 예상해 보는 일만큼이나 프로젝트 과정 중 교육 내용이나 활동을 조정하고 지원해 주는 일은 교사로서의 전문적 판단이 요구되는 매우 중요한 일임을 알 수 있다.

다. 교수·학습 과정

프로젝트 접근법에 의한 교수·학습 과정을 프로젝트 준비 단계, 시작 단계, 전개 단계, 마무리 단계로 나누어 간단히 살펴보고자 한다. 이는 교사(회)가 주제 선정 준거에 비추어 주제를 선정하고, 장기 프로젝트로 진행한다는 가정하에 진술된 것이다. 단, 교사(회)가 처음 프로젝트 주제를 정했다 하더라도 전술한 바와 같이 프로젝트 과정 중 유아 개인, 유아들 몇 명에 의한, 또는 교사-유아(들)에 의한 작은 단기 프로젝트들이 얼마든지 발현될 수 있다. 준비 단계에 대한 것은 앞서 교수·학습 내용 부분(pp.61~76)에서 자세히 다루었기 때문에 간단하게 넘어가고 프로젝트 시작, 전개, 마무리 단계에 대한 것을 그 원리와 사례 중심으로 소개할 것이다.

1) 프로젝트 준비 단계

만일 프로젝트가 몇 주 지속될 예정이고 학급 전체가 참여할 예정이라면 교사의 사전 계획은 매우 중요하다. 이는 알찬 조사와 성취 기회를 증진시키기 때문이다(Katz & Chard, 2000, 91). 사전 계획의 형태는 교사의 주제망 구성, 목표 선정, 교육과정 조직안 및 활동예상안 작성, 자원목록 작성 및 준비, 환경구성, 부모들에게 알리기의 형태로 이루어진다(지옥정, 2000). 이런 모든 과정을 통해 교사 자신부터 그 주제에 대해 확산적으로 사고해 보고, 학습 내용 및 활동의 가능성들을 유추해 보게 된다. 또한 궁금한 점과 흥미 있는 부분을 미리 탐색해 보고 자료도 찾아봄으로써 프로젝트 주제에 대해 교사가 자신감을 가지고 임하게 된다. 프로젝트에 대해 부모들에게 미리 알리는 것도 중요하다. 구체적으로 가정통신문의 형태나 홈페이지 등을 통해 부모들에게 프로젝트의 취지, 도움받기 원하는 자원이나 전문가 등에 대하여 알리는 것이다. 부모들 또한 교육의 한 주체로서 관심을 갖고 프로젝트에 함께 참여하도록 하기 위함이다.

2) 프로젝트 시작 단계

시작 단계의 초점은 프로젝트의 방향, 내용의 정도와 범위를 유아들과 함께 정하고 앞으로 전개될 활동을 계획하는 일이다. 구체적으로 이루어지는 일은 주제 소개 및 이전 경험 표현, 교사-유아 주제망 구성, 질문거리 구성 및 이에 따른 활동 계획 세우기이다.

가) 주제 소개 및 이전 경험 표현

1 주제 소개

프로젝트 초기에 주제를 소개하는 방법은 유아들의 흥미 유발에 큰 영향을 미치며, 더 나아가 프로젝트의 진행 방향, 성취 결과에도 주요한 영향을 미친다(Katz & Chard, 2000, 105). 따라서 유아의 흥미를 끌 수 있으며 동시에 학습의 자극이 될 수 있는 효과적인 주제 소개 방법을 찾는 것이 중요하다. 이를 위해 실물, 사진이나 비디오 자료, OHP나 녹음기 등을 이용한 소개 등 여러 가지 방법이 주제에 따라 다양하게 활용될 수 있다. 예를 들어 '흙' 프로젝트의 경우에 화분과 흙으로 만들어진 물건들(오카리나, 도자기 등)이 활용되었다. 그런가 하면 '식충식물' 프로젝트의 경우 수수께끼로 유아들의 흥미를 자극한 후 아래 사진과 같은 '파리지옥' 과 '네펜데스' 를 보여주었다.[27)]

• 사진 II-1 • 잎사귀(파리지옥) 주머니(네펜데스)로 벌레를 잡아요.

27) 파리지옥은 사진에서처럼 톱니 모양의 잎사귀를 가지고 있는데 파리나 작은 곤충이 다가와 잎사귀에 앉으면 얼른 잎사귀를 닫아 도망가지 못하도록 한다. 볼펜 끝으로 살짝 건드려도 잎을 닫는데 재미있다고 자꾸 이렇게 건드리면 파리지옥은 얼마 못 가서 시들고 죽게 된다. 그런가 하면 네펜데스는 잎이 변형된 긴 주머니에 투명한 물 같은 소화액을 만들어 놓고 거기에 빠진 곤충들을 천천히 소화시켜 양분을 보충해 나간다.

참고로 파리지옥에 대한 수수께끼 낸 것은 다음과 같다. 이는 파지지옥에 대한 사실적 정보에 근거하여 이야기처럼 만든 것이다.

'파리지옥' 에 대한 수수께끼

"내가 누굴까 알아맞혀 볼래? 우선 난 식물이야. 그래서 걸어 다닐 수는 없지만 대신 잎사귀를 아주 빠르게 움직일 수 있단다. 언제 움직이냐고? 그건 파리나 하루살이들이 내 잎사귀에 앉거나 아주 가까이 왔을 때란다. 어? 저기 파리 한 마리가 날아온다. 음~! 저 파리를 꼭 잡아야지. 그래야 필요한 양분을 보충할 수 있단 말이야. 파리야. 어서 가까이 와. 나 예쁘지? 이것 좀 봐. 내 잎사귀 안쪽은 네가 좋아하는 빨간 색이야. 그래, 그래. 파리야. 조금만 더 가까이 오렴. 아주 조금만 더… 조금만 더… 이때다. 얼른 벌리고 있던 잎사귀 양쪽을 탁 닫아버려야지. 야! 파리 잡았다. 이제 천천히 소화시킬 일만 남았어. 난 누굴까?"

2 교사와 유아의 이전 경험 표현

'교사와 유아의 이전 경험 표현' 이란 프로젝트 주제에 대해 학급 구성원들 간에 경험한 것이 무엇인지, 알고 있는 것은 무엇인지 등을 나눔으로써 현재 프로젝트 주제에 대한 이해 정도, 흥미 방향 등을 상호 파악하는 과정이다. 이전 경험 표현이 효과적으로 이루어지도록 하기 위해서는 교사가 먼저 유아들의 수준에 맞는, 그러면서 흥미를 유발할 수 있는 자신의 경험을 들려주는 것이 필요하다. 이때 한 가지 유념할 점은 교사가 어떤 이야기를 이전 경험으로 제시하느냐에 따라 유아들의 이전 경험 표현도 그 비슷한 이야기로 계속 흐를 확률이 높다는 사실이다. 따라서 교사가 이전 경험에 대한 이야기를 해주고자 할 때는 유아들의 그런 특성까지도 고려하면서, 이후 유아들의 조사, 탐구거리로 연결될 만한 이야기를 들려주는 것이 좋다. 또한 이때 말로만 하지 말고 사진, 실물, 동영상 자료, 녹음 테이프 또는 비디오 테이프 등을 활용하면 훨씬 유아들의 흥미를 끌 수 있다.

교사가 이전 경험에 대한 이야기를 한 후 유아들 몇 명에게도 이야기할 기회를 주고 이어 그림 그리기 등으로 이전 경험 표현을 해보도록 한다. 이런 과정을 통해 교사는 어떤 수준과 정도에서 그 주제에 대한 접근을 시작하는 것이 좋을지 결정할 수 있다. 더불어 주제에 대한 각 유아의 경험 정도, 사고 수준, 성향 등을 더 잘 이해하게 되고 프로젝트 과정 중 어떤 식으로 각 유아를 이끌어 주는 것이 바람직한지도 가능하게 된다. 이와 관련하여 김영주(2004)는 유아 각자의 고유한 맥락이 학습 과정 속에서 존중되고 자연스럽게 융합될 때 바람직한 교육과정이 실현될 수 있다고 한 바 있다.

다음은 '흙' 프로젝트 시 유아들로 하여금 '흙과 식물의 관계'에 흥미를 갖도록 하기 위해 교사가 실물을 보여주며 이야기 들려준 경우이다. 참고로 이후 활동은 흙에 고구마 심기로 연결된 후, 더 나아가 모래와 밭 흙에 고추 모종 심어보기로 확장되었다.

<교사의 '흙'에 대한 이전 경험 표현>

교 사 : 선생님은 식목일에 나무 대신 이 화분에 흙(*실물을 보여줌)을 담고, 이렇게 까맣고 예쁜 꽃씨(*봉선화씨를 보여줌)를 심어서 물을 살살 뿌려준 후 선생님 집 베란다에 놓아두었거든요. 그랬더니 며칠이 지나니까 '싹싹싹~이 나오고(노래로 부름)♬,' 그리고 또 며칠 지나니까, '꽃꽃꽃봉오리 맺히고(노래로 부름)♪' 이것 봐. 그리고 드디어 어떻게 될까? 노래로 해 볼까?

유아들 : 꽃~이 피~죠. ♬

교 사 : 흙 없이 화분에 그냥 씨만 넣어 두었어. 물은 주고…. 그래도 쑥쑥 자라고 꽃이 필까?

유아들 : (당연하다는 듯이) 아니요.

유아 1 : 그런데요. 나는요. 시골 할머니 밭에다 콩 심었어요.

유아 2 : 음, 음, 난요. 고구마도 심어 봤다요.

'고구마 모종 심기' → '다른 조건에서 고추 모종 심어 비교하기'

'흙' 이라는 큰 주제 안에서 '고구마 모종 심기' 는 구체적인 목표를 갖는 하나의 작은 프로젝트였다. 시작 단계에서는 '고구마 모종 심기' 에 대한 계획을 세우고 연계하여 고구마는 어디서, 어떻게 나는지 생각해 보며 궁금한 것을 찾아보았다. 이후 고구마 심기를 실행하고 처음 계획과 결과를 비교해 보면서 평가해 본 것이다.

한편 여기서 확장된 활동인 '모래와 밭 흙에 고추 모종 심기' 에서, 결과적으로 밭 흙에서 고추 모종이 더 크게 자랐고(두 번째 사진 좌측), 모래에서는 덜 자랐다(사진 우측). 유아들이 예측한 대로였다. 처음 며칠간은 차이가 없다가 점점 키 차이가 나는가 싶더니 줄기의 두께도 달라지고 고추 맺는 시기도 달랐다. 5월 15일에 모종을 심었는데, 7월 초가 되니까 흙에서 자란 고추 모종에서 먼저 고추가 달렸다. 모래에서 자란 고추 모종에서는 약 2주 정도 후 늦게 고추가 달렸다. 그나마 약해 한 유아가 건들자마자 바로 떨어져 버렸다. "모래에 심은 고추, 너무 불쌍하지?"라고 아이들이 안타까워한다. 영양분이 밭 흙에 훨씬 더 많다는 것, 식물은 심겨진 흙이 좋아야 더 잘 자라고 튼실한 열매를 맺는다는 것, 식물을 좋은 흙에 심고 잘 돌보아야 한다는 것을 느끼게 되었다.

● 사진 II-2 ● '고구마 모종' 심는 모습과 모래와 밭 흙에 '고추 모종' 심어 비교한 것

나) 교사와 유아의 주제망 구성

주제망 구성의 '일반적' 과정은 '주제에 대한 생각 모으기 → 유목화 → 주제망으로 그리기'라는 세 단계이다. 이를 통해 교사와 유아들이 함께 주제에 대해 확산적으로 사고해 본 후, 구체적으로 함께 해 나갈 프로젝트의 전반적인 범위와 정도를 조정하고 활동의 계획을 세우는 것이다. 여기서 '일반적'이라는 단어를 강조한 이유는 프로젝트 시작 단계에서 꼭 주제망을 그려야만 하는 것은 아니기 때문이다. 주제망을 구성해 보기는 하되 유아들의 발달 단계에 따라 변형 적용을 하기도, 또는 생략해도 된다. 유아들의 발달 단계를 무시한 글씨 강조, 무리한 유목화, 전시 목적의 주제망은 본래 의미와 유리된 것으로서 오히려 유아들의 흥미를 저하시키고 특히 글씨를 모르는 유아들의 경우 위축시키는 요인이 되기 때문이다.

여기서 변형 적용이란 유아들의 발달 단계를 고려하여 주제망 구성 중 일부만을 경험하게 하거나 쉽게 할 수 있도록 일반적 절차를 변형하는 것을 말한다. 예를 들어 유아들이 생각 모으기까지는 무리 없이 진행했으나 유목화를 이해 못하고 힘들어한다면 굳이 하게 할 필요가 없다. 그럴 경우 교사가 중심이 되어 관심 있는 몇 유아하고만 따로 해볼 수도 있고 또는 유아들 하원 후 교사 혼자 해도 된다. 만일 교사 혼자 한다면 '아! 우리 반 아이들은 이 주제에 대해 지금 이런 생각들을 하는구나. 주로 이쪽 방향으로만 생각이 치중되어 있구나. 그렇다면 이런 것으로 처음 접근을 하는 것이 좋겠는걸.' 또는 '이런 내용은 내가 필히 의도적으로 소개해줘야겠구나.' 등 프로젝트 진행 방향을 유아들 수준과 흥미에 맞추어 구체화시킬 수 있다. 단, 유목화를 교사가 혼자 하게 되더라도 다 하지는 말고 쉬운 항목 몇 가지 정도는 남겨 놓았다가 다음 날 전체 모임 시간에 유아들과 함께 해보는 것도 좋은 방법이다. 이렇게 부분적으로나마 유아들이 몇 차례 유목화를 경험하다 보면 점차 유목화가 무엇인지, 어떻게 해야 하는지 깨닫게 되고 이후 그 정도에 비례하여 점차 유아들의 참여 정도를 늘려가면 된다.

주제망이 구성되면 벽이나 칠판에 게시되어서 학습 내용과 방법의 안내 및 지침으로서의 역할을 한다. 그런데 이때 주제망이 〈사진 II-3〉 좌측과 같이 복잡하게 된 경우, 교사와 유아들이 앞으로 할 것을 계획 세운 다음 〈사진 II-3〉 우측과 같이 일반적 활동 유형으로 간단하게 정리해 주는 것이 좋다. 이후 또 다른 활동이 계획되면 다른 색 펜으로 기록해 준다. 이렇게 계속 기록해 나간다면 유아들도 프로젝트 과정 중 어떤 활동들을 해왔고 앞으로 어떤 활동을 해나갈 계획인지 쉽게 파악할 수 있다.

구체적인 예를 들면 다음과 같다. 동화「아기 지렁이 꼬물이의 일기」를 읽은 후 지렁이의 먹이를 조사하기로 하였다. 이후 더 나아가 흙은 살아있을까 토의해 보기로 하였다. 이때 교사는 글씨를 모르는 유아들을 위해 상징이나 그림을 보조적으로 사용(예 지렁이 먹이 조사는 지렁이를 의인화시켜 먹이 먹는 모습을 그려놓음)할 수도 있을 것이다. 이런 과정을 거침으로써 교사와 마찬가지로 유아(들)도 학습 주체로서 교육 내용 선정 및 활동 계획에 참여하게 되고, 유아들의 흥미와 관심, 이해 정도 등이 계속적으로 반영될 수 있다.

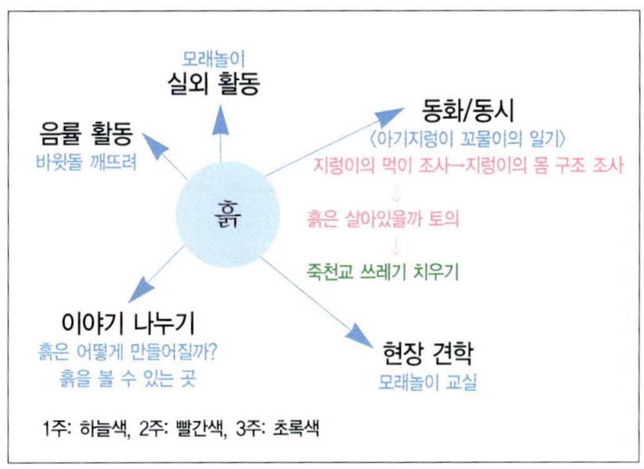

사진 II-3 교사-유아 1차 주제망/주제망에 기초하여 예상한 활동 계획표

한편, 주제에 따라 또는 유아들의 발달 단계에 따라 주제망 그리기를 생략하거나 한 주제 안에서 여러 차례 주제망 그리기가 이루어지기도 한다. 특히 프로젝트 지속 기간이 몇 달 정도 예상되는 장기 프로젝트일 때는 시작 단계에서 한 번 주제망을 그려보고 끝내는 것이 아니라 프로젝트 과정 중 필요에 따라 세부 주제망을 몇 차례에 걸쳐 구성해 볼 때 확산적 사고를 돕고 활동 목적을 유아들이 분명히 인식하도록 해 준다. 본 서의 2부에서 소개하고 있는 '텃밭의 배추' 프로젝트가 그런 경우이다. 4달간의 프로젝트 기간 중 행해진 '텃밭 정리하기', '배추 모종과 무씨 심기', '배추벌레, 무벌레 키우기', '김장하기' 등은 '텃밭의 배추'라는 큰 프로젝트 안에서의 작은 프로젝트들로서 여러 번의 세부 주제망 그리기가 이루어진 바 있다.

이렇게 한 프로젝트 안에서도 여러 번의 세부 주제망 그리기를 하는가 하면 주제망 그리기가 생략되기도 한다. 특히 만 4세 미만 반에서 글씨 위주의 주제망(*그림을 이용한 주제망 구성은 가능)은 교사나 유아들 모두에게 부담이 되므로 생략하는 것이 낫다. 실제로 프로젝트를 몇 년 진행해 온 교사조차 "프로젝트를 할 때 글씨 모르는 유아들과 주제망을 짜기는 짜야 하고 … 그 주제망 짜기가 꼭 넘어야 할 높은 산처럼 힘겨웠어요."라고 호소한 적이 있다. 이는 주제망 구성의 본질을 잘 이해 못한 채 어떻게 하든 글자 위주의 주제망을 짜보려고 애썼다는 말이고 그렇다면 유아들에게 그 주제망 구성은 아무 의미도 없이 오히려 큰 부담으로 작용하였을 것이다.

그런데 여기서 한 가지 유념할 사실은 어떤 이유에서건 주제망 구성을 생략한다고 해도, 프로젝트 시작 단계에서 프로젝트 참여자들 간에 그 주제에 대한 서로의 생각, 경험, 이해 정도 등을 파악하는 것은 필요하고 중요하다는 사실이다. 프로젝트는 현재 그 주제에 대한 유아들의 이해 수준, 경험 정도, 흥미, 궁금한 것 등에 기초하여 이루어져야 하기 때문이다. 그런 이유로 글씨를 모르는 유아들의 경우에는 말이나 그림을 활용한 경험 나누기가 권장되는 것이다.

다) 질문거리 구성

질문거리 구성은 몇 가지 방법을 통해 이루어진다. 그것은 다음과 같다.

1 유아들에게 궁금한 것을 말해 보게 하거나 적어보게 하는 것

가장 일반적인 방법으로서 궁금이 상자나 질문 게시판, 질문 항아리 등에 질문을 적어 넣게 하고 유아들이 함께 모인 시간에 꺼내 확인한 후 질문 해결 방법을 함께 정해 본다. 이때 교사는 막연한 질문이나 비슷한 질문, 또는 연결해도 좋은 질문 등을 묶어 구체적인 조사 · 탐구거리로 정리한 후 어떤 방법으로 그 질문을 해결할 것인가를 유아들과 함께 정한다. 이런 과정을 통해 유아들은 활동의 구체적인 목표를 세우는 방법과 학습하는 방법을 학습하게 되며, 점차 자기 주도적인 학습 능력을 증진시킬 수 있게 된다. '흙' 프로젝트 경우를 보면 다음과 같다.

- 흙 생성 관련 질문: 흙은 어디서 나요? 어떻게 만들어지나요? 누가 만들어요? 그런 흙은 어디 있어요? 등-유아들이 조사하기 어려운 질문으로 판단하여 교사가 자료를 조사, 정리하여 체계적 교수를 통해 알려준 후 여러 종류의 흙을 제공하여 실제 경험해 보고 느낌을 다양한 방법으로 표현해 보도록 함
- 흙 속 관련 질문: 흙을 계속 파면 용암 나오지요? 흙 안에 벌레 있지요?-실제 흙 파 보기, 책 보기 등을 통해 해결. 이후 '우리는 흙 박사' 책 만들기 프로젝트로 발전
- 흙 종류 관련 질문: 모래가 흙이에요? 모래에 풀 섞으면 찰흙 되나요? 갯벌이 흙이에요?-'모래놀이 교실' 가서 전문가 설명 듣기, 모래 가지고 놀기, 찰흙으로 만들기, 놀이터 모래와 '모래놀이 교실'의 모래 비교 활동으로 연결
- 왜 갯벌을 없애요?: 교사가 제시해 준 사진 자료로 인해 새만금 갯벌에 대한 관심이 유발됨(*인터넷 사이트 http://my.dreamwiz.com/hgkyu/frame.htm: '갯벌은 살아있다'를 찾아서 같이 보며 이야기 나눔. 이후 '부모와 함께 하는 갯벌 여행'을 해보기로 함)

2 교사가 유아들의 대화나 이야기해 주는 것을 듣고 질문 파악하기

교사가 유아들의 대화 내용을 듣거나 교사에게 하는 이야기를 들으면서 유아들이 궁금해 하는 것, 잘못 알고 있는 것, 편견을 가지고 있는 것 등을 포착하여 조사, 탐구해 볼 질문거리로 구체화하는 것이다. 이때 역시 전체 모인 자리에서 교사가 구체화된 질문거리를 유아들에게 알려주고 활동 방법을 함께 정한다. 다음의 예는 '흙' 프로젝트 중 유아들의 대화 중 일부로 '지렁이의 먹이'에 대한 질문이 유발되어 조사, 탐구 활동(*책, 인터넷 검색, 지렁이 관찰 등)으로 이어진 예이다.

지렁이의 먹이는 무엇일까?

「아기지렁이 꼬물이의 일기」는 동화인데, 교사인 나도 재미있다고 느꼈고 듣는 아이들도 매우 재미있어 하였다. 동화를 다 들려주고 나자 '지렁이가 종이도 먹는지?' 에 대해 의견이 분분하다. 지렁이가 무슨 음식을 제일 좋아할지도 화제거리다.

재영 : 선생님. 저는요, 종이를 안 먹을 것 같아요. 어떻게 종이를 먹어요?
구혁 : 야, 먹을 수 있지~. 우리 할아버지가 밭에서 농사를 지으시는데 그러셨어~. 종이도 먹을 수 있다고.
민준 : 옛날에요, 책에서 봤는데요. 지렁이가 흙도 먹고 음식물 쓰레기도 먹는데요. 종이도 먹는다고 했어요.
구혁 : 지렁이는 흙을 먹을 것 같아요. 왜냐하면 지렁이 집 있는데 흙이 많으니까요.
예진 : 똥을 먹을 것 같아요. 흙인 줄 알고 착각해서요.
수민 : 콩나물이요. 지렁이가 야채를 좋아하니까요.
이중 : 탄산을 먹을 것 같아요.
교사 : 오? 이중이는 왜 그런 생각을 했어?
이중 : 우리는 탄산을 먹으면 이가 썩지만 지렁이는 이가 없으니까 탄산을 먹어요. 나무한테 가서 똥 누면 나무에게 좋은 것이 나와요. (*여러 가지 정보가 뒤섞여 있으며 그 중에는 틀린 정보도 있다.)
교사 : 정말 그런지 알아보아야겠는데….

3 교사가 질문의 모델을 보임

유아들이 꼭 알면 좋겠다고 생각하는 내용, 확장할 가치가 있다고 교사가 판단한 내용 등을 유아들에게 질문하는 것이다. 예를 들어 "지렁이는 어떻게 기어갈까?" 등과 같은 질문을 해줄 때 유아들도 궁금해 하면서 관찰하고 다른 확장된 질문을 하기도 한다.

지렁이는 어떻게 기어갈까?

'흙' 프로젝트 중 "지렁이는 어떻게 기어갈까?"라는 교사의 질문은 지렁이 관찰하기, 관찰 후 1차 신체 표현(지렁이처럼 기어보기): 지렁이는 손과 발이 없는 것 같다면서 손, 발을 움직이지 않고 기어보기 손, 발을 쓰지 않고는 거의 앞으로 나가지 못하자 몸을 좌우로 크게 흔들어 본다. 지렁이는 그렇게 안 기어간다면서 이상하게 생각한다. 지렁이 몸에 무엇인가 앞으로 가도록 해 주는 기관이 있는 것 같다면서 다시 지렁이 몸 구조에 관심 갖기 등으로 확장되었다. 이후 교사가 지렁이의 기어가는 모습을 동영상(http://www.edunet4u.net/edunetWebApp/ jsp/teacher/KEDAIA)으로 보여주었다. 그곳에서 '지렁이는 몸을 움츠렸다가 펴면서 앞 쪽으로만 나아간다' 는 것과 '환대' 에 대해서도 알게 되었다. 환대(環帶: 둥근 띠)는 지렁이의 제32~37체절 부분으로 성숙하면 마치 하얀 띠를 두르고 있는 것처럼 보이는데 여기에 난 센 털(강모)로 몸을 수축-이완시키면서 이동할 수 있으며 미끄러지지 않고 갈 수 있다고 한다.

이와 같이 교사는 우선 유아들에게서 나온 질문 내용과 의도를 잘 파악하여 적합한 조사 · 탐구 내용, 방법, 함께 할 인원, 자원 충원이 적절히 될 수 있도록 계속적으로 조정하고 지지해 주어야 한다. 동시에 활동 과정 중 유아들의 대화 내용을 주의 듣게 듣기, 교사도 프로젝트를 활성화시킬 수 있도록 질문하기 등을 통해 조사, 탐구 활동이 유기적으로 연계되면서 계속적으로 이루어질 수 있도록 이끌어 줄 필요가 있다.

3) 전개 단계

전개 단계에서 이루어지는 활동을 내용상 대별해 보면 1단계에서 제기된 질문거리를 중심으로 한 조사 · 탐구 · 표현 활동과 구체적 목표하의 다단계적 활동이며, 중심 사건은 현장견학과 전문가의 방문이다.

가) 조사 · 탐구 · 표현 활동

질문거리에 대해 다양한 방법-다른 사람들의 의견 조사, 실험, 현장견학, 전문가 면담 및 함께 활동하기, 실물이나 현상 관찰하기, 실험하기, 듣기, 읽기, 그림보기 등-으로 조사, 탐구 활동을 한다. 이중 현장견학과 전문가 면담은 프로젝트 과정을 활성화시키는 주요 요인이다. 그런데 이런 활동들이 단지 흥미 있는 사건으로만 끝나지 않도록 하려면 교사는 현장견학 전이나 전문가 면담 전에 전체 유아들이 공통으로, 또는 조별이나 개별로 알아볼 것이 무엇인지 분명하게 해주어야 한다(Katz & Chard, 2000). 이때 교사는 활동 간 유기적 연결을 위해 노력하면서 적합한 자원 제공, 활동 과정이나 결과를 다양한 방법으로 표현하도록 하기, 결과물에 대한 활발한 공유 및 의견 교환 등이 이루어지도록 격려해 주어야 한다.

표현 방법은 말로 하거나 글로 기록하기와 같은 언어적 표현, 비교표나 막대그래프, 순서도 그리기 등과 같은 수학적 표현, 지도 그리기나 단면도 나타내기 등과 같은 사회·과학적 표현, 그리기나 만들기와 같은 미술적 표현, 개사하여 노래 부르기, 몸으로 표현하기 등과 같은 음률적 표현 외에도 극으로 나타내기, 게임 만들기 등 다양한 방법이 있다(지옥정, 2000). '흙' 프로젝트 관련 결과물 몇 가지를 제시하면 다음과 같다.

● 사진 II-4 ● 흙이 오염되지 않도록 '음식을 남기지 말자'는 스티커/흙 속에 파묻힌 비닐과 플라스틱 용기가 식물의 뿌리들을 둘러싸 답답해 하는 모습을 신체 표현

〈신기한 흙 속 세상〉

흙속의 지렁이는 꿈틀(꿈틀꿈틀)
개미는 집을 짓고요(영차영차)
두 눈이 희미해요 더듬(더듬더듬)
흙 잘 파는 두더지 라라라
라라라라 라라라라라
신기해요 땅속세상

● 사진 II-5 ● '우리 집은 동물원' 곡에 개사 / '흙 속에 사는 생물 찾기' 게임판

'우리 집은 동물원' 곡을 이용해 '신기한 흙 속 세상'으로 개사 과정

① '우리 집은 동물원' 노래 듣기
(<풀잎동요마을>: http://pullip.ktdom.com/m-n/n523.htm에서 노래 들음)

② 신기한 흙 속 세상(개사하기) : '우리 집은 동물원' 곡에다 흙 속 생물들인 개미, 지렁이, 두더지 등을 넣어 개사하였다. 노랫말 앞부분은 교사가, 뒷부분은 유아들이 글사 수를 생각하며 적합한 말을 만들었다. 여러 번 불러 본 후 말을 다시 바꾸기도 하였다.

예 1절:교사: 흙 속에 지렁이가
유아: 꿈틀 꿈틀꿈틀(6자)
교사: 개미는
유아: 집을 짓고요.(5자)

2절:교사: 흙 속에 지렁이가
유아: 냠냠 뿌직뿌직(6자:*지렁이가 흙 먹고 똥 싸는 것 표현)
교사: 개미는
유아: 인사하고요.(5자:*「아기 지렁이 꼬물이의 일기」에 개미들의 인사가 나옴)

신기한 흙 속 세상

가경유치원 개사
(원곡: 박용진 작사, 허미경 작곡)

한편 표현 방법과 관련하여 Katz와 Chard(2000)는 특별히 '그리기'의 효과를 강조하면서 그리기를 촉진하는 환경을 꾸며 줄 것, 더 나아가 교사 자신도 그리기를 자주 해볼 것을 권하고 있다.

나) 구체적 목표 하의 다단계적 활동

이는 전체 큰 프로젝트 틀 안에서의 작은 프로젝트, 또는 단기 프로젝트라고 표현될 수 있다. 참여하는 유아들이 흥미와 열의를 가지고 주체적으로 활동의 구체적 목표를 정하고, 목표 성취를 위해 여러 단계[28]를 거치며 활동에 적극적으로 임하기 때문이다. '흙' 프로젝트 중 다단계적 활동이 이루어진 경우를 몇 가지 들어보면 다음과 같다. 전술한 바와 같이 이 각각은 하나의 프로젝트라고 할 수 있다. 참고가 될 수 있도록 '황토담집 만들기'는 구체적으로 서술하였다.

1 특별한 자원 충원

예 '황토' 자원의 충원-황토를 이용한 벽돌 만들기 및 집 담장 꾸미기 프로젝트

'황토벽돌 만들기 및 담 꾸미기' 협동 조형 활동

전체 모임 시간에 황토를 보여주며 '흙의 용도'에 대해 이야기하던 중이다. 교사가 '옛날 사람들은 집 담을 만들 때 황토로 만든 벽돌을 많이 사용했다.' 하니까 유아들이 "꽝! 치면 금방 무너지겠다.", "바람이 휘~융 불면 담도 날아가겠다.", "두더지가 뚫을 수도 있겠다." 등의 이야기를 한다. 바로 그런 점을 보완하고 튼튼하게 만들기 위해 짚을 섞어 벽돌을 만들었다고 알려주자, 우리도 그런 벽돌을 만들어 보자고 한다. 두 가지(황토에 짚을 섞어 만든 것과 그냥 황토로만 만든 것)로 만들어 비교해 보기로 하였다. 이후 유아들이 너도 나도 벽돌을 만들어 벽돌 개수가 많아지자 옛날처럼 집 담을 만들어 보기로 하였는데 그 과정은 다음과 같다.

---

28) 처음 아이디어 내기 → 구체적인 계획 세우기 → 실행하기 → 발생한 문제점에 대해 토의하고 해결 방안 생각해 보기 → 고안한 해결 방안 적용해 보기 → 만일 또 다른 문제점 발생 시 또 다른 해결 방안 고안하기 및 해결 방안 적용하기 → 결과물 산출하기 → 공유하기 등의 다단계적 과정을 거침

① 큰 그릇에 황토를 넣고 물(황토와 물 비율은 약 4:1)을 부어 되직하게 반죽을 한 후 그 안에 잘게 자른 짚을 넣어 섞어놓는다.
② 빈 우유팩에 반죽해 놓은 것을 담아 약 하루 경과 후 굳었으면 우유팩을 찢어 황토 벽돌을 꺼낸다.
③ 여러 개의 황토 벽돌을 본드로 이어 붙여 담을 만든다. (옛날에도 본드로 붙였는지 좇하게 됨.)
④ 담 안도 꾸며 보면 더 좋겠다는 의견이 나와 그렇게 하기로 함: 소풍지였던 민속놀이 공원(*사진 찍어 온 것 참고)에서 보고 온 그네와 널, 제기차기 장소 등을 만들어 넣었다. 이후 유아들의 사진을 오려 붙여 민속놀이 하는 모습처럼 꾸몄다.

2 유아의 제안

예 「아기 지렁이 꼬물이의 일기」 동화를 듣고 나서 "아기 지렁이 꼬물이를 인형극으로 해요" → 대본, 인형 등 어떻게 만들까 구성하고 인형극으로 완성하기 프로젝트

3 교사의 제안

예 모래놀이 영역에서 노는 유아들에게 "우리 두꺼비집 만들어 볼까?" → 여러 유아들이 함께 두꺼비 동네 계획하고 만들기 프로젝트

4 친구들이 발표한 결과물

예 친구가 만든 '흙 오염시키는 것 찾기 게임판' 가지고 놀기 → '흙에 도움 주는

것 찾기 게임판' 만들기 프로젝트

5 조사 · 탐구 활동 중 발현

예 여러 가지 질문거리들에 대한 답을 알게 된 후 "우리 이거 다 모아서 책 만들자." → 〈우리는 흙 박사〉 책 만들기 프로젝트

6 전시회 및 발표회와 관련

예 어떻게 하면 부모님들에게 우리가 한 것을 가장 잘 보여주고 알려줄 수 있을까? → '흙 박물관' 꾸미기 프로젝트

이렇게 프로젝트 전개 단계에서는 프로젝트 준비 단계와 시작 단계를 통해 계획되고 예상되었던 활동들이 확장, 축소, 통합, 새로운 활동 발현 등 조정, 재조정 과정을 거치면서 '학습자 수준의 교육과정'으로 실행되어 간다. 그럼으로써 교육 목표와 학습자의 아이디어 및 흥미를 연결하는 것이다(Cadwell & Fyfe, 1997).

4) 프로젝트 마무리 단계

장기 프로젝트의 마무리 단계에서는 전시회 및 발표회를 겸한 특별 행사를 하는 경우가 대부분이다. 특별 행사는 프로젝트의 절정을 이루는 사건으로, 참여한 구성원들이 함께 프로젝트 전 과정을 돌아보며 전시 및 발표를 하기 위한 재창조 작업을 하게 된다. 마무리 단계 과정을 순서상으로 보면 먼저 전시회 및 발표회 준비에서는 프로젝트 전 과정 되돌아보기, 전시회 및 발표회의 날짜 정하기, 전시회 및 발표회의 형식과 초대 대상 정하기, 전시 및 발표 항목 정하기, 준비 일정표 만들기, 유아 각자 또는 소집단별로 역할 정하기, 행사장 꾸미기, 초대장 보내기 등이다.

전시회 및 발표회를 하는 날은 손님 맞이하기, 전시된 것에 대한 안내 및 설명하기, 발표하기를 하게 된다. 이때 부모들과 지역사회 관계자 등을 초대하여 프로젝트에 대한 의견 교환과 함께 상호 이해의 폭을 넓히며 교육에 대한 공동 책임 의식도 고취되도록 노력한다. 다른 원의 원아나 교사(진)들도 초대하여 아이디어를 공유하고 협조적인 관계를 맺기도 한다.

발표회는 대부분 원에서 이루어지지만 경우에 따라 원이 아닌 다른 장소에서도 행해질 수 있다. 즉, 원으로 초대하는 대신 다른 장소(예 인근 초등학교 1학년 교실이나 양로원 등 필요에 따라 특정 장소)에 가서 그 대상에 맞게 '프로젝트 활동 결과물 발표하기' 등을 하는 것이다. 행사가 모두 끝나면 발표회 및 전시회에 대한 평가를 한다. 그리고 전시된 결과물이나 자료 등의 처리를 어떻게 할지 결정하고 정리한 후, 마무리한다.

이와 같이 '전시회와 발표회'는 구체적인 목표를 갖는 큰 프로젝트 안의 작은 프로젝트로서 교사와 반 전체 유아들이 각자의 강점을 살려 여러 모양으로 협력하는 집단 과제이다. 따라서 그 의미를 잘 살리면 프로젝트 접근법의 목적 중 하나인 공동체 정신을 함양할 수 있는 좋은 기회가 될 뿐 아니라 부모 및 지역사회 구성원들을 포함한 '모든 교육 주체가 함께 하는 자리'로서의 의미도 있다. 일례로 '흙' 프로젝트 시 그동안 활동한 결과물, 자원 등으로 발표회장을 꾸미고, 발표회장 이름을 '흙 박물관'으로 하기로 결정하고 어디에 어떤 것을 놓을지 유아들과 함께 정하였다. 그리고 한 유아가 '배치도가 있으면 어디에 무엇이 있는지 더 잘 알 수 있다'는 아이디어를 내놓음에 따라 배치도도 그리게 되었다. 전시회 장면을 일부 살펴보면 다음과 같다.

사진 II-6 흙을 이용하여 꾸민 초대장

• 사진 II-7 • 전시된 결과물: 황토 벽돌로 만든 집/황토물로 그린 그림

• 사진 II-8 • 게시된 사진 자료: 쓰레기가 많은 죽천교 주변/우리가 깨끗이 치웠어요.

프로젝트 과정 중 지역사회의 공공기관과 연계하기

죽천교 주변 정리 후 관할구청인 흥덕구청과 논의한 결과 구청의 청소과에서 유아들이 모아 놓은 쓰레기들을 바로 수거하겠다는 답변을 들었다. 또한 앞으로 유아들이 원 주변을 청소한다면 쓰레기 담는 공공용 봉투를 동사무소와 흥덕구청에서 제공할 수 있다고까지 알려주었다. 이런 식으로 지역사회 공공기관과 연계할 때 유아들은 성취감을 더 느낄 수 있다.

라. 교육 평가

교육 평가 내용은 단기 프로젝트인지, 장기 프로젝트인지에 따라 달라진다. 장기 프로젝트 중 일부로서 진행된 단기 프로젝트, 또는 목표가 분명한 구체적인 활동인 경우 프로젝트 평가는 처음 계획하고 목표한 것이 얼마큼 성취되었는지, 참여자(들)가 얼마큼 프로젝트 과정과 결과에 만족하는지 점검하는 정도로 이루어진다. 이때 처음 계획 세운 것이나 활동 목표 세운 것이 평가 준거가 된다.

그런데 장기 프로젝트인 경우 평가는 다면적으로 이루어져야 한다. 즉, 프로젝트가 유아(들)에게 미친 영향, 프로젝트 과정 중 이루어진 활동들 간의 유기적 연계 정도, 프로젝트 과정 중 교사의 역할 수행, 프로젝트 지원체제, 프로젝트에 영향을 미친 기타 요인 등에 대한 평가가 필요한 것이다. 장기 프로젝트 평가를 중심으로 간단히 기술해 보면 다음과 같다.

1) 유아별 교육 목표 성취

목표 영역을 준거로 하여 유아들이 프로젝트 시작 시점보다 종료 시점에서 얼마나 더 발전되어 있는가를 평가해 보는 것이다. 이는 프로젝트 시작 시점에서의 각 목표 영역별 사정(assessment) 결과와 프로젝트 종료 후 평가 자료를 놓고 비교하면 가능하다. 단, 교육 목표 영역인 건강, 감성, 성향, 느낌 등은 단기간에 뚜렷한 진전이 있는 것은 아니므로 매 프로젝트마다 평가할 필요는 없으며 한 학기에 한 번 정도씩 하면 되리라고 본다.

방법은 프로젝트 과정 중 교사의 관찰 기록, 유아 개별 프로젝트 파일(또는 포트폴리오), 활동 과정(사진 또는 비디오, 동영상 등) 및 결과물, 부모들의 기록(*가정에서의 유아 관찰 기록지), 유아들의 프로젝트에 대한 소감 등을 종합, 평가하는 것이다. 이외 프로젝트 수행 능력 측정도 평가를 위한 보조 자료가 될 수 있다(보다 자세한 유아 평가 관련 사항은 지옥정, 2000, 252-266 참고).

2) 프로젝트 과정 평가: 활동간 유기적 연결 평가

준비 단계에서 교사가 예상했던 활동들이 어느 정도로 실행되었고 또 어떻게 심화 · 확장되었는지, 반면 준비 단계에서는 예상하지 못했는데 프로젝트 과정 중 발현된 활동은 무엇이며, 활동을 발현시킨 요인이 무엇이었는지, 그 밖에 특별히 프로젝트 활성화에 영향을 끼친 활동이나 사건은 무엇인지 등 프로젝트 전 과정 중 이루어진 주요 활동들에 대한 분석을 한다. 그럼으로써 프로젝트 기간 동안 활동들은 어떤 맥락에서 진행되었으며 유기적 연결은 어느 정도인지를 확인하고 평가해 보는 것이다.

이를 위해 프로젝트 기간 중에도 계속적인 분석 및 평가(매일 분석 및 평가와 매주 단위 분석 및 평가)를 하게 된다. 이는 프로젝트 전 과정을 의미 있게 만드는 절차이기도 하다. 방법은 지난 주까지 이루어진 프로젝트 과정을 종합, 정리, 평가한 후 그 결과를 반영(다음 주에 하면 좋겠다고 판단되는 활동, 특별히 유의할 사항 및 준비해야 할 자원 등)하여 다음 주 활동들을 계획하고 준비하는 것이다. 다음과 같은 기록양식을 이용하면 프로젝트 과정 중에 활동간 유기적 연계를 효과적으로 해나갈 수 있다.

〈표 II-6〉 다음 주 예상안

<table>
<tr><th colspan="2">주제</th><th colspan="3">'흙' 3주</th></tr>
<tr><td colspan="2" rowspan="2">전주 활동 종합 및 내주 중요 활동 예상</td><td colspan="3">전주 활동 종합 정리: 흙의 종류를 책, 인터넷 등으로 알아보고 아울러 놀이터 및 모래놀이 교실 모래, 밭 흙, 죽천교 다리 밑 흙, 황토 등을 돋보기를 통한 관찰, 냄새, 식물 심기 등을 하였다. 이중 특별히 황토는 유아들의 경험이 의외로 다양(예 황토로 싸서 구운 오리를 먹어보았다, 황토찜질방에 가 보았다 등)하고 그 이용에 대한 관심이 높아 다음 주에 좀 더 확장해서 활동해 볼 필요가 있겠다.</td></tr>
<tr><td colspan="3">내주 활동 예상: 황토의 용도 및 더 나아가 흙, 돌 등의 용도에 대한 확장된 조사 활동 후 비교표 만들기, 개사하기 등을 하려고 한다. 특별히 유아들에게 다양한 만들기 기회를 주어 보려고 한다. 황토비누 만들기, 황토벽돌 만들기 등이 이루어질 것이다.</td></tr>
<tr><td colspan="5">내주 예상 활동 및 필요자원 (9. 29~10. 3)</td></tr>
<tr><td colspan="2">활동 유형</td><td>예상 활동</td><td>필요 자원</td><td>참고 사항 / 비고</td></tr>
<tr><td rowspan="4">자유선택활동</td><td>언어 영역</td><td></td><td></td><td></td></tr>
<tr><td rowspan="2">수·조작 영역</td><td></td><td></td><td></td></tr>
<tr><td></td><td></td><td></td></tr>
<tr><td>〈중략〉</td><td></td><td></td><td></td></tr>
<tr><td rowspan="6">전체참여활동(대·소집단활동)</td><td rowspan="3">이야기 나누기</td><td>황토의 이용</td><td></td><td></td></tr>
<tr><td>흙이 쓰이는 곳</td><td></td><td></td></tr>
<tr><td></td><td></td><td></td></tr>
<tr><td rowspan="2">조형</td><td>황토벽돌 만들기</td><td></td><td rowspan="2"></td></tr>
<tr><td>황토비누 만들기</td><td></td></tr>
<tr><td>〈중략〉</td><td></td><td></td><td></td></tr>
<tr><td colspan="2" rowspan="3">특별활동</td><td></td><td colspan="2"></td></tr>
<tr><td></td><td colspan="2"></td></tr>
<tr><td></td><td colspan="2"></td></tr>
</table>

한 주간 이루어진 프로젝트 과정에 대한 종합 정리, 평가 후 다음 주 활동을 예상하는 것과 같은 원리로 다음 날의 활동 예상도 이루어진다. 즉, 예상해 놓은 주안을 기초로 하면서 유아들의 반응, 변화되는 상황, 발현된 아이디어 등을 반영하여 다음날 일일 계획안을 구성하는 것이다. 이때 활동 결과와 제기된 사항도 같이 기록하여 다음 프로젝트 진행에 계속 반영되도록 함으로써 활동 간의 유기적 연계를 도모한다. 양식의 예를 들면 다음과 같다.

〈표 II-7〉 일일 활동 예상 및 결과 기록 양식

시간	활동명	예상 활동	필요 자원	활동 결과	제기된 사항
8:30 ~9:50	자유 선택 활동	언어 영역			
		…			
9:50 ~10:00	정리 정돈				
10:00 ~10:40	이야기 나누기	'황토의 용도'	실물 황토, 황토를 이용한 물건들(비누, 팩 등)	예상보다 황토 관련 경험들에 대한 이야기가 많이 나옴	황토가 우리 몸에 왜 좋은지 알아보기로 함
10:40 ~11:10	실험	황토팩 해보기	황토팩, 붓	팩을 한 후 남은 것으로 황토물을 만들어 그림 그리는 것을 더 좋아함.	다른 흙물로도 그림 그릴 수 있는지 궁금해 함 → 흙(물)과 황토(물) 비교
중략					
종합	1. 흙물로도 그림이 그려지는지 실험해 보고 일반 흙과 황토의 차이점을 찾아보도록 할 것 2. … 중략 …				

이와 같이 매일 같은 식으로 하면서 1주일이 경과되면 한 주간에 대한 평가를 하게 된다. 이때 평가의 초점은 그 주에 예상했던 활동이 실제로 실행되었는지, 실행되었다면 어떻게 실행되었는지, 예상보다 확장되었다면 그 원인이 무엇인지, 반대로 예상보다 축소되었거나 생략되었다면 또 그 원인은 무엇인지 분석해 본 후 다시 그 결과를 다음 주 프로젝트 과정에 반영하는 것이다.

〈표 II-8〉 한 주간의 주요 예상 활동과 실행 결과 분석

	예상된 주요 활동	실행 결과	참고 사항	제기된 사항
9월 4째 주	• 황토를 이용한 만들기, 그리기 등	• 황토비누, 황토벽돌을 만들었다. 남은 황토로는 그림 그리기를 하였다.	• 황토팩하는 것을 흥미 있어 하면서도 얼굴에 하는 것은 꺼린다. 부모님 초대하는 전시회 날 엄마들 손에 해주면 좋겠다고 한다. 체험활동으로 재미있을 것 같다(*교사회의에서 검토할 것).	• 황토벽돌로 옛날 집처럼 담장을 만들어 보기로 함 • 황토의 좋은 점 더 알아보기로 함

이렇게 하여 프로젝트가 모두 끝나고 나면 주별 평가 결과(프로젝트 기간이 4주였다면 4장)를 모두 모아놓고 마지막으로 프로젝트에 대한 종합적인 분석, 평가를 해 본다. 이때 활동예상안에 계속적으로 누가 기록해 놓은 것, 역시 계속 누가해 나간 자원목록표 등도 평가 근거로서 함께 활용될 수 있다. (*자세한 방법 및 절차는 지옥정(2005)의 '동화책' 프로젝트 참조)

3) 교사 역할 이행

교사 역할 이행 평가는 프로젝트 과정 중 연구일지 작성, 예상된 활동과 실행된 활동 간의 관계 분석을 통한 교사 스스로의 점검으로 가능하다. 그리고 프로젝트 종료 후에는 '프로젝트 단계별 교사 역할 이행 평가 준거' (*지옥정, 2000, 358-350의 내용 중 일부 수정 보완)를 활용하여 교사 스스로 또는 평가자에 의한 평가를 할 수 있다.

〈표 II-9〉

프로젝트 단계	교사 역할(총 30문항)	5점 만점 중 몇 점?	개선점
준비 단계	① 주제망 구성, 목표 선정, 교육과정 조직안 및 활동예상안, 자원목록 등이 유기적으로 연계됨		
	② 목표 설정이 적합함		
	③ 자원 목록 작성 및 필요 자원 준비가 잘 됨		
	④ 환경 구성이 유아들의 주제에 대한 흥미를 자극함		
	⑤ 부모들이 프로젝트에 대해 관심을 갖도록 효과적으로 알림		
시작 단계	① 교사와 유아, 또는 유아들 간에 주제에 대한 서로의 경험이나 지식에 대한 충분한 공유가 이루어짐		
	② 각 유아가 자신의 이전 경험을 다양한 방법으로 표현할 수 있도록 이끌어 줌		
	③ 유아들의 경험 정도, 잘못 알고 있는 내용 등은 무엇인지 교사가 충분히 파악함		
	④ 유아들의 성숙 정도나 프로젝트에 숙달된 정도를 고려한 브레인스토밍, 유목화, 주제망 구성이 되도록 이끌어 줌		
	⑤ 유아들이 궁금해 하는 것에 대해 적합한 해결 방법을 모색하여 문제를 해결하도록 도와줌		
전개 단계	① 각 유아의 특성에 맞게 활동에 적극적으로 참여할 수 있는 동기 부여함		
	② 각 유아(또는 소집단)의 활동 내용이나 표현 방법을 잘 관찰하면서 적절한 지도를 해줌. 만일 어떤 유아의 활동 내용이나 표현 방법이 계속해서 어느 한쪽으로만 편중된다면 조정해 줌		
	③ 필요한 자원 준비를 그때그때 적절히 해 줌		
	④ 현장 견학이나 전문가 면담 시에 사전 필요한 준비 과정을 거쳐 임함		
	⑤ 프로젝트 진행이 바른 방향으로 이루어질 수 있도록 조정자, 촉진자, 중재자 역할을 함		

프로젝트 단계	교사 역할(총 30문항)	5점 만점 중 몇 점?	개선점
전개 단계	⑥ 체계적 교수를 통해 유아들이 다양한 표현 방법을 익힐 수 있도록 함		
	⑦ 유아들이 다른 유아의 활동 과정이나 결과물에도 관심을 갖고 의견을 교환할 수 있도록 공유 시간을 효과적으로 운영함		
	⑧ 조별 활동이 원활히 이루어지도록 과제를 제시하고 유아들 수준에 맞도록 활동 방법을 안내함		
	⑨ 유아들의 지식 구성을 위한 비계 설정을 적합하게 해줌		
	⑩ 부모, 지역사회 기관 및 주민들과도 협조하여 프로젝트가 활성화되도록 하였음		
마무리 단계	① 유아들과 함께 계획 세운 것을 검토하고 어떤 내용이 다루어졌는지를 확인함		
	② 유아들이 프로젝트 진행 과정에서 계획 세운 활동들을 모두 잘 마쳤는지 점검함		
	③ 반 전체 유아의 적절한 역할 분담과 고른 참여로 전시회 및 발표회가 준비되고 시행될 수 있도록 조정해줌		
	④ 마무리 행사가 본래 의미에 부합되도록 하였음		
	⑤ 행사 후 작품 정리 및 청소까지도 유아들과 함께 함		
기타	(＊다음 프로젝트를 위해 더 평가 · 기록해 두어야 할 사항들을 서술하도록 한다.) 예 • 발표회를 준비하면서 앞서있는 유아들이 뒤쳐진 유아들을 끌어주고 도와주는 것을 볼 수 있었다. 교사가 개입하는 것보다 더 효과적인 경우가 많았다. → 유아들간의 상호작용을 촉진할 수 있는 소집단 활동 기회를 늘려야겠다. • 발표회 준비 중 유아들 역할이 분명해지니까 자기 역할에 충실하려는 의지를 나타냈다. → 목표를 분명히 하고 자기 역할을 잘 알도록 돕는 것이 우선되어야겠다.		

4) 프로젝트 지원체제

프로젝트를 제대로 수행하기 위해서는 다양한 준비와 지원이 필요하다. 그런데 이 모든 것을 교사 혼자 다 해 내기는 불가능하다. 레지오 에밀리아 시의 유치원들이 그렇게 성공적인 프로젝트를 수행할 수 있는 이유 중 하나는 바로 이 지원체제가 효율적으로 잘 운영되기 때문이다. 예를 들어 만 3세, 4세, 5세 각 반은 25명의 유아들로 구성되어 있는데 교사 2명이 담임하고 있다. 이렇게 여유 있는 교사 대 유아 비율임에도 불구하고 원마다 미술교사, 보조교사 및 부모들의 지원, 시와의 연계하에 페다고지스타의 전문적 지원, 지역사회 주민들의 유아교육에 대한 책임의식 공유 및 그 실체로서 재활용 센터의 활발한 운영, 현장견학 시 적극적 지원 등이 짜임새 있게 이루어지는 것이다. 그 결과 전 세계 유아교육 관계자들이 감탄하며 바라보는 프로젝트를 행해 나가는 것이다.

우리나라의 경우 대개 만 4세 이상 반이면 최소 20명 이상의 유아들을 교사 1명이 돌보는 경우가 대부분이다. 이런 상황에서 프로젝트를 잘 하려면 원내, 원외 지원자들이 필요한 지원들을 적절하게 해주어야 한다. 이때 원 내부 지원자는 〈표 II-10〉에 제시된 사람들 외에도 실습생이나 주방 아주머니, 기사 아저씨, 특별 활동 교사 등이 포함될 수 있으며, 원 외부 지원자에는 산학연계 대학 교수나 학생들, 시민사회단체 등이 포함될 수 있다. 구체적으로 누가 지원자가 될 수 있는가, 어떤 지원이 필요한가는 원마다의 상황에 따라 조금씩 달라질 것이다. 분명한 사실은 프로젝트에서 이와 같은 지원체제가 잘 가동되었는가를 평가해 보고 그 결과를 반영하여 다음 프로젝트에는 더 나은 방향으로 발전시켜 가야 한다는 사실이다.

〈표 II-10〉은 프로젝트를 할 때 지원이 이루어져야 한다고 보는 부분과 가능한 지원자들을 가정하여 평가 양식을 만든 후 기록해 본 예이다. 이를 보면 지원의 대부분이 원장에 의해 행해졌음을 알 수 있다. 그런가 하면 미술교사는 거의 지원자로서의 역할을 하지 못하고 있다. 이렇게 검토해 보면서 현 상황에서 이런 사람들에 의한, 이런 정도의 지원이 과연 타당한 것인지, 앞으로 더 조정할 부분과 더 노력을 기울여야 할 부분은 무엇인지 찾아내 개선하도록 하기 위해 지원체제 평가를 하는 것이다.

〈표 II-10〉 프로젝트 지원자 유형 및 기능

기능	프로젝트 지원자 유형						
	기관 내부			기관 외부			
	제1 지원자	제2 지원자	제3 지원자	제1지원자	제2지원자	제3지원자	제4지원자
	원장	주임 교사	미술 교사	부모(조부모 등 친척)	타 기관 원장이나 교사	지역사회 기관 및 주민	산학협력 대학
1. 수업보조	X	X					X
2. 물적 자원 충원	XXXX	X		XX	X		
3. 전문가 연결	XXX	X			X	X	
4. 현장견학지 선정	XXX	X		X			X
5. 교수기술 지도	X	XX			X		
6. 프로젝트 진행에 관한 아이디어 제공, 대안 제시	X	X	X		XX		
7. 지원적 분위기 제공	XXX			X			
8. 사진 찍기 등 기록	XX	X					
9. 교사용 참고 자료 제공	XXX		X		X		
10. 문제점 검토 및 협의	XX	X			X		

표: X, XX, XXX, XXXX=중요 정도

(*김경자 역, 1993, 144의 "변화 지원자의 팀 구성원의 역할"을 수정 보완. 원에 따라 프로젝트할 때 더 필요한 지원요인이 있다면 추가하여 사용할 것)

5) 기타 프로젝트에 영향을 미친 주요 요인

유아, 교사, 활동간 연계, 지원체제에 대한 평가 후 기타 프로젝트에 영향을 미친 다른 주요 요인이 있었는지, 그것이 어떻게 프로젝트에 영향을 미쳤는지 점검해 본다. 예를 들면 '흙' 프로젝트 시 농업생명 환경대학원에 다니는 학생과의 연결은 죽은 흙과 오염된 흙, 흙의 오염 정도와 흙의 색깔, 흙 속에 사는 지렁이, 개미들의 생활, 그 생물들의 마음(예 오염되었을 때의 괴로움 등) 느껴보기, 죽천교 주위 치우기, 구청과의 연락 등으로까지 확장한 적이 있다. 이런 결과에 따라 다음 해 '흙' 프로젝트를 한다면 좀 더 전문적인 설명을 해 줄 수 있는 인적 자원으로 그 분야의 대학원생을 참여시키기, 관청과의 연계를 미리 점검하기 등을 추려낼 수 있었다.

지금까지 '프로젝트 접근법을 활용한 자연친화교육'의 목적 및 목표, 교수 · 학습 내용, 교수 · 학습 방법, 평가 부분까지 살펴보았다. 종합적으로 볼 때 '프로젝트 접근법을 활용한 유아기 자연친화교육'은 그 지향 목표로 자연 친화적 성향 개발, 자연에 대한 바른 이해, 자연 생태계가 보전되도록 실천하는 삶을 강조하고 있다는 점에서 상당 부분 유아 환경교육과 공통점을 가지고 있다. 단, 여러 환경 요인 중 특별히 유아 주변의 생물학적 · 물리적 자연을 다루고 있다는 점에서 포괄적인 환경교육과는 교육 소재면에서 차이가 난다. 그런가 하면 자연 생태계에 대한 친화력 및 감수성 키우기, 자연 친화적인 삶의 태도 내면화 및 실천 지향, 학습자를 교육의 주체로 보는 점 등에서 생태유아교육과도 일정 부분 공통점을 가지고 있다. 하지만 생태유아교육에서 강조하는 바와 같이 세계관, 아동관 등 패러다임의 전체적인 전환에서부터 출발하지 않는다는 점은 기본적 차이점이다.

이제 II부에서는 '프자'의 실제 적용 과정에 초점을 맞추어 기술해 보고자 한다. 이를 위해 다섯 개의 사례-텃밭의 배추, 식충식물, 연못 만들기, 옥수수, 여치-가 제시될 것이다. 이 중 특별히 '텃밭의 배추'는 프로젝트 전 과정을 자세하게 제시하였으며 나머지 네 가지 사례는 프로젝트 진행 과정을 요약하여 제시하였다.

Part Ⅱ 프로젝트 접근법을 활용한 유아기 자연친화교육 실제

1. '으쓱으쓱, 텃밭의 배추' 프로젝트
2. '잡았다! 식충식물' 프로젝트
3. '우리가 만드는 연못' 프로젝트
4. '옥수수 냠냠' 프로젝트
5. '노래하는 여지' 프로젝트

1

'으쓱으쓱, 텃밭의 배추' 프로젝트

'으쓱으쓱, 텃밭의 배추' 프로젝트는 교사들의 준비(주제망 등) 후 8월 말부터 유아들과 함께 실제 활동에 들어갔다. 프로젝트는 먼저 텃밭에 무엇을 심을지, 그러기 위해서는 텃밭을 어떻게 정리해야 할지에 대해 논의하는 일부터 시작되었다. 이어 텃밭에 남아 있던 여름 작물 뽑아내기 및 텃밭 고르기, 잘 고른 텃밭에 배추 모종과 무씨 심기, 배추와 무가 자라나면서 그 잎들에 붙어 있던 애벌레 키워보기, 배추가 잘 자라도록 돌보아주기, 배추(씨)와 무(씨)에 대한 심화 · 확장 활동하기, 배추와 무를 뽑아 김장하기, 다시 한 번 배추벌레 키우기 등의 활동들이 유기적으로 연계되며 이루어졌다. 프로젝트 마무리는 전시회 및 발표회의 형태로 이루어졌다.

프로젝트 기간은 프로젝트 주제 중심의 교육과정을 운영하였음에도 약 4개월 정도(06년 8월 30일~12월 30일)가 소요되었다. 한편, 프로젝트 중에 진행된 여러 활동들(예 텃밭에 남아 있던 작물 정리하기/ 배추 모종 · 무씨 심기/ 애벌레 키우기/ 김장하기 등)은 하나하나가 단기 프로젝트였다.

원 마당에 작게라도 텃밭을 만들고 옥수수, 토마토, 배추 등을 심은 후 이를 주제로 프로젝트를 진행하면 흙, 흙 속에 사는 생물들, 씨앗의 발아와 새싹, 열매, 그곳에 모여드는 곤충, 자연물들 간의 관계(예 흙의 상태와 씨앗 발아와의 관계, 햇빛을 받는 정도와 식물 성장과의 관계) 등 다양한 활동 소재가 포함된 프로젝트를 진행할 수 있다. 본 서에 소개된 '옥수수 냠냠' 이나 '으쓱으쓱, 텃밭의 배추' 프로젝트가 이러한 사례이다.

가. 프로젝트 준비

1) 교사 주제망

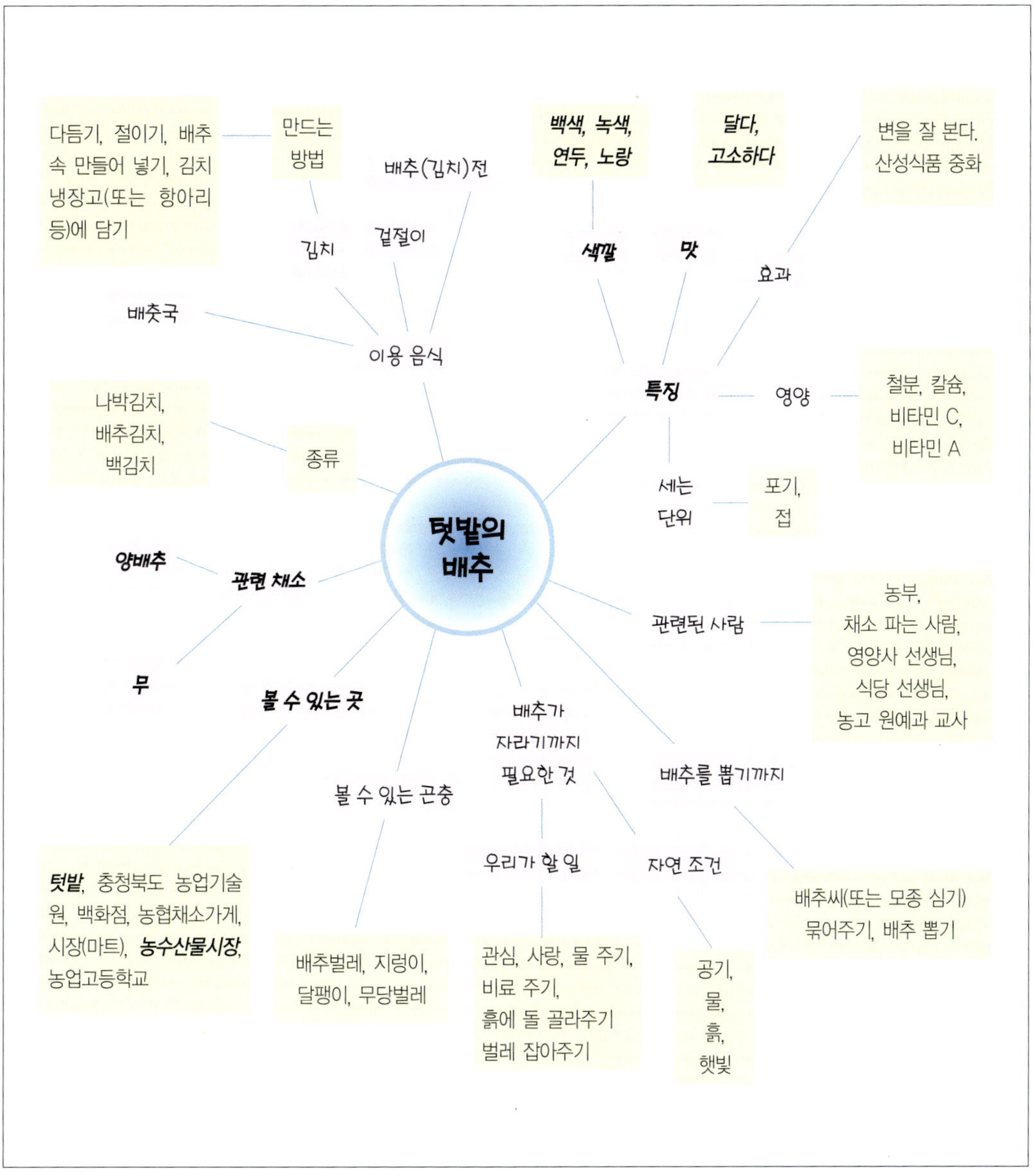

*주제망, 교육과정 조직안, 활동예상안의 이탤릭체 · 진한 글씨는 프로젝트 초기에 하면 좋겠다고 교사가 생각한 내용, 활동들

2) 교육 목표 영역

<table>
<tr><th>목표 영역</th><th>예상되는 목표</th><th>목표와 연관하여 1차 예상한 활동</th></tr>
<tr><td>건강</td><td>1. 육체적으로 건강해진다.
2. 정신적으로 건강해진다.</td><td>• 매일 텃밭 가보기, 흙 파기, 배추 및 무 돌보기</td></tr>
<tr><td>느낌</td><td>1. 배추 등이 잘 자라기 위해서는 사랑, 관심, 돌봄이 필요하다는 것을 느낀다.
2. 여러 사람이 함께 일할 때의 기쁨을 느낀다.
3. '나는 잘 할 수 있다'는 자신감과 유능감을 키운다.</td><td rowspan="3">• 배추에 대해 생각나는 것 적기, 그리기
• 배추의 성장 과정 기록하기, 배추와 배추벌레의 관계를 몸으로 표현하기
• '내가 좋아하는 김치' 막대그래프로 표현하기
• 배추와 무의 비교도표 만들기
• 내가 물 줄 때, 벌레를 잡아줄 때, 노래를 불러줄 때 배추의 느낌 표현하기
• 배추 함께 옮기기</td></tr>
<tr><td>성향</td><td>1. 창의적으로 생각하는 성향을 키운다.
2. 주변 자연물을 잘 돌보는 성향을 개발한다.</td></tr>
<tr><td>기능</td><td>1. 학문적 기능: 막대그래프와 비교도표 만드는 것을 익힌다. 읽기, 쓰기, 셈하기 기능은 유아의 개별적 수준에 따라 증진시킨다.: *체계적 교수
2. 사회적 기능: 다른 사람과 협력하는 대화 방법을 익힌다.
3. 의사소통 기능: 다른 사람이 말하는 것을 잘 듣고 자기 생각을 분명하게 표현한다.</td></tr>
<tr><td>지식</td><td>1. 배추가 어떤 과정을 거치며 성장하는지 안다.
2. 배추와 흙 · 물 · 햇볕 · 배추벌레 등의 관계를 안다.
3. 김장을 어떻게 담그는지에 대해 안다.</td><td>• 배추와 배추벌레 관찰하기, 배추흰나비 일생에 관한 책 보기
• 김장하기</td></tr>
<tr><td>태도 및 실천</td><td>1. 배추 등이 잘 자라도록 돌보아준다.
2. 음식을 먹을 만큼 덜어 꼭꼭 씹어 먹으며, 버리는 음식이 최소화되도록 노력한다.
3. 주변 사람들, 도움을 준 사람들에게 감사하는 마음을 표현한다.</td><td>• 배추 모종 심기, 배추밭의 풀 뽑기, 물 주기, 벌레 잡아주기
• 음식은 먹을 만큼만 덜기
• 도움을 준 사람들에게 감사의 말, 축복의 말 전하기</td></tr>
</table>

*참고가 될 수 있도록 전 목표 영역 모두 기술

3) 교육과정 조직안 및 활동예상안

가) 교육과정 조직안

	구분	내용
건강생활	감각 및 신체 인식	• 배추씨 · 무씨 보기, 잎 만져보기, 배추나 무 맛보기, 냄새 맡기 등
	기본 운동 능력	• ***텃밭 정리하기,*** 배추 뽑기 및 나르기
	건강	• 배추 등 야채가 우리 몸에 좋은 이유 알기 • 배추 등 야채 잘 먹기
	안전	• ***텃밭 정리 · 흙 일구기*** · 요리 활동 시 도구를 조심히 다루기
사회생활	기본생활습관	• ***음식을 먹을 만큼 덜어 먹기***
	개인생활	• 텃밭을 잘 돌보기 위한 방법 알아보고 실천하기
	가정생활	• 우리집에서 먹는 김치 조사해 보기 • ***가족과 장에 가서 배추, 무 등 야채 사 보기***
	집단생활	• 배추 등을 심기, 키우기, 김장하는 과정에서 친구들과 협력하기 • ***부족한 도구를 나누어 쓰기***
	사회현상과 환경	• 씨나 모종에서 배추로 자라 우리집(원)에 오기까지 수고하시는 분들 알아보기 • 깨끗한 흙에서 좋은 배추가 자란다는 것 알고 쓰레기 함부로 버리지 않기
표현생활	탐색	• 배추씨와 무씨, 배추꽃과 무꽃, 배추와 무 형태 비교 탐색하기 • 배추, 무 등이 자라는 과정, 배추벌레 등의 생김 및 움직임 탐색하기
	표현	• 배추벌레 표현해 보기 • 배추, 무 등이 자라는 과정을 창의적으로 표현해 보기(그리기, 만들기, 이야기 꾸미기, 역할놀이 하기, 음률로 표현하기)
	감상	• 배추 관련 그림 등 작품 감상하기 • 농부가 감상하기
언어생활	듣기	• ***다른 사람의 의견, 경험을 잘 듣고 이해하기***
	말하기	• ***나의 생각 의견 등을 다른 사람들에게 잘 전달하기***
	읽기 · 쓰기에 관심 가지기	• ***주제와 관련된 책 찾아보기*** • ***배추, 무 등과 관련된 동화책, 동시 찾아보고 읽어보기*** • 배추, 무 등을 키우면서 느끼는 감정 등을 글이나 그림으로 나타내기 • 견학 장소를 제공해 주신 분에게 편지 쓰기
탐구생활	과학적	• 배추 모종, 무씨를 키워보며 변화 관찰하기 • 배추로 요리할 때 필요한 도구 알아보고 사용해 보기
	수학적	• 배추 세어보기 • '내가 좋아하는 김치' 막대그래프 그리기 • 배추를 뽑아 김장하기까지를 순서도로 그려보기
	창의적	• 배추의 입장, 배추벌레의 입장에서 각각 생각해 보기

나) 활동예상안

텃밭의 배추

[음률 및 신체 표현]

〈새 노래 〉
- ***배추를 심자***
- 김장하는 날
- 국악장단에 맞추어 '배추 풍년가' 부르기

〈신체 표현 〉
- 씨(또는 모종)에서 배추로 자라나기까지
- 배추와 배추벌레 되어보기

[동화 / 동시]

〈 동화 〉
- ***편식쟁이 마리***
- 배추 애벌레
- 배추와 고추가 친구가 되었어요.
- 초록이는 야채를 싫어해

〈 동시 〉
- 엄마표 김치
- 김치가족

[관찰]
- ***배추씨와 무씨 및 그것들의 새싹***
- 양배추와 배추
- 배추 모양(겉과 속, 뿌리)
- 배추벌레 관찰

[실험]
- 배추씨와 무씨 조건 다르게 해서 심어보기
- 배추벌레 키워보기

[이야기 나누기]
- ***텃밭 정리***
- 배추씨(모종)에서 큰 배추로 자라요
- 배추벌레가 있을 때 배추는 어떤 기분일까?
- 배추로 김치 만들어요

[토의]
- ***텃밭 정리를 잘 하려면 어떻게 해야 할까?***
- ***배추를 잘 심으려면? 잘 키우려면?***
- 식물이 잘 자라는 흙은?
- 배추에 있는 배추벌레를 어떻게 할까?

[가정학습 과제]
- ***시장가서 부모님과 배추 사보기***
- 우리집 김치 원으로 가져와 맛보기
- 배추를 이용한 음식 조사해 보기

[현장 견학]
- 농수산물시장-채소 코너
- 농업고등학교
- 농업기술원
- 원 근처 텃밭

[전문가]
- 농고 원예과 교사
- 농부, 종묘상 주인
- 주방 아주머니
- 농수산물시장 채소 코너 주인

[실외 활동]
- ***텃밭 정리하기, 흙 일구기***
- 배추에 물주기
- 잡초 제거 및 비료주기
- 배추 묶어주기

[게임]
- 배추벌레에서 나비가 되기까지 찾아 붙이기
- 김장 재료를 찾아라

[미술 / 조형]
- 배추(씨) 모종에서 배추로 자라나는 과정 그려보기(OHP 필름지 이용)
- 주름지(등)으로 배추 꾸며보기
- 배추벌레 만들어보기

[요리]
- 김치 담그기
- 배추전 만들기

4) 자원목록

<table>
<tr><th colspan="4">구분</th><th colspan="4">내용</th></tr>
<tr><td rowspan="6">1차적자원</td><td rowspan="4">실물</td><td colspan="2">채소</td><td colspan="4">• 배추, 무, 배추씨, 모종, 배추씨와 무씨, 고추, 양배추, 마늘, 파, 생강 등</td></tr>
<tr><td colspan="2">김장 도구</td><td colspan="4">• 김치 담는 용기, 고무장갑, 양푼, 도마, 칼 등</td></tr>
<tr><td colspan="2">김치</td><td colspan="4">• 배추김치, 백김치, 겉절이 등</td></tr>
<tr><td colspan="2">기타 추가</td><td colspan="4">• 배추벌레, 배추벌레 고치벌, 배추벌레 키우는 통, 친환경 비료, 비닐, 배추 묶는 짚</td></tr>
<tr><td colspan="3">사람</td><td colspan="4">• 농부(배추 농사일 하시는 부모님 또는 조부모님이나 친척 등), 채소가게 운영자
• 농업고등학교 원예과 교사, 영양사 선생님, 주방 선생님</td></tr>
<tr><td colspan="3">현장 견학</td><td colspan="4">• 청주 농업고등학교 / 충북농업기술원
• 농수산물센터-채소 코너, 주변 텃밭, 반찬 코너(김치의 종류)</td></tr>
<tr><td rowspan="11">2차적자원</td><td rowspan="11">책</td><td rowspan="11">정보</td><td rowspan="7">예상자원</td><td>제 목</td><td>저자(발행연도)</td><td>출판사</td><td>비고</td></tr>
<tr><td>• 배추흰나비</td><td>이유숙(1999)</td><td>국민서관</td><td>배추흰나비의 생태</td></tr>
<tr><td>• 식물재배도감</td><td>쓰키모토카요미(2001)</td><td>진선출판사</td><td></td></tr>
<tr><td>• 여러 가지 채소</td><td>예수해(2002)</td><td>아이교육</td><td>밭에 심는 채소에 대한 간략한 정보</td></tr>
<tr><td>• 배추</td><td>정아람(2006)</td><td>프뢰벨 미디어(주)</td><td>배추를 심어서 자라기까지, 봄에 심는 배추와 가을에 심는 배추에 대한 정보</td></tr>
<tr><td>• 무</td><td>정아람(2006)</td><td>프뢰벨 미디어(주)</td><td>씨부터 큰 무로 되기까지 정보</td></tr>
<tr><td>• 채소밭과 과수원</td><td>장석훈 역(2002)</td><td>여명미디어</td><td>입체북의 형식으로 되어 있고 채소밭과 과수원에서 볼 수 있는 채소에 대한 정보</td></tr>
<tr><td rowspan="4">추가자원</td><td>• 곤충과 꽃 (pp.42~53)</td><td>윤일병(2004)</td><td>삼성출판사</td><td>곤충의 공생과 천적</td></tr>
<tr><td>• 배추흰나비</td><td>장상욱 역(2005)</td><td>(주)몬테소리씨엠</td><td>배추흰나비의 생태 실물 사진</td></tr>
<tr><td>• 식물박물관</td><td>장명애 외(1996)</td><td>웅진출판</td><td>채소에 대한 간략한 정보</td></tr>
<tr><td>• 우리 야채, 우리 곡식</td><td>한국어린이식물연구회(2004)</td><td>웅진닷컴</td><td></td></tr>
</table>

<table>
<tr><th colspan="4">구분</th><th colspan="4">내용</th></tr>
<tr><td rowspan="13">2차적자원</td><td rowspan="4">책</td><td rowspan="4">동화</td><td rowspan="2">예상자원</td><td>• 김치는 싫어요.</td><td>최신양 · 나애경(1995)</td><td>보림</td><td></td></tr>
<tr><td>• 오늘은 우리집 김장하는 날</td><td>방정화 · 채인선(2001)</td><td>보림</td><td>예전 우리나라에서 김장하던 풍습과 김장 순서 및 재료들을 볼 수 있음</td></tr>
<tr><td rowspan="2">추가자원</td><td>• 동화로 보는 파브르 곤충기 6 –큰 배추흰나비의 한살이</td><td>김춘옥(2002)</td><td>파랑새어린이</td><td>배추흰나비의 한살이가 구체적이게 나와 있고 알, 애벌레, 번데기로 있는 동안 일어나는 일들을 그린 동화</td></tr>
<tr><td>• 밭에서 자랐어</td><td>김윤정 · 권은정 (2001)</td><td>웅진닷컴</td><td>밭에서 자라는 채소에 대한 정보</td></tr>
<tr><td colspan="3">사진/팸플렛</td><td colspan="4">• 배추 및 다양한 종류의 김치 사진
• 신문 스크랩(채소로 만든 요리 소개, 채소를 이용한 광고)한 것: 가정학습 과제로 연결</td></tr>
<tr><td colspan="3">비디오</td><td colspan="4">• 배추를 이용한 요리 비디오, 김장철 배추 쌓아놓고 파는 모습, 김장하는 모습 등</td></tr>
<tr><td colspan="3">테이프</td><td colspan="4">• 배추 관련 노래 테이프(야채송, 농부가 될래)</td></tr>
<tr><td colspan="3" rowspan="5">인터넷</td><td>제 목</td><td>인터넷 주소</td><td colspan="2">비 고</td></tr>
<tr><td>충청북도 농업기술원</td><td>www.ares.chungbuk.kr</td><td colspan="2">영농교육정보 → 농업기술정보 → 작목별기술정보(배추 검색 후 확인)</td></tr>
<tr><td>서명훈의 채소이야기</td><td>www.vegetables.pe.kr</td><td colspan="2">좋은 채소 고르기 → 잎채소</td></tr>
<tr><td>김치엑스포</td><td>http://kimchi.munhwa.com/</td><td colspan="2">김치의 역사 및 종류 등</td></tr>
<tr><td>풀무원 김치박물관</td><td>www.kimchimuseum.or.kr</td><td colspan="2">여러 김치 사진 및 가격</td></tr>
</table>

나. 프로젝트 진행 과정

1) 프로젝트 시작

가) 텃밭에 무엇을, 왜 심을까 논의하기

상황 '옥수수'에 대한 프로젝트가 끝나고, 옥수수도 거의 수확된 상태였다. 그런데 아직 텃밭에서 옥수수 대들은 뽑아내지 못하고 있었다. 옥수수 이외에 고추와 가지, 토마토 등도 아직 몇 개씩 열매를 단 채 텃밭에 남아 있었다.

교사의 세부 주제망 구성 및 활동 예상, 자원 점검하기

'텃밭의 배추' 프로젝트에서 '텃밭 정리하기'는 하나의 단기 프로젝트였다. 이를 위해 교사는 유아들과 본 활동에 들어가기 전에 먼저 '텃밭 정리'를 주제로 간단한 세부 주제망 그리기, 활동과정 예상하기, 필요한 자원 고르고 준비하기 등을 하였다.
'텃밭 정리'와 관련하여 교사가 예상한 활동은 남은 식물 추수하기, 식물의 대 뽑기, 흙 고르기 등이었으며 연계하여 전체 이야기 나누기(텃밭 정리 후 무엇을 심을까?), 조별 토의 후 계획 세우기(어떻게 정리할까?), 실행하기(식물의 대 뽑기), 뿌리에 대한 조별 · 전체 이야기 나누기, 텃밭 정리에 대한 평가하기 등이었다. 활동 예상 후에는 필요할 것이라고 생각하는 텃밭 정리 도구들을 챙겨놓았다.

교사와 전체 유아들의 이야기 나누기

[텃밭에 무엇을 심을까?]

(교사와 전체 유아 24명이 둘러 앉아 이야기 나누기를 하고 있다. 현재 텃밭에 남아 있는 여름 작물들은 걷어내야 할 때라고 교사가 유아들에게 이야기해 준 상태이다.)

〈… 계속 …〉

교 사	우리가 이야기한 것처럼 봄에 고추와 가지, 토마토 모종을 심어서 맛있게 따 먹었지요? 옥수수도 심어서 따 먹었고…. 이제 그런 것들을 걷어내고 나면 우리가 심을 수 있는 것이 또 있어요.
유 아	뭔데요?
교 사	힌트. 한국 사람이 잘 먹는 반찬을 만드는 재료예요.
유 아	뭐지?
교 사	여기다 매운 고추랑 여러 재료를 넣어 만들어요. 겨울이 되기 전에 많이 만들어 두고 조금씩 꺼내 먹어요. 땅을 파고 독을 묻은 뒤 거기에 저장하는 사람도 있대요.
충민, 하은	김장? 배추?
교 사	네, 맞아요. 우리는 겨울 동안 먹을 김장을 늦가을에 미리 하죠. 김장 김치할 때 무엇이 제일 중요한 재료인가요?
유아들	배추요.
혜 진	우리 그때 무지개반 때도 했었잖아요.
교 사	맞아요, 김장해 본 적 있는 친구?
유아들	(대부분 손을 든다.)
교 사	김장할 수 있는 크고 싱싱한 배추를 얻으려면 텃밭에 무엇을 심어야 할까?
유아들	배추씨요. / 배추 심어요?
교 사	잘 알고 있네. 그래서 우리 텃밭에 배추씨를 심으면 좋겠지요?
유아들	(서로 마주보며) 배추 심는대.
근 영	나는 깍두기도 좋아하는데….
교 사	깍두기는 무엇으로 만들죠?
유아들	무요.
교 사	맞아요, 그러면 배추랑 무를 텃밭에 모두 심어 보는 건 어떨까?
유아들	그럼, 우리 그걸로 김장하는 거예요?
교 사	잘 키워서 그렇게 하면 정말 좋겠지?

(그렇게 하기로 모두 동의하고 전체 이야기 나누기를 마침)

나) 밭에 나가 남은 작물 수확하고 텃밭 정리하기

(1) 남은 작물 수확하기

텃밭을 둘러보니 고추와 가지 등에 아직 열매가 달려 있는 것도 있어 바구니를 가져다 마지막 작물을 수확하였다. 해바라기씨도 수확하였다.

● 사진 1-1 ● 남은 작물을 수확하고 해바라기씨도 까 봄

(2) 텃밭 정리 계획 세우기

1 문제점 파악

- 텃밭에 나가보니 여름 작물인 옥수수, 고추, 토마토, 가지 등이 남아 있어서 뽑아내야 한다.
- 텃밭 여기저기 널려 있는 쓰레기들도 치워야 한다.

2 해결 방안 1차 모색: 주제망 작성 후 계획 세움

① 주제망 작성: '텃밭 정리'에 대한 주제망을 교사의 안내하에 작성해 보았다. 교사가 소제목을 내놓으면(예 "치워야 할 것들은?") 유아들이 텃밭에서 보고 온 것들을 이야기하고 이를 교사가 기록하는 식으로 하여 바로 주제망으로 구성하였다. 소제목으로 나온 것들은 쓰레기 종류(비닐류, 종이류), 뽑아내야 할

것(옥수수, 토마토 대 등), 쓰레기 치우려면 필요한 것(쓰레기봉투, 삽, 장갑 등), 누가, 어떻게 치울까(역할 나누기, 쓰레기 소각장, 거름터), 누구 도움을 받을까(관리인 아저씨, 기사 아저씨의 도움을 받기로 함)였으며 이를 근거로 구체적 계획을 세웠다.

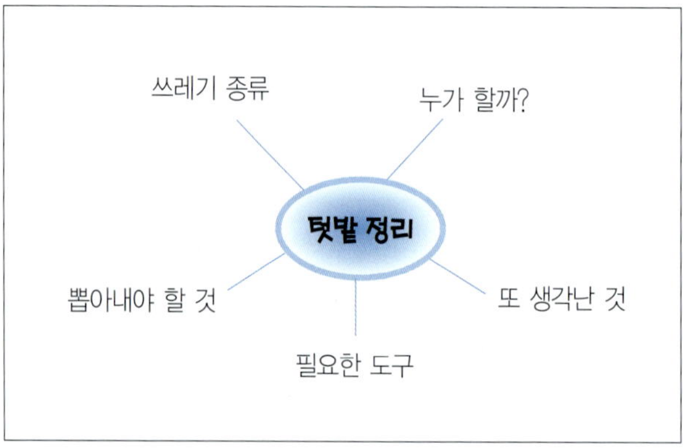

[그림 1-1] 세부 주제망

프로젝트 시작 단계의 중요 작업 중 하나는 교사-유아 공동 주제망 구성이다. 그런데 '텃밭의 배추'와 같은 장기 프로젝트의 경우, 프로젝트 초기 단계에서 단 한 번만 주제망 구성을 하고 만다면 주제망 구성의 본래 목적-'유아들의 현재 그 주제에 대한 이해 정도, 생각, 흥미 방향을 파악하고 앞으로 해나가야 할 일을 계획'-을 달성하기 어렵다. 장기 프로젝트인 경우에는 주제가 너무 광범위하여 주제망 자체가 막연해질 수 있기 때문이다. 그런 이유로 '텃밭의 배추' 프로젝트에서 먼저 '텃밭 정리'에 대한 세부 주제망(zoom web)을 구성해 본 것이다. 한편 '텃밭 정리'에 대한 세부 주제망을 구성한다고 할 때, 그동안 유아들이 들며 나며 수시로 텃밭을 보았다고 해도, 현재 텃밭의 상태를 찍은 사진이나 동영상 자료를 보여준 후 활동을 진행하면 좀 더 구체적인 생각 모으기와 계획 세우기가 가능하다.

② 계획: 세부 주제망 짠 것을 중심으로 하여 계획을 세웠다. 계획의 초점은 텃밭 정리를 누가, 무엇을, 어떻게 할지, 그러려면 어떤 준비가 필요한지이다. 결정된 것은 다음과 같다.

㉮ 치울 것
- 쓰레기: 종류별로 구분해서 정리한다.
- 남은 작물은 뽑은 후에 거름 터로 옮긴다.

㉯ 준비할 것
- 각자 준비할 것: 바지 입고 올 것, 마스크
- 교사가 준비할 것: 쓰레기봉투, 집게, 비닐장갑, 리어카

㉰ 도움을 받을 사람: 기사 아저씨, 관리인 아저씨

'텃밭 정리' 프로젝트의 시작 단계에서는 텃밭 정리를 어떻게 해야 할지, 정리를 하려면 무엇이 필요할지, 이때 누가 어떤 역할을 할지에 대한 계획을 세운다. 단, 이때 '텃밭에 남아 있는 여름 작물들을 어떻게 할까?'와 같은 문제는 유아들이 생각해서 해결할 수 있는 내용이 아니므로 교사가 '텃밭에 남아 있는 작물을 뽑아내야 배추나 무를 심을 수 있다.'는 것을 먼저 알려주고 난 후 유아들과 구체적이고 실제적인 계획을 세우도록 한다.

전개 단계에서는 계획에 따라 실행하되, 상황에 맞게 조정해 나가고 교사와 유아 간, 또는 유아 간 협력해서 문제를 해결해 나간다. 이때 어떤 식물의 뿌리가 잘 뽑히고 어떤 식물의 뿌리가 잘 뽑히지 않는지, 왜 잘 안 뽑히는지, 어떻게 해야 뽑을 수 있을지 등에 대해 나름대로 방법을 고안하고 그것을 시도해 보기도 한다. 그런 과정을 통해 각 식물의 뿌리 모양이 다르다는 것을 알게 되고 연계하여 뿌리의 역할은 무엇인지, 대나 줄기, 잎의 역할은 무엇인지 조사·탐구해 보며 그 결과를 여러 가지 방법으로 표현해 보게 된다.

마무리 단계에서는 목표한 대로 텃밭 정리가 잘 되었는지, 문제점은 무엇이었는지 점검해 보게 된다. 이런 과정을 통해 유아들은 해결해야 할 문제를 사실적으로 바라보고 이에 대해 실현 가능한 목표를 세우며, 실행 후 그 결과를 점검해 봄으로써 자기 주도적 학습 능력을 증진시킬 수 있게 된다.

(3) 텃밭 정리 실행하기

1 구체적 계획에 따른 준비물 챙기기

준비물(*생각 모으기 결과: 호미, 모종삽, 큰 삽, 쓰레기봉투, 장갑)과 방법(*교사가 정보 주기: 잔여 식물을 뽑아내서 내년 봄 거름으로 쓸 수 있게 놀이터 뒤의 거름터로 옮긴다)에 대한 이야기를 나눈 후 밖에 나가 텃밭 정리 도구를 챙겼다.

● 사진 1-2 ● 이걸 다 걷어내야 해요. / 준비물 챙기기

2 남은 식물들 걷어내기

상황 텃밭을 둘러본 후 키 작은 고추와 가지, 토마토 뿌리 등을 먼저 뽑아내기로 하였다.

교 사 얘들아, 고추는 금방 뽑힌다.

혜 진 네, 이렇게 잡아당기기만 하면 돼요. 힘도 안 들어요. 그런데 선생님, 이거는 잘 안돼요?

교 사 어디? 어떤 거? 어, 그것은 가지네.

연 희 가지는 뿌리가 좀 튼튼한 거 같아요.

교 사 선생님이 한 번 해볼까? 영차 (뽑아서 들어 보인 후) 아유! 이건 진짜 더 어렵네. 고추 뿌리보다 가지 뿌리가 어떤 거 같아?

연 희 뿌리가 더 긴 거 같아요. 그리고 많은 거 같아요. 이거 봐요.

교 사 그러네. 그럼 우리 이제 토마토는 어떤지 볼까?

혜 진 토마토도 어려울 것 같은데….

교 사 얘들아, 그런데 토마토는 잡으면 무슨 냄새가 난다. 줄기에서….

근 영 어? 이거 진짜! 토마토 냄새나요.

교 사 그렇지?

유아들 (주변의 아이들이 모두 한 번씩 줄기를 만져본 후 냄새 맡아본다.) 어? 정말이네! 나 토마토 좋아하는데….

(이후 다른 식물들에서도 냄새가 나는지 여기저기서 맡아본 후 토마토에서만 냄새가 진하게 난다고 나름대로 결론을 내림.)

교 사 자, 이거는 먼저 말뚝을 빼내고 한 번 해 볼까? (토마토 대에 묶어 주었던 말뚝을 빼낸 후 잡아당겼는데 한 번에 뽑히지 않음.)

유아들 선생님. 잘 안돼요? 내가 해볼게요.

교 사 한 번 해볼래?

연 희 우~! 가지처럼 잘 안돼요.

교 사 자, 그럼 우리 같이 해 보자. 조금만 더 힘을 내서… 영차~.

(함께 뽑은 후, 뿌리를 보여주며) 얘들아, 이거 뿌리가….

혜 진 와~ 엄청 크다.

교 사 그렇지? 고추가 제일 잘 뽑혔는데….

근 영 토마토가 제일 잘 안 뽑혀요.

영 광 선생님. 이거 옥수수는 어떻게 해요? 진짜 잘 안 되는데…너무 커요.

교 사 잡아당겨 보았니?

영 광 발로 차도 안 나와요. 옥수수는 키가 커서 우리가 못 하겠어요. 뿌리도 센가 봐요.

(여러 차례 흔들어 보다가 옥수수는 유아들 힘으로는 무리일 것 같아 관리인 아저씨의 도움을 받기로 하였다.)

● 사진 1-3 ● 여름 작물들을 걷어내요. / 아저씨가 옥수수 대를 낫으로 베어 주고 계셔요.

'잔여 식물 뽑아낸 것들을 거름 터로 옮겨놓으면 다음 해에 어떻게 거름이 되는지?', '그 거름들은 어떻게 식물의 성장을 돕는지?' '왜 어떤 작물은 쉽게 뿌리가 뽑히고 또 어떤 작물은 쉽게 뿌리가 뽑히지 않는지?', '토마토 줄기에서는 토마토 냄새가 나는데, 다른 식물의 줄기에서도 그 식물의 열매 냄새가 나는지?'와 같은 질문거리들이 상황과 연계하여 계속적으로 발생할 수 있다. 이와 같은 질문들에 대해 교사가 어떻게 반응하며 어떤 활동으로 연결시켜 주는가는 프로젝트 전개 방향에 많은 영향을 미치게 된다. 여기서는 교사가 식물들의 뿌리 모양과 흙에 박혀 있는 깊이에 관심 갖도록 유도해 주었다.

상황 관리인 아저씨가 옥수수 대를 베어 준 덕분에 뽑아내야 할 옥수수 대 키가 아이들 키보다 훨씬 작아졌다. 이제 할만하다고 생각한 아이들이 옥수수 뿌리를 뽑아내 보기로 하였다. 처음에는 혼자 뽑아보려 하던 아이들이 잘 안되자, 여럿이 함께 잡아당겨서 하나를 겨우 뽑아내었다. 나머지는 아저씨의 도움을 받기로 하였다.

사진 1-4 휴~우! 우리가 힘을 합쳐 옥수수 뿌리를 하나 뽑아냈어요.

형님반 아이들이 옥수수 뿌리를 뽑아내려고 애쓰고 있는 동안 동생반 아이들은 아직도 남아 있는 작물을 수확하는 일, 작은 풀을 뿌리째 뽑아내는 일, 관리인 아저씨가 베어낸 대나 줄기 등을 리어카에 싣는 일을 했다.

3 밭에서 걷어낸 것 옮기기

상황 동생반, 형님반이 모두 힘을 합해 뽑아낸 식물의 뿌리나 대 등을 리어카에 가득 실었다. 교사가 앞에서 끌고 아이들은 뒤에서 밀기로 했다. 교사는 아이들을 마주 보며 리어카를 끌어서 거름터로 가져다 쌓아 놓았다. 리어카에 다 싣지 못한 것은 아이들이 두 손으로 옮겼다.

교 사	얘들아, 리어카를 좀 밀어줄래?
요 셉	선생님, 나도 리어카 밀고 싶어요. 그런데 자리가 없어요.
은 모	야, 그러면 여기로 와(몇 명이 조금씩 좁혀 자리를 만들어 준다), 여기서 잡으면 되잖아.
교 사	너희들 모두 다른 친구 생각을 잘 해 주는구나.

사진 1-5 리어카에 실어 거름터로 옮겨요.

프로젝트 접근법의 목적 중 하나는 '공동체 정신을 체득하도록 하는 것'이다. 이런 목적 성취를 위해서는 주변 사람들과 함께 협력하는 기회를 빈번하게 갖도록 하는 것이 필요하다. 그런 의미에서 정리한 잡풀을 리어카에 싣고 모두 힘을 합쳐 거름 터로 옮긴 작업은 단순히 '쓰레기 치우기'의 의미로만 국한되지 않는다. 키가 작고 힘이 약한 아이까지도 공동체 일원으로서 '모두 함께 했다'는 것에 의미를 부여할 수 있기 때문이다.

4 뽑아낸 작물의 뿌리에 대해 이야기 나누기

상황 교실로 돌아와 텃밭 정리한 것에 대해 이야기 나누었다. 특히 다른 작물(고추, 가지, 토마토)은 손으로 뽑을 수 있었는데 옥수수는 잘 뽑히지 않은 점과 뿌리의 역할에 대해 이야기 나누었다.

충 민 옥수수 뿌리가 너무 많아요.
하 은 뿌리가 제일 깊이 있나 봐요.
창 훈 돌 같은 것도 있었어요.
상 엽 땅이 딱딱해요.
교 사 아~ 그렇구나. 옥수수 뿌리가 깊이 박혀 있었지요? 제일 깊이….
근 영 (팔을 들어 보이며) 이만큼이요.
수 빈 선생님. 옥수수는 이렇게 있잖아요. 뿌리가 밑으로도 많고 옆으로도 이렇게…. (손가락을 갈퀴 모양으로 해서 보이며…)

수 현 그리고 많아요. 3군데로 있고.

교사와 유아들 (뽑아온 토마토, 가지, 옥수수 뿌리를 보며 이야기 나눔. 옥수수 프로젝트를 하고 난 후 알게 된 '옥수수 뿌리는 줄기 마디에서 굵은 곁뿌리가 나와 땅 속으로 들어간 후 가는 뿌리를 낸다.' 는 사실을 다시 한 번 확인하였다.)

2) 프로젝트 전개

가) 흙 고르기 및 배추 심기

(1) '배추가 잘 자라려면?' 에 대한 주제망 구성, 계획 세우기

주제망 구성은 전체 모임 시간을 통해 이루어졌다. 먼저 교사가 소제목을 말해주면 유아들이 각자 생각나는 것을 말하였다. 예를 들어, 교사가 '배추가 잘 자라려면 무엇이 필요할까?' 하면 유아들은 '좋은 흙, 해, 바람, 비 등' 을 이야기하는 것이다. 이런 방법으로 주제망 작성 후 '우리가 할 일' 을 구체적으로 정리하였다(그림 참조).

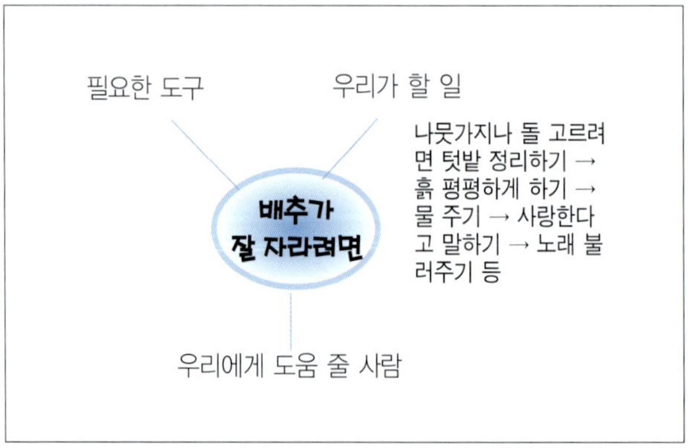

(2) 텃밭의 흙 고르기 및 남은 잡풀 뽑아내기

계획 세운 대로 밭에 가서 돌멩이나 나뭇가지 등을 골라낸 후 흙을 평평하게 하였다.

사진 1-6 잡풀 제거하기 / 흙 고르기

(3) 배추 모종과 무씨 구하기

배추를 씨로 심기에는 시기적으로 좀 늦었다는 근영이 할아버지의 조언을 듣고 교사들이 종묘상에 가서 배추 모종과 무씨를 사 왔다. 종묘상 주인은 배추를 심을 때 먼저 흙에 붕사를 뿌려 주어야 한다고 알려주었다. 이 약을 뿌리지 않을 경우 배추 모종을 벌레가 갉아먹기 때문에 키우기 힘들 거라고 했다.

사진 1-7 교사들이 사온 배추 모종과 무씨

(4) 배추 모종과 무씨 심기

1 텃밭에 비닐 씌우기

교사들이 배추 모종과 무씨를 사러 간 사이 관리인 아저씨는 텃밭을 잘 일군 후 물을 흠뻑 주고 다른 잡풀들이 날아오지 못하도록 비닐도 씌워 놓았다. 그리고 교사들이 돌아오자 다음날 유아들과 할 수 있도록 모종 심는 방법(*비닐에 작은 구멍을 뚫고 배추모종을 심을 것)을 보여주었다.

● 사진 1-8 ● 관리인 아저씨가 비닐 씌운 후 모종 심는 것 시범 보임

'텃밭에 비닐 씌우기'는 유아들에게 재미있는 탐구거리가 될 수 있다. 왜 텃밭에 비닐을 씌우는지, 비닐을 씌우면 비닐 속 땅 밑에서는 어떤 일이 일어날지 등 땅 속 생물들의 생활, 잡풀과 배추 모종과의 관계 등을 생각해 볼 수 있기 때문이다. 따라서 성인들 손으로 빨리 해치우는 것보다 유아들에게 먼저 생각할 시간을 주고 함께 하는 것이 바람직하다.

2 모종 심기에 대한 이야기 나누기

(땅에 왜 비닐을 씌워 놓았는지, 왜 씨가 아닌 모종을 심어야 하는지에 대해 이야기 나눈 상태이다.)

교 사 그래서 비닐 때문에 다른 잡풀 씨들이 땅 속으로 못 들어가니까 양분을 뺏기지 않지요.

하 은 이제 우리가 배추 모종이랑 무씨 심는 거지요?

… 〈중략〉 … (배추 모종 심는 순서는 '비닐에 구멍 뚫고 흙에 물주기', '모종 심기', '모종 심은 후 흙 잘 덮어주기'로 하였다.)

교 사 자, 그럼 이렇게 세 가지의 할 일이 있으니까 세 명씩 조를 짜서 해 보는 게 어때요?

충 민 아! 그럼 딱 맞겠다. 우리들이 24명이니까….

교 사 어떻게?

충 민 24명이니까 … 3명이 그럼 8조?… (충민이는 24명이면 3명씩 8조가 나온다는 것을 이해하고 있는 것 같았다. 그러나 다른 유아들은 아직 충민이의 말뜻을 이해 못하고 있었다.)

교 사	그럼, 얘들아. 다 같이 일어나서 우리 짝짓기를 먼저 해 볼까?
유아들	네.
교 사	(즐겁게 춤을 추다가 그대로 멈춰라! ♬ 노래를 부르며 짝짓기를 해본다. 마지막으로 교사가 3명을 외쳐 3명씩 모여섰다.) 우리 할 일이 3가지인데 3명씩 모였네.
유아들	배추 심는 거요?
교 사	그래, 이제 역할을 정해 보자. 우리가 할 일이 세 가지였으니까….
8조의 유아들	(3명이서 각각 물을 줄 사람, 모종을 심을 사람, 흙을 덮어 줄 사람으로 역할을 나누어 맡았다.) 다 정했어요.
교 사	그럼 이제 선생님이 역할을 말하면 손을 번쩍 들어 보이기다. 물 주는 친구, 모종 심는 친구, 흙 덮어주는 친구?
교사와 유아들	(이렇게 정해 놓고 각각의 역할을 움직임으로 연습도 해본 후 텃밭에 나갔다.)

교사는 '유아들이 해야 할 일 3가지'와 전체 인원 '24명'을 연계시켜 수학적으로 사고하도록 유도해 주었다. 이때 유아들이 재미있고 쉽게 접근하도록 '짝짓기' 놀이를 제안하였다. 이와 같이 프로젝트 과정 중 '몇 포기를 심었는지 세어보자', '10포기씩 다섯 줄을 심었구나', '배추의 키가 얼마나 자랐을까?', '이 배추는 저 무보다 무거운가?' 등과 같이 수세기, 길이 측정, 비례, 무게 비교 등 수학적 사고를 촉진시킬 수 있다.

3 조별로 배추 모종 심기

총 8조(3명 한 조)의 아이들이 흙에 물주기, 모종 심기, 모종에 흙 덮기를 역할 나누어 함께 하였다.

사진 1-9 비닐에 구멍을 뚫고 배추 모종을 심었어요.

나) 배추 돌보기 및 배추벌레 발견

(1) 배추에 영양제 주기 및 이후 그림으로 그리기

배추 모종을 심은 지 2주 정도 지났을 때 근영이 할아버지가 비료를 주어야 한다는 조언을 하시면서 필요한 만큼 비료를 가져다주시겠다고 했다. 그리고 교사들에게 비료 주는 방법(배추와 배추 사이 비닐의 구멍 뚫기, 2~3알 비료 주기, 그 위에 물 주기)도 설명해 주셨다. 다음 날, 배추 사이사이의 비닐에 교사가 칼과 가위로 구멍을 내주면 유아들이 그 구멍마다 2~3알의 비료를 넣었다. 교사는 '배추와 무가 잘 자라기 위해서는 적합한 돌봄이 필요하다'는 것을 강조해 주었다. 유아들은 어린 배추와 무를 돌본다는 데에 자부심과 긍지를 느끼는 것 같았다. "배추야, 내가 영양제 줄게. 잘 먹고 크게 자라라." 하고 이야기해 주는 것도 볼 수 있었다.

● 사진 1-10 ● 배추 사이사이에 2~3알씩 비료를 주었어요.

교사도 난생 처음으로 배추를 길러보는 것이라 농사를 직접 지으시는 근영이 할아버지와 덕현이 할아버지의 도움을 많이 받았다. 이렇게 프로젝트 주제에 따라 학부형이나 주변 사람이 중요 자원으로 도움을 줄 수 있다. 그런 이유로 학년 초 학부모 및 조부모의 전공 및 직업, 취미 등을 자세히 조사해 놓으면 전문가가 필요할 때 다양한 도움을 받을 수 있다. 한편, 비료를 줄 때 가능하면 친환경 비료를 주는 것이 땅에 유익하다. 그것은 종묘상이나 농약사, 생활협동조합 등에서 구입할 수 있다.

(2) 배추, 무에서 벌레 발견

아직 작고 여리기만 한 배춧잎에 애벌레가 여러 마리 생겼다. 2cm 정도 길이였고 배추 색과 거의 같은 색이었다. 유아들에게서 징그럽다는 반응도 나왔지만 교사의 예상과는 달리 귀엽다, 예쁘다는 반응도 꽤 나왔다. 배추벌레의 색깔(보호색 탐구로 발전되기도 함), 신체 구조(입, 다리 등), 움직임 등에 관심들이 많았다.

"선생님, 여기 벌레 있어요."
"아유, 귀엽다."
"난 징그러운데…."
"여기 배추에 구멍 났어요. 애벌레가 먹었나 봐요. 입이 어디 있지?"

● 사진 1-11 ● 배추 속에서 발견된 벌레 / "선생님, 여기 벌레 있어요."

1 배추벌레 신체 구조에 대한 조사하기

배추벌레의 입은 어디에 있는지, 다리가 있는지, 배추를 흔들어도 어떻게 배추벌레는 떨어지지 않는지 등 배추벌레의 움직임과 신체 구조에 높은 관심을 보였다. 유아들이 배추벌레도 발이 있는지 본다고 배추에서 떼어내 뒤집어 보려 했다. 그때마다 배추벌레는 머리 쪽부터 먼저 꼬면서 몸통을 바르게 하려고 하고 몸을 말아서 뒤집히지 않게 하려고 하는 것을 볼 수 있었다.

'배추벌레의 신체 구조 알기'도 재미있는 단기 프로젝트가 될 수 있다. 이때 교사는 '신체 구조 및 기능의 관계'에 대한 지식을 구성해 가도록 도울 수 있다. 예를 들면 다음과 같다.

유아 1 "배추에 구멍이 많이 나 있어요. 배추벌레가 먹었나 봐요."
유아 2 "입이 있나 봐요."
교 사 "정말! 배추를 먹는 것 보니까 입이 있나 보지? 어디에 있을까? 그런데 배추벌레는 계속 먹기만 할까?"
유아 3 "아니요. 그럼 배가 터져요. 똥을 싸야 해요. 똥꼬(*항문)가 있을 거예요."
교 사 "오? 그래? 그럼 배추벌레 근처에 똥이 있나 찾아보아야겠구나."
유아 2 "여기 봐요. 이거 똥이죠? 똥이 되게 작은데 많이 있어요. 어휴~ 그런데 배추벌레는 어떻게 배추에 딱 붙어 있어요?"
교 사 "어떻게 붙어 있을까?"
유아 1 "음! 배가 끈끈한가?"
유아 2 "아니야, 기어가잖아. 끈끈하면 못 기어가. 딱 붙어서…."
교 사 "어떻게 기어가는 것 같아?"
유아 1, 2, 3 "이렇게, 이렇게 … 사악사악."
유아 3 아!, 그럼 미는 게 있어야겠어요. 다리로 미나?"
유 아 "근데 배추를 붙잡는 손도 있나 봐요. 안 떨어지잖아요?"
교 사 "앞으로 가도록 미는 다리, 배추를 붙잡는 손, 이런 생각을 했구나. 그러면 손이나 발이 여럿 있어야 하겠는데, 정말 그럴까?"

이렇게 신체 구조에 대해 나름대로 유추해 보고 그 기능과 연계시켜 보면서 스스로 지식을 구성해 가도록 돕는 것이다. 이는 단순히 관련 정보책을 찾아 '배추벌레 다리는 8쌍이다.'라는 것을 지식으로 외우는 것과는 전혀 다른 차원의 활동이다.

〈배추벌레 몸의 구조와 기능에 대해 유추해 본 후 배추벌레의 몸을 자세히 살펴보니 실제로 여러 쌍의 발이 있었다. 그런데 앞쪽 발 3쌍과 뒤쪽 발 4쌍이 서로 다르게 생겨 있었다. 앞의 3쌍은 무엇을 잡기에 편리할 것 같았고 뒤의 4쌍은 문어발판처럼 생겼는데 배추에 쫙 달라붙어 떨어지지 않도록 하는 기능을 하는 것 같았다. 이후 다시 책으로 확인해 보니 다리가 8쌍으로 나와 있었다. 관찰할 때는 엉덩이 쪽 다리 1쌍은 잘 보이지 않았다.〉

2 배추에 대한 감정이입("배추가 불쌍해요")과 배추벌레 잡아주기

며칠 뒤 교사와 유아들이 함께 둘러본 텃밭에는 배추가 전보다 많이 자라 있었지만 배춧잎들에는 숭숭 구멍이 많이 나 있다. "배추가 불쌍하다.", "벌레를 잡아주어야겠다."는 소리가 여기저기서 들린다. 배추벌레를 잡은 후 배추에서 멀리 떨어진 곳에 갖다 버렸다. 배추벌레가 귀엽다던 아이들도 배추벌레가 너무 안 돼 보였는지 모두 동참해서 배추벌레를 잡아 주었다.

"어떻게 잡지?"
"나는 손으로 잡을래."
"나는 이쑤시개로 잡을래."

사진 1-12 "선생님, 이것 좀 봐요. 이쑤시개로 벌레를 건드리니까 이렇게 동그랗게 말렸어요."

초록빛의 여린 배춧잎에 딱 붙어서 그 잎을 갉아먹는 배추벌레에 대해 대부분의 아이들은 배추의 입장에서 '배추벌레가 나쁘다'는 식의 감정을 표현했다. 이런 감정 표현은 이후 배추벌레가 배추벌레고치벌 때문에 죽게 되었을 때(배추벌레고치벌이 배추벌레의 몸에서 부화되어 나온 후) 배추벌레고치벌에게 강한 적개심을 표시한 것과 비슷한 맥락이다. 즉, 배추벌레와 배추벌레고치벌의 관계에서는 배추벌레의 편에서 '배추벌레고치벌은 나쁜 악당!'이라고 본 것이다.
이런 상황이 발생했을 때 교사도 유아들의 감정 표현에 동조하면서 '배추를 뜯어먹으니까 배추는 불쌍하고 배추벌레는 나쁘다.'거나 '배추벌레를 죽게 하니까 배추벌레고치벌은 아주 나쁘다.'는 식으로 단순하게 끝내 버리면 유아들이 생태적 관점에서 '바른 관계'를 생각해 볼 기회를 놓치게 된다.

다시 말해, 교사는 누가 착하고 누가 나쁘고 하는 식의 이분법적 사고가 아니라 왜 그럴 수밖에 없는지를 생태계 순환 측면에서 생각해 보도록 도와야 하는 것이다. 생태계 순환 측면에서 보면 흙에서-배추가 자라고-배추벌레가 거기에 알 낳고-나비가 되고-나비는 꽃을 수정시켜 열매를 맺게 하고-그 열매를 사람이 먹고-사람은 죽어 다시 흙으로 돌아가고-흙 등으로, 애벌레도 생태계에 필요한 존재인 것이다. 이와 같은 생태계 순환을 인지할 때에 '관계'는 단지 눈에 보이는 둘 간(예 배추와 배추벌레)에만 존재하는 것이 아니라는 사실을 깨닫게 된다. 그리고 더 나아가 생태계 각 구성원들의 입장을 이해하면서 용납하는 마음으로 바라보게 된다. 이후 교사가 유아들에게 '배추와 배추벌레들은 무슨 이야기들을 나누었을까?' 생각해 보게 했을 때 "배추벌레야, 너, 내 잎사귀 몽땅 다 먹는 것은 안 돼, 나도 큰 배추 되어야 하니까…" "알았어, 배추야. 조금만 먹을게."와 같은 표현은 그런 이해로부터 비롯된 표현이다.

다) 무벌레 및 배추벌레 키우기

(1) 무벌레 키우기

며칠 후 원 가까이에 위치한 덕현이 할아버지네 밭을 방문했다. 무와 배추 등을 심어 놓은 곳이다. 거기서 유아들은 특히 무잎에 붙어 있는 까만 애벌레를 발견하고 많은 관심을 보였다.

유아들 "어, 여기 봐. 여기 까만 벌레 있어요. 이건 초록색 아니에요."
덕현이 할아버지 "그건 여기 날아다니는 나비들이 알을 낳아서 알에서 애벌레가 깨어난 거야."
유아들 "그럼 이거 나중에 나비 돼요?"
할아버지 "그렇지."
충 민 "그럼, 저 키울래요."
상 원 "할아버지 저도요, 저도 주세요."
할아버지 "알았다, 알았어, 다 줄게."
(까만 애벌레 몇 마리를 병에 담아 돌아왔다.)

● 사진 1-13 ● 무벌레를 잡았어요.

무잎에 붙어 있던 애벌레를 몇 명의 남자 아이들이 키워보기로 하였다. 애벌레가 자라면 어떻게 되는지 책과 인터넷도 찾아보겠다고 한다. 부모님께 물어보고 오겠다는 아이들도 있었다.

1 무잎에 붙어 있던 애벌레 이름 지어주기 및 돌보기

무잎에 붙어 있던 까만 애벌레 두 마리를 관찰 통에 담았다. 아이들 몇 명이 매일매일 들여다보며 이름도 지어 주었다.

현 무 선생님, 벌레 이름을 지어 주었어요.
성 모 정말? 이름이 뭔데?
현 무 (관찰 통의 벌레를 보여주며) 얘는 꼬물이고요, 얘는 거미예요.
교 사 왜 그런 이름을 지었어?
성 모 꼬물이는 아기 지렁이 꼬물이 같아서요(*며칠 전 '아기 지렁이 꼬물이의 일기' 라는 인형극을 산학연계 대학에서 보고 왔다). 거미는 벌레 색이 꼭 거미 같잖아요.
교 사 아, 그렇구나.
현 무 우리가요, 꼬물이랑 거미랑 달리기 시합도 시켜봤어요.
성 모 그런데요, 꼬물이가 이겼어요.
현 무 맞아요. 거미보다 꼬물이가 조금 더 빨라요.
(벌레들의 경주에 여러 유아들이 관심을 나타낸다. 다시 시켜보자고 한다.)

'무벌레 경주시키기' 같은 활동은 유아들의 흥미를 강하게 끌 수 있다. 그러나 자칫 유아들이 생명 있는 것을 쉽게 놀잇감으로 사용하고 그 과정에서 아무렇지 않게 죽여도 되는 것으로 생각해 버릴 수 있으므로 교사의 세심한 주의를 요한다. 유아들의 탐구 성향, 세심한 관찰력 증진을 위해 벌레들을 키워보고 관찰해 보는 것, 또는 배추에서 배추벌레를 잡아주는 것은 물론 필요하나 유아들이 생명 있는 것을 일부러 괴롭히지는 않도록 지도하여야 한다.

2 무벌레 키운 결과

애벌레를 키우던 중 한 마리는 부주의로 아이들 손에 눌려 죽고 다른 한 마리는 관찰 통의 뚜껑을 잘 닫지 않았는지 없어져 버렸다. 한참 찾아보았으나 찾지 못했다. 애벌레를 키우려면 조심해서 다루어야 하고 뚜껑도 잘 닫아야 한다는 것을 알았다. '미끄러웠을 텐데 통을 넘어서 나갔으니 발 힘이 센가보다', '다시 무밭으로 돌아간 것 같다'고 하며 마무리하였다. 결과적으로 무잎에 붙어 있던 애벌레의 성장을 실제로 다 보지 못한 채 책과 인터넷 자료로 대신하게 되었다.

(2) 배추벌레 키우기 및 관련 활동하기

배경 무잎에서 가져온 애벌레들이 모두 죽거나 없어져 버려 이번에는 배추벌레를 키워보기로 하였다. 이를 위해 배추밭에서 배추 속을 살피면서 벌레를 몇 마리 찾아냈다. 5마리를 키워 보기로 하고 큰 것으로 잡아 관찰 통에 담았다. 관찰 통에 싱싱한 배추 잎사귀도 담아서 교실에 들어왔다. 배추벌레가 물도 먹어야 한다며 분무기로 배춧잎에 물을 뿌려주었다.

●사진 1-14● 배춧잎 사이에 벌레의 분비물 / 정성스레 벌레를 잡아내는 모습

1 배추벌레 돌보기

상황 다음날 아침에 보니 벌레들이 배추를 갉아먹고 똥도 많이 싸 놓았다. 똥을 치울 동안 옮겨 놓을 통이 있어야겠다는 점, 그 통에 뚜껑이 있어야 애벌레가 도망을 못 간다는 점, 숨을 쉬게 공기가 통해야 한다는 점, 똥을 버리고 다시 관찰 통에 옮겨주자는 점 등의 이야기를 하였다. 마침 빈 관찰 통이 있어 번갈아 사용하기로 하였다)

요 셉　선생님, 우리가 똥을 버리고 깨끗이 씻었어요. 이제 물도 줄래요.
은 모　그런데 똥 색깔이 까맣지 않아요.
요 셉　진한 녹색이에요.
교 사　오? 그래?
은 모　배추를 먹으니까….
교 사　그래서 녹색 똥을 누나 봐.
은 모　그런데 어떤 것은 까만색이에요.
교 사　정말? 똥 색깔이 변하나 보지?
요 셉　내가 자세히 보니깐요. 색깔이 변해요.
교 사　그렇구나. 참, 너희들 물을 너무 많이 주면 안 되는 것 알지?
요 셉　분무기로 이렇게 살짝 뿌려 주잖아요!

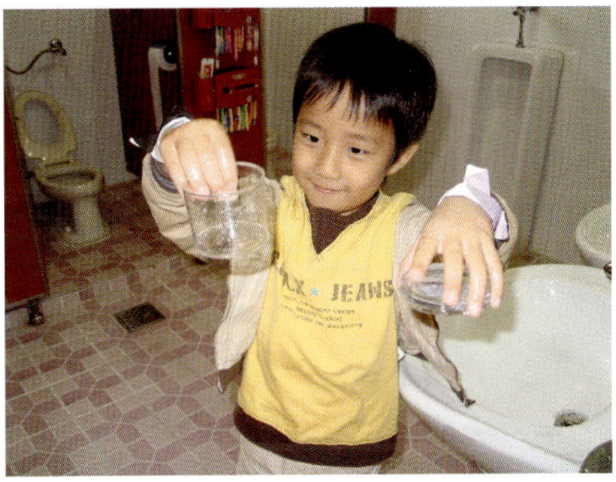

사진 1-15 똥을 치우려면 다른 관찰 통으로 애벌레를 옮겨야 해요. / 통은 깨끗이 씻어요.

2 '배춧잎에서 배추벌레를 잡아내야 할까?' 다시 토론하기

배추벌레를 키우면서 '배추벌레가 귀엽다'는 아이들이 더 많아졌다. 그래서 다시 배춧잎에서 배추벌레를 잡아주는 것에 대해 논란이 생겼다. '배추에 붙은 것을 그냥 두면 배추를 다 갉아 먹을 텐데 잡아야 할까, 아니면 귀여우니까 그냥 두어야 할까?'가 토론의 요지이다. 배추벌레가 귀엽기는 하지만 배추를 다 먹어버리니까 매일 아침 아이들이 원에 오는 대로 밭에 가서 배추를 살펴보며 배추벌레를 잡아주기로 하였다. 배추벌레가 불쌍하다는 아이들이 있기는 하였으나 대부분은 배추를 다 먹어치우면 안 되니까 벌레를 잡아주는 것이 옳다고 하였다. 그렇게 해도 발견하지 못한 배추벌레들이 남게 될 거라는 것, 잡으면 죽이지는 말고 배추에서 멀리 떼어 놓자는 이야기로 마무리하였다.

3 배추와 배추벌레에 대한 신체 표현하기

배추벌레의 성장에 대해 아이들이 많이 궁금해 하여 교사가 배추흰나비의 일생에 대해 책(*「배추흰나비」)을 통해 보여주었다. 이후 다시 교사가 구연 동화식으로 배추흰나비의 한살이에 대해 들려주면 아이들은 알 → 애벌레 → 번데기 → 나비가 되기까지를 신체로 표현해 보았다. 이때 특히 배추의 느낌, 애벌레의 느낌 등을 말로도 표현해 보도록 이끌어 주었다. 이런 기회를 통해 감수성을 키울 수 있도록 하기 위해서이다.

교 사 자, 배추에 나비가 찾아와 배춧잎 뒷면에 알을 낳았어요. (알을 맡은 유아들이 배추 뒤쪽으로 기어가서 웅크리고 앉거나 엎드린다.) *배추들은 이때 기분이 어땠을까요?*

배추를 맡은 유아들 간지러워요. 나한테 알 낳지 말라고 해요. 쪼끔은 먹어도 돼 ….

교 사 이제 1주일이 지나 알에서 배추벌레가 깨어났어요. 알껍질을 깨고 나온 애벌레는 알껍질을 오물오물 갉아 먹었어요. *애벌레의 기분은 어땠을까요?*

알, 애벌레를 맡은 유아들 밖으로 나와 시원해요. 껍질이 이런 맛이군 그래요. 배추도 먹어야지 그래요.

교 사 그럼 맛있게 먹어야지. 그리고 껍질을 벗고 2령, 3령, 4령, 5령이 되면 고치를 만들어요. *고치가 되면 무슨 생각을 할까요?*

알, 애벌레를 맡은 유아들 고치 속은 따뜻하겠다, 내가 나비가 될 줄 배추는 모를걸?

교 사 우와. 이제 나비가 되려고 해요. 고치를 뚫고 나오기는 힘들었지만 곧 날개가 마르면 훨훨 날 수 있어요. 그럼 곧 예쁜 꽃들과 친구 나비들도 만날 수 있을 거예요. *나비가 제일 먼저 하고 싶은 말은 무엇일까요?*

사진 1-16 알에서 깬 애벌레들(머리띠한 유아)이 다가오자 배춧잎들(서 있는 유아)이 "저리 가!"라고 하는 모습

자연친화교육의 중요한 목표 중 하나는 '자연에 대한 감수성을 키우는 것'이다. 배추와 무의 경우, 처음 올라오는 배추와 무잎은 얼마나 작고 여리며 부드러운지, 배추벌레의 색깔은 배추 색과 어쩌면 그리도 비슷한지, 배추벌레가 배춧잎을 먹고 많이 커져 꼭 끼게 돼 버린 껍질을 벗고 2령, 3령이 될 때의 기분은 어떨지 등에 대해 느낀 점들을 말로, 그림으로, 신체 표현으로, 노래 등으로 표현해 보는 과정에서 감수성은 크게 증진될 수 있다.

4 배추벌레 키운 결과

배추벌레에 대한 관심이 줄어들어 며칠 신경을 쓰지 않는 사이, 아이들 하원 후 교사가 보니 모두 죽어 있었다. 배추벌레 주변에는 노란색의 가는 줄이 얼기설기 있었다. 잘 자라다가 왜 죽었는지 교사도 알 수 없는 상태에서 일단 죽은 배추벌레들을 버리고 통을 치워 버렸다(*교사가 통을 그냥 치워 버린 것은 문제점으로 지적되었다). 그리고 다음 날 아이들에게 '배추벌레가 죽었다'고 말해 주었다. 아이들은 많이 속상해 했지만 계속되는 바깥 활동으로 인해 다행히 곧 잊어버렸다. 나중에 교사가 책(「파브르 곤충기」)에서 찾아본 결과, 배추벌레고치벌의 알이 배추벌레 몸 안에서 부화되어 나오는 바람에 죽은 것을 알 수 있었다.

배추나비의 성장과 배추벌레-배추벌레고치벌의 관계

배추흰나비는 보통 200개 정도의 알을 낳는다. 그 중 성충이 되는 것은 겨우 2~4개 정도이다. 애벌레가 되어서는 물론이고, 알이었을 때부터 공격을 받기 때문이다. 먼저, 배추흰나비가 배춧잎에 알을 낳고 날아가면 그 옆자리에 알벌이 날아와서 알을 낳는다. 알벌의 애벌레들은 먼저 깨어나 나비 알을 먹어치운다. 이때 먹히지 않고 알에서 잘 깨어난 배추흰나비 애벌레(배추벌레)는 자신의 알 껍질을 먹은 후부터 배춧잎을 먹기 시작한다. 그런데 배추벌레는 곧 배추벌레고치벌의 공격 대상이 된다. 배추벌레의 몸에 배추벌레고치벌은 알을 낳는 것이다. 보통 배추벌레 한 마리에 20개 정도씩 낳는데, 그 알들은 배추벌레 몸 안에서 깨어난 후 살아있는 배추벌레의 체액을 빨아 먹으면서 자라난다. 그래도 배추벌레는 계속 살아있을 뿐 아니라 자라기까지 하는데 배추벌레고치벌들이 배추벌레의 피부를 뚫고 밖으로 나오면 그때서야 죽는다. 배추벌레 몸에서 나온 배추벌레고치벌은 나오자마자 고치를 만들고 2주 후에 벌이 되어 나온다. 다행히 배추벌레고치벌의 공격도 받지 않은 배추벌레는 입에서 실을 뿜어내어 번데기가 된다. 번데기로 지낼 때는 또 다른 천적인 배추벌레살이금좀벌이 공격을 한다. 이것도 피한 운 좋은 번데기는 7~12일 후에 나비가 되는데, 보통 20일 정도 살아 있으며 그 동안 알을 낳는다.

김춘옥(2006). 「동화로 읽는 파브르 곤충기-큰 배추흰나비의 한살이」 요약

라) 배추, 무가 잘 자라나도록 돌보기 및 관련 활동하기

(1) 텃밭의 비닐 걷기 및 자라는 배추와 무 관찰하기

상황 비가 오지 않아 텃밭 배추에 물을 자주 주어야 하는 상황이다. 그런데 텃밭에 비닐이 덮인 상태이기 때문에 물을 주어도 배춧잎만 조금 적실 뿐 땅속으로는 물이 들어가지 못하고 있다. 근영이 할아버지 말씀이 배추가 많이 자라 이제는 비닐을 벗겨 주어도 문제없다고 하신다. 그래서 교사가 칼로 텃밭의 비닐을 군데군데 잘라주면 아이들은 비닐을 잡아당겨 벗겨내기로 하였다.

민 영	야, 이거 비닐 잘 안되지?
수 빈	배추 조심해. 배추도 뽑히려고 하잖아?!

(텃밭에 덮여 있는 비닐을 걷을 때 조심하지 않고 그냥 확 잡아당기면 그 근처 배추도 함께 뽑혀질 듯 흔들린다. 실제로 두세 포기가 그렇게 되어 뽑혀 버렸다. 다시 심어 주기는 했어도 시들시들했다. 살아나지 못할 줄 알았는데 물을 계속 주었더니 가운데 부분부터 조금씩 살아나기는 했다. 하지만 나중까지도 다른 배추만큼 크게 성장하지는 못했다.)

• 사진 1-17 • 텃밭을 덮고 있는 비닐을 걷어내요. / 뽑혔다가 다시 심은 배추

텃밭에 비닐 덮기, 비닐 벗겨내기 등은 교사가 준비 단계에서 전혀 예상하지 못했던 활동들이었다. 이런 새로운 상황에 부닥칠 때마다 교사도 학습자의 입장에서 전문가(＊농사를 지어 본 조부모)와 상의하고 유아들에게 유익한 학습 상황이 되도록 노력하였다. 위 사례에서 뽑힌 배추를 다시 심고 돌보도록 한 것은 한 번 뽑혔던 식물이라도 다시 잘 심고 돌보면 살려낼 수 있다는 사실과 식물 돌보는 바른 태도를 갖도록 하기 위해서였다. 또한 정상적으로 잘 자란 배추와 계속 성장 과정을 비교하면서 차이를 살펴보도록 하기 위한 목적도 있었다.

배추와 무가 많이 자라면서 잎 모양이 확연하게 구분되었다. 자연스럽게 그 모양의 차이에 대한 이야기가 나왔는데, 먼저 말로 표현해 본 후 글과 그림으로도 나타내도록 하였다. 다음은 배추와 무를 보고 말로 표현한 예이다.

사진 1-18 쑥쑥 자란 배춧잎과 무잎

근 영	배춧잎은 둥그렇고 무잎은 꼭 파도 같아요.
수 빈	무잎은 뾰족뾰족한데 배춧잎은 꽃 같잖아요?!
교 사	선생님은 배춧잎을 보니까 뭉게구름이 생각난다. 뭉게뭉게 계속 올라오는 뭉게구름.
충 민	그런데 그 때 엉덩이처럼 생긴 잎 있었잖아요. 무잎에… 그치 창훈아? 우리 같이 봤지?
창 훈	어! 진짜로 엉덩이 같았어.
교 사	엉덩이?
충 민	네, 처음 잎은 엉덩이 같아요.

(2) 배추 묶어주기

상황 아이들과 교사가 배추밭에서 벌레를 잡고 있을 때 덕현이 할아버지께서 오셨다. 많이 자란 배추를 보시고는 이제 배추를 묶어 주어야 속이 찬다고 말씀하셨다. 묶어주는 것은 볏짚으로 하는 것이 좋다고 하셨다.

1 볏짚 구해오기

평동 떡마을[29]에 가서 떡과 두부도 만들어 먹고 볏짚을 구해 가지고 왔다.

29) 청주시 평동(서청주 톨게이트 근처)에 위치. 떡 만들기 및 두부 만들기 체험 활동을 할 수 있다(* 두부 만들기 재료비: 콩 한 말-7만원, 떡 만들기(인절미) 재료비: 쌀 한 말-6만원)

사진 1-19 짚 구하기
배추를 꼭 볏짚으로 묶어줄 필요는 없지만 가을이라 다른 곡물들의 추수 현장도 볼 겸, 볏짚도 구할 겸 평동의 논이 있는 곳으로 현장 활동을 나갔다.

2 배추 묶어주기에 대한 이야기 나누기

상황 다음 날 덕현이 할아버지께서 오셔서 배추 묶는 것에 대한 설명을 해주시고 묶는 것도 도와주셨다.

할아버지 얘들아 배추를 왜 이렇게 묶어줄까?
혜 진 벌레 못 들어가게 하려고요. 벌레가 먹지 말라고요
할아버지 벌레 못 들어가게 하려고?
요 셉 벌레가 꽉 조여서 죽게 하려고요.
할아버지 아~ 그렇게 생각해? 얘들아, 이제 바람이 불고 추워지는데 이렇게 묶어놓으면 안에는 추울까, 안 추울까?
유아들 안 추워요, 따뜻해요.
할아버지 그렇지. 우리들도 추우면 단추 잘 잠그고 옷을 잘 입는 것처럼 배추도 그렇게 해 주어야 한단다.
유아들 따뜻하게….
할아버지 그리고 이렇게 배추를 묶어놓으면 이 속에는 햇빛이 들어갈 수 있을까?
유아들 아니요. 못 들어가요
할아버지 그래 잘 못 들어가겠지? 그럼 이 속에 있는 배춧잎도 밖에 있는 잎과 똑같이 초록색이 될까요?
유아들 아니요.
할아버지 배추 속은 햇빛이 안 들어가서 색이 연해지게 돼요.
상 엽 와~ 천연염색이랑 비슷하다. 천연염색은 고무줄로 묶은 자리는 염색이 안 되는데….
교 사 상엽이는 그 때 소풍 가서 했던 염색이 생각났나 보구나.
상 엽 네. 그 때도 고무줄로 묶은 데는 색이 안 들었잖아요!
교 사 그러고 보니 정말 그러네.
할아버지 또 배추를 이렇게 묶어주면 속도 꽉 차게 되고….

배추를 묶어주기 전에 왜 묶는지 유아들로 하여금 먼저 생각해 보는 기회를 갖게 하는 것이 필요하다. 어떤 현상이나 문제에 부딪혔을 때 여러 각도에서 생각해 보는 성향을 개발하는 것 또한 중요 목표 영역이기 때문이다.

3 함께 배추 묶어주기

할아버지	이제 묶어볼까요? 볏짚을 3개 정도 들고 배춧잎을 들고 이렇게 돌려서 양쪽 끝을 잡고 돌리면 되요.
하 은	배추가 너무 커요, 배추에 가시가 있어서 따가워요.

사진 1-20

4 배추 잎사귀 자세히 관찰하기

배추를 묶어주면서 더 자세히 관찰하게 되었다.

수 빈	배춧잎을 보면 줄무늬 같은 것이 있잖아요.
진 혁	점 같은 것도 있어.
수 빈	그리고 여기에 보면 밑에도 잎이 조금씩 있어요. 여기 하얀 부분 쪽에도….
채 연	그리고 가시도 있지?

마) 배추와 무에 대한 심화, 확장 활동하기

(1) 배추씨와 무씨에 대해 알아보기

배추를 묶어준 후 교사는 유아들에게 '배추씨의 성장'에 대해 정리해 줄 필요를 느꼈다. 배추를 모종으로 심으면서 씨에 대한 것은 간단하게 이야기만 하고 넘어갔기 때문이다.

교 사 얘들아, 우리 배추 심을 때는 무엇으로 심었지?
충 빈 모종이요.
교 사 그럼 배추 모종은 또 어디서 났을까?
유아들 나무, 슈퍼마켓, 씨….
교 사 그래. 맨 처음은 배추도 씨란다. 그럼 씨는 언제, 어디서 났을까?
충 빈 하늘에서….
교 사 하늘에서 막 이렇게 우수수수 떨어졌을까?
유아들 아니요.
연 희 아니…. 꽃?
교 사 꽃에서 오~.
〈… 중략 …〉
채 연 저는 배추씨가 배추 속에 있을 것 같아요. 무씨는 무 속에….
교 사 아, 채연이 생각은 그렇구나. 그래, 그럼 우리 친구들이 먼저 배추씨와 무씨가 어디에 있을지 생각해 보고 그림으로 그려보도록 해요.

1 배추씨와 무씨 예상해서 그려보기

배추씨와 무씨는 어떻게 생겼을지, 어디에 있을지, 어느 정도의 크기일지 추측해 보도록 하였다. 그리고나서 과학 영역에 있던 실물 땅콩과 비교할 때 어느 정도의 크기일지, 어떤 모양일지 그려보도록 활동지를 만들어 주었다. 유아들이 표현한 예를 들면 다음과 같다.

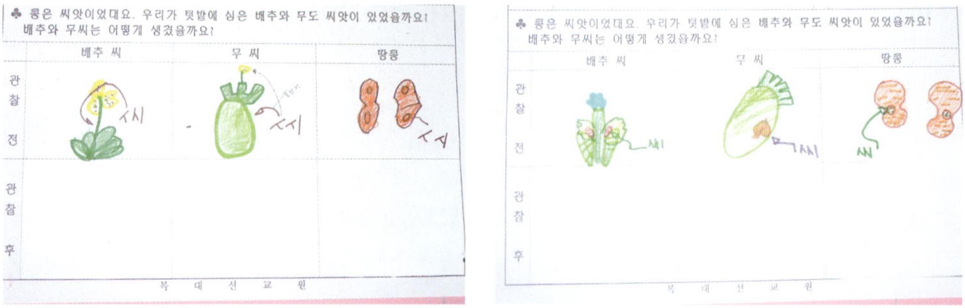

●사진 1-21● 배추씨와 무씨는 이럴 거예요.

근 영 저는 배추씨를 봤는데요, 할아버지가 그러는데 꽃 속에 있다고 했어요. 무도 꽃이 있잖아요. 그 속에 씨가 있대요.

채 연 배추 속에 씨가 들어있을 것 같아요. 무씨는 이런 모양이고 무 속에 있을 거예요.

유아들에게 예상하기나 결과 기록하기 등을 그림으로 그려보도록 하면 경우에 따라 교사는 글보다 더 선명하게 유아들의 생각을 읽을 수 있다. 예를 들어 "배추 안 사이사이에 배추씨가 박혀 있을 거예요."(사진 1-21 참조)와 같은 생각의 경우, 그림으로 표현되었기 때문에 교사가 유아의 생각을 더 잘 파악할 수 있었다.

한편, 효과적 기록을 위해 교사가 유아들의 발달 단계에 맞도록 기록 형식을 만들어 주는 것도 좋은 방법이다. 이때 특히 사전 예측한 것과 사후 확인된 것을 비교해 볼 수 있도록 한 장의 종이에 함께 기록하도록 해주면 유아 스스로도 자기 생각의 변화를 확인해 보게 된다.

아마 이럴 거예요. (관찰 전)	알게 되었어요. (관찰 후)

2 실제 배추씨와 무씨 관찰

유아들이 관찰할 수 있도록 실제 무씨와 배추씨를 내주었다. 어떻게 생겼을지 추측하면서 그려본 상태이었기 때문에 관심들이 높았다.

사진 1-22

연 희	이것 좀 봐. 무씨 엉덩이에 줄 같은 거 있지?
충 민	색깔이 조금씩 달라.
희 도	배추씨는 너무 작아 날아갈 것 같아.

(＊종묘상에서 사온 무씨는 소독 약품 처리가 되어 있었는데 어떤 것은 진초록색, 어떤 것은 적자색이었다. 원래의 무씨는 적갈색에 가깝다고 한다.)

3 배추씨, 무씨, 땅콩을 돋보기로 관찰한 후 관찰 전에 그린 그림과 비교하면서 다시 그려보기

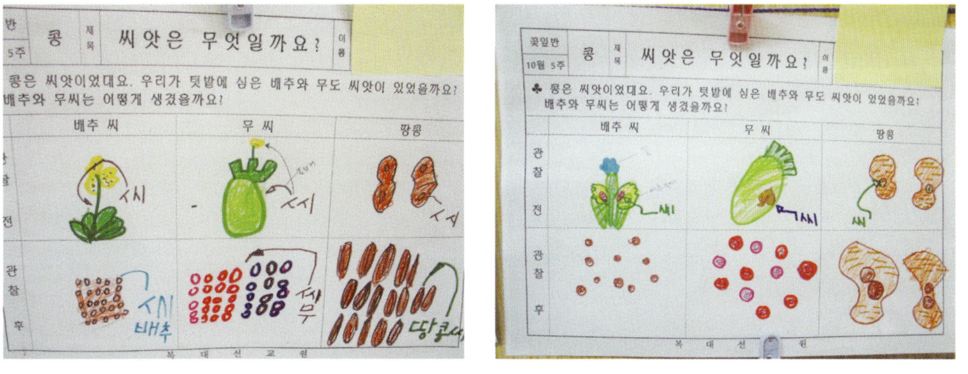

사진 1-23

근 영	배추씨는 좀 작고 갈색이에요. 무씨는 색이 여러 가지였고 약간 길쭉한 것 같았어요.
채 연	관찰해 봤더니 배추씨는 아주 작았고 무씨는 좀 더 커요. 분홍색도 있고 빨간색도 있었어요.

4 배추씨와 무씨 비교표 만들기

관찰하면서 느낀 점들에 대해 전체가 함께 이야기 나누면서 다음과 같이 비교표를 만들어 보았다.

배추씨	무씨

• 후~ 불었을 때 금방 날아가요. • 무씨보다 더 작아요. • 털 같아 보이는 것이 있어요. • 배추벌레 똥 같은 색이에요. • 손톱 밑에도 들어가요. 깨 같아요.	• 갈라진 것 같은 것도 있어요. • 보라, 자주, 빨강, 여러 가지 색이에요. • 손톱 밑에는 안 들어가요. • 조금 부드러워요. • 오뚜기 같아요. • 엉덩이 같은 곳에 줄무늬가 있어요.

(2) 배추꽃과 무꽃에 대해 알아보기

배추씨와 무씨를 실제 관찰해 보았지만 그 씨들이 어디서 났는지는 확인하지 못한 상태이다. '꽃 속에 씨가 있을 거다' 라고 이야기한 유아도 있었지만 계절적으로 꽃을 볼 수 없기에 확인이 불가능하였다. 그래서 책과 인터넷으로 알아보기로 하였다. 교사는 책 외에 인터넷(http://blog.joins.com/media/index.asp?page)으로 관련 자료를 찾아 유아들이 확인할 수 있도록 도와주었다.

사진 1-24 컴퓨터로 배추꽃과 무꽃을 보아요.

상 엽 　와~ 배추꽃이 노란색이잖아! 꽃도 디게 많다.

충 민 　상엽아, 우리 돋보기로도 봐 보자. 더 잘 보여?

나 래 　꽃이 꼭 나비 같네.

강 연 　무꽃은 흰색이야.

인터넷 자료로 알아본 다음 날, 다시 책(「아인슈타인 자연관찰: 배추, 무」)을 보면서 씨방이 꽃 밑에 있음을 확인하였다. 아이들이 "콩하고 비슷해요. 줄 맞춰서 있으니까요."라고 표현하기도 하였다.

식물들은 왜 씨앗을 만드는지, 씨방은 무엇인지, 왜 씨방은 꽃 밑에 있는지, 씨방과 꽃의 관계는 무엇인지, 배추꽃과 무꽃에도 나비나 벌이 자주 오는지 등 여러 가지 '관계'에 대한 이해가 여기서도 다루어질 수 있다. 그러므로 배추꽃과 무꽃이 어떻게 생겼는지를 찾아보는 것도 필요하고 또 중요하지만, 무엇 때문에 배추나 무는 그렇게 예쁜 꽃들을 많이 피우는 것인지, 왜 씨앗을 맺는지 등에 대해 생각해 보게 하는 것도 중요하다.

(3) 배추씨와 무씨 관찰 및 싹 틔우기 및 비교하기

배추씨와 무씨를 관찰하고 나서 어떻게 싹이 트는지 알아보기 위해 솜에 물을 적신 뒤 씨앗들을 놓아두었다.

배추씨	무씨

밑에 솜을 깔고 물을 뿌려 두었더니 싹이 나려고 해요.	

배추씨와 무씨는 모두 4일 만에 싹이 났다. 싹 모양은 둘 다 하트 모습으로 비슷하였으나 자라는 모습이나 크기는 약간 달랐다. 친구와 함께 관찰하며 특성에 대해 먼저 이야기해 본 후 전체가 모여 다시 표로 작성하며 정리하였다.

• 사진 1-25 •

수 빈 　수현아, 이것 좀 봐. 무씨 하나 잡으면 다 딸려 올라온다.

민 우 　와~ 꼭 콩나물 같이 됐다.

수 빈 　여기는 껍질이 까졌다.

상 엽 　어디?

배추씨	무씨

공통점 : 물에 불려 놓은 지 4일 만에 이렇게 싹이 났어요. 둘 다 하트 모양 같아요.
차이점 : 배추씨는 싹이 위로 솟아 있고, 무씨는 서로 엉켜 있어요.
무씨의 떡잎이 배추씨 떡잎보다 더 커요.

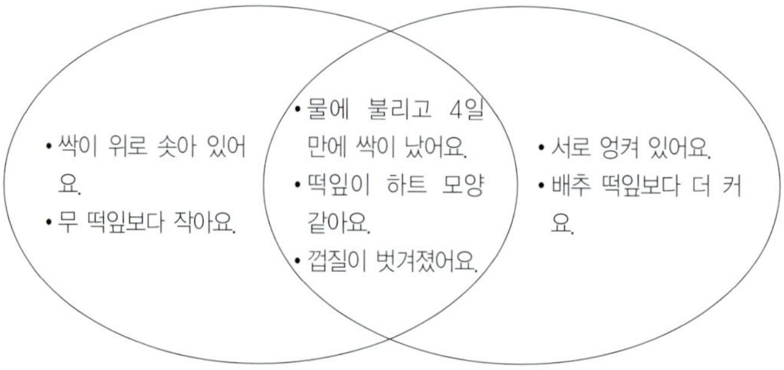

[그림 1-2] 배추싹과 무싹의 공통점과 차이점

(4) 실제 배추와 무잎 모양 관찰한 후 그림으로 나타내기

배추와 무의 떡잎 모양은 상당히 비슷하다. 그런데 자라면서 모양이 점점 달라졌다. 이런 차이점 외에 배추와 무의 자라는 과정을 자주 관찰하면서 여러 가지 다른 차이점도 발견해냈다. 예를 들면 배춧잎 바깥쪽에 가시 같은 것이 많다는 것, 무잎은 무쪽에 가까울수록 크기가 작다는 것(예 "내가 보니깐요. 무잎은요, 무 가까이 있는 것이 제일 작아요.") 등이었다.

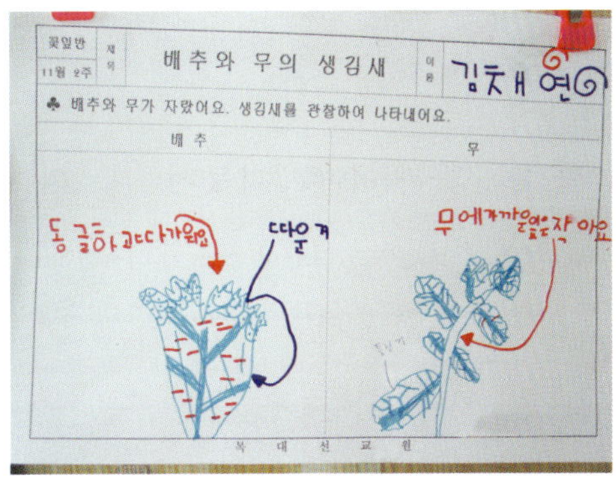

사진 1-26 배추와 무를 관찰하면서 그림 그려요. / 배추에 가시도 있어요. 무에 가까울수록 잎은 작아져요.

(5) 배추와 무의 성장 과정 정리하기

상황 텃밭의 배추와 무가 많이 자랐다. 프로젝트를 시작한 지 어언 2달 이상 경과했고 배추도 많이 자랐기 때문에 교사는 그동안 이루어진 일들을 한 번 전체적으로 정리해 보는 것이 좋겠다고 판단했다. 정리 과정은 전체 이야기 나누기, 무와 배추에 대한 개별 비교표 및 조별 비교표 만들기, 신체 표현으로 이루어졌다.

1 전체 이야기 나누기

그간의 과정을 교사와 유아들이 함께 돌아보며 칠판에 순서표로 정리하였다.

텃밭의 남은 작물 거두기 및 뽑아내기 ➜ 뽑아낸 것 거름터로 옮기고 밭 깨끗이 정리하기 ➜ 텃밭을 비닐로 덮기 ➜ 배추 모종, 무씨 사오기 ➜ 텃밭을 덮고 있는 비닐 중간중간에 구멍 낸 후 배추 모종과 무씨 심기 ➜ 배추에 비료 2~3알씩 주기 ➜ 배추와 무의 잎에 붙어 있는 벌레 잡아주기 ➜ 물 주기 ➜ 텃밭 비닐을 완전히 벗겨주기 ➜ 또 벌레 잡아주기와 물 주기 ➜ 짚으로 묶어주기

2 배추와 무 비교표 그리기

배추와 무의 성장 과정을 관찰한 것, 씨를 직접 보고 싹 틔워본 것, 인터넷과 책 등으로 알게 된 것 등을 비교표로 만들어 보면서 학습한 것을 정리해 보도록 하였다.

❶ 친구들과 이야기 나누며 '배추와 무' 개별 비교표 만들기

수 빈　꽃이 있잖아. 꽃잎도 둘 다 4개이고, 꽃 색깔은 다르지.

채 연　배추는 꽃이 노란색이고… 아! 무꽃은 흰색이었지!

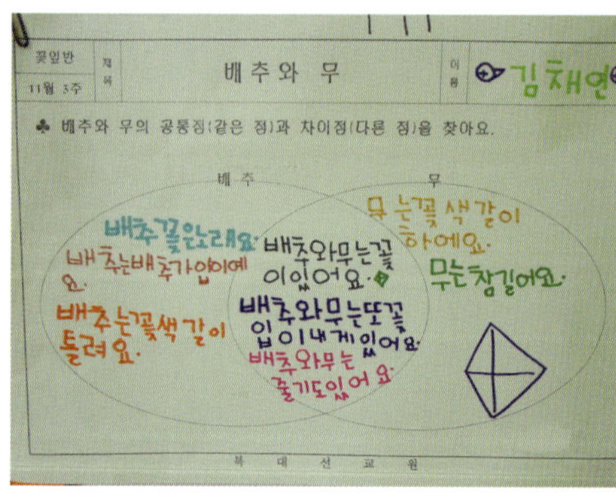

사진 1-27

❷ 조별로 비교표 그리기

개별로 작성해 본 비교표를 가지고 조별로 4명씩 모여 앉아 자기가 한 것을 다른 친구들에게 이야기해 주고 다른 친구의 이야기도 들어보도록 했다. 혼자 할 때는 미처 생각하지 못했던 것도 찾아보고 여럿이 함께 하면서 생각이 확장되도록 하기 위해서였다. 한 조를 예로 들어 상호작용하는 모습을 살펴보면 다음과 같다.

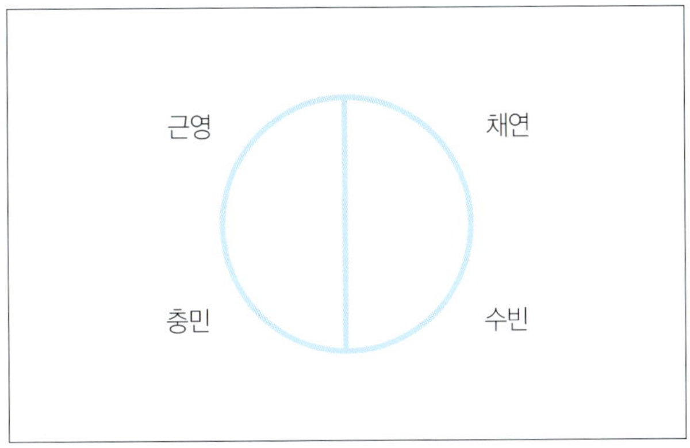

[그림 1-3] 책상을 중심으로 앉은 모습

상황 조원들은 한 명씩 돌아가며 배추와 무의 차이점과 공통점이 무엇이라고 생각하는지 자기 생각을 다른 조원들에게 발표하였다. 이때 만일 어떤 유아가 생소한 내용을 발표하는 경우에는 나머지 조원들과 그것이 맞는지 확인한 후 적기로 하였다. 그래도 확인이 안 되면 교사가 돕기로 하였다. 그 모습을 일부 살펴보면 다음과 같다.

충 민　배추는 두 개 썼지? 이제 무를 써야 돼.
수 빈　니네들은 바로 보이고 나는 거꾸로 보이잖아. 쓸 수가 없어.
채 연　나도 그래. 충민이만 쓰고….
충 민　알았어(종이를 들어 채연이에게 준다.)
근 영　(채연이가 쓰는 것을 보면서) 야, 너네만 종이에다 다 쓰냐?
채 연　근영이 너도 여기에다 쓰면 되잖아. (근영이 쪽으로 종이를 좀 옮긴다.)
수 빈　그런데 우리 '씨' 도 쓸까?
채 연　씨? 으음… 난 없는데…. 잘 생각 안 난다. 선생님, 우리 저기에 있는 것 좀 보고 올게요. (네 명의 아이들이 모두 일어나서 배추와 무 씨 싹 티운 것을 다 함께 보고 온다.)
수 빈　배추씨는 동그랗고…. (말하면서 쓴다.)
채 연　무씨는 좀 더 통통하다. (수빈이가 쓰고 있는 중에 채연이가 더 쓸 것을 말해 준다.)
근 영　무씨가 더 크잖아. (근영이 말을 듣고 '무씨는 커요' 라고 수빈이가 이어 쓴다.)
채 연　배추꽃은 노랗고.
충 민　무꽃은 하얗다고 여기 썼어.
수 빈　그럼 이제 뭐가 있지?

근 영	근데 있지, 아까 보니까 이상한 냄새나던데 … 무씨에서 ….
유아들	어디? (모두 무 싹튼 것을 보러 다시 갔다 온다.) 정말이네. 그런데 배추에서는 안 난다.
충 민	그럼 그건 내가 쓸게. '무싹에서만 냄새가 나요.' 그리고 배추에 잎 있잖아. 그것 먹고….무는 땅 속에 있는 것을 먹고, 배추는 땅 위에 있는 것을 먹고.
근 영	내가 쓸 차례야. '배추는 땅 위에 있어요.'
충 민	무는 내가 썼어.

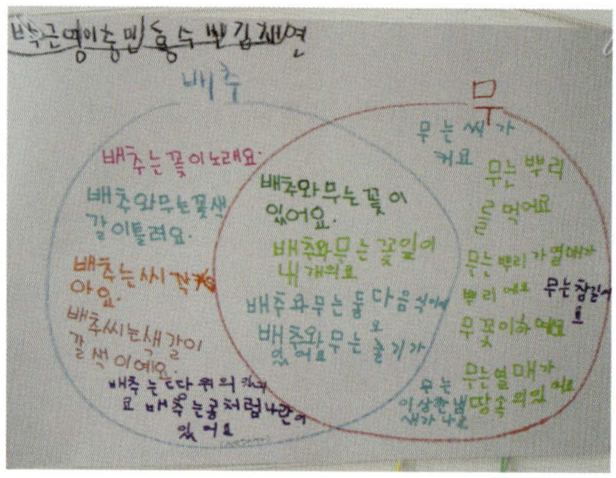

• 사진 1-28 •

조별 수업을 위해 교사가 활용한 방법

1. 조원 수를 4명 정도로 하고 조 구성원들을 잘 안배하여 상호작용이 활발하게 일어나도록 배려
2. 무엇이 기대되는 결과인지 과제를 명확히 해주고 결과표 양식도 제시해 줌
3. 활동방법을 분명히 해줌: 어떤 과정으로 진행하는 것인지 충분히 알도록 한다(예 자기 생각을 돌아가며 말한다. 공통적인 생각을 적는다. 특별한 생각을 한 친구가 있을 때는 왜 그런 생각을 했는지 들어보고 모두 동의하면 그것도 적는다. 조원들이 돌아가며 한 가지씩 적는다. 등).

소집단 협동학습이 효과적이려면 교사의 적극적이고 체계적인 운영 기술이 뒷받침되어야 한다. 유아들은 아직 사회적 대처 기술이 미숙하고 어떤 과정으로 소집단 협동학습에 참여해야 하는지도 잘 모르기 때문이다. 그래서 발달 단계에 맞지 않은 과제가 주어지거나 정확한 진행 방법을 모를 때 자칫 조 활동이 무질서해지거나 한두 명의 유아만 참여하고 나머지는 딴 짓을 하는 등 협동이 어려운 경우도 많다.

이런 상황이 발생하는 것을 방지하기 위해서 교사는 유아들의 발달 단계 및 소집단 학습 참여 정도를 반영한 집단 구성(처음 시도할 때는 2명으로 조를 구성하고 점차 4~5명 정도로 늘려감), 유아들 수준에 맞는 과제 주기 및 기대되는 결과물 분명히 알려주기, 협동학습 진행 방법의 분명한 제시(예 시계 방향으로 돌아가며 한 명씩 말하기), 주의집중 신호 정하기 및 적절한 사용(예 빨간 카드 들면 선생님 바라보기) 등 전문적 운영 기술을 갖추고 지도에 임해야 한다. 이외에 구성원간의 응집력을 강화시키는 운영 방안도 적절히 활용하는 것이 필요하다. 예를 들어 조 이름 정하기 및 구호 만들기, 조 깃발 만들어 책상에 붙여놓고 하기 등이다. 관련하여 '배추' 프로젝트 중에는 '고추 조'와 같이 야채 이름을 딴 조 이름들을 정한 바 있으며, 조 깃발 만들어 붙이기, "고추, 고추 화화화(매워서 입을 부는 소리 표현)"와 같은 조 구호 만들기가 행해졌다.

3 배추와 무 신체 표현

그동안 관찰해 온 배추와 무의 모습을 여러 명이 함께 신체 표현해 보기로 하였다. 다음은 조별로 무와 배추를 표현하는 모습이다. 하나씩 예를 들어본다.

❶ 무 표현

채 연	내가 여기 가운데로 가서 무 할게. 너네들이 잎 해봐.
민 영	그럼, 우리는 다리를 쭉 뻗자.
수 현	무잎은 뒤로 좀 넘어져 있으니깐….
민 영	강연아. 너도 이쪽에서 잎 같이 할래?
수 빈	채연아. 이번에는 내가 무 해볼게.
채 연	그래. 그럼 우리 돌아가면서 무할까?
민 영	그럼, 우리 한 번씩 다 해보자.
수 빈	좋았어.
근 영	이제 내가 무 한다.
민 영	우리 20초씩 하는 게 어때?
유아들	좋아. 1, 2, 3, 4, … 20.

• 사진 1-29 •
가운데 유아는 무, 다리를 뻗고 있는 유아들은 무잎, 뒤로 머리 젖힌 유아는 시든 무잎

❷ 배추 표현

(배추를 만들었다고 하며 모여 앉아 있는 것을 보고)

교 사	배추를 만들었구나. 그런데 왜 이렇게 모여 앉아 있니?
종 한	배추는 잎이 모여 있잖아요.
혜 진	난 누워야지.
교 사	혜진아. 왜 누워?
혜 진	뒤로 이렇게 하고 있는 잎도 있잖아요.
나 래	그럼. 난 애벌레 할까?
미 리	그래. 그럼 우리 옆에 지나가면 간지럽겠다. 그치?

• 사진 1-30 •
애벌레가 지나가자 간지러워 하는 배춧잎들(누워 있는 유아는 뒤로 젖혀진 배춧잎)

효과적인 신체 표현 활동의 전제 조건은 먼저 유아들에게 표현하고자 하는 실물에 대한 관찰 기회를 주는 것이다. 그러나 실물 관찰 기회를 주었다고 해서 자세한 관찰이 저절로 이루어지는 것은 아니다. 유아들이 관찰 대상에 흥미를 가지고 있고 어디에 초점을 맞추어 어떻게 관찰할지 알고 있을 때에 자세한 관찰을 할 수 있다. 따라서 교사는 관찰하러 나가기 전에 유아들의 흥미를 자극하는 질문을 하거나 언급해 주기, 관찰할 내용과 관찰 기록 방법 등을 분명히 알려주는 것이 필요하다. 배추나 무 관찰의 경우 유아의 흥미를 자극하는 질문의 예로 "무잎과 배춧잎은 모양이 다르니?", "배춧잎과 무잎은 위로 쭉 뻗어 있니?", "배추벌레는 얼마나 크니? 어떻게 기어가니?" 등을 들 수 있다.

바) 배추 뽑기 및 김장하기

(1) 배추 뽑기 및 뿌리 관찰하기

1 배추 뽑기 전 배추 뿌리는 어떻게 생겼을까?' 예상해 보기

배추 모종을 심기 전 여름 작물들을 뽑아내면서 뿌리 모양들이 서로 다르다는 것을 알았기 때문에 배추의 뿌리에 대해서도 어느 정도는 예측이 가능했다.

교 사	얘들아, 우리가 이제 김장하려고 배추를 뽑을 거예요.
유아들	무도 뽑고요?
교 사	네, 맞아요. 그런데 배추는 잘 뽑힐까?
유아들	(잘 뽑히겠어요 / 잘 뽑히지 않겠어요 중 잘 뽑히지 않겠다는 답변이 더 많음)
교 사	왜 잘 안 뽑힐 거라고 생각하니?
하 은	배추가 뚱뚱해서요.
충 민	뿌리 때문에….
교 사	배추의 뿌리는 어떻게 생겼을까?
수 빈	이렇게 여러 갈래로 있을 것 같아요.
상 엽	배추보다 뿌리가 더 클 것 같아요.
채 연	저는 나무 뿌리 같이 생겼을 것 같아요.
근 영	그렇게 많을 것 같지는 않은데….
교 사	그래, 너희들 생각이 조금씩 다르구나. 그럼, 우리의 생각들을 활동지에 그려보자. 땅 속에 어떤 모습으로 배추 뿌리가 있을지 말이야.

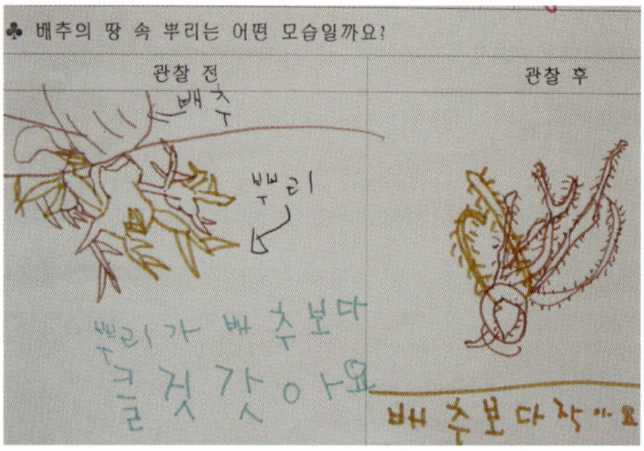

사진 1-31 배추의 뿌리 모양 예상과 이후 실제 배추 뿌리 관찰 후의 그림

2 배추의 뿌리와 배추 속 관찰

배추를 다 뽑아내기 전에 우선 한 포기만 먼저 뽑아 살펴보면서 배추 뿌리 모양이 예상했던 것과 얼마나 다른지 비교해 보았다. 그리고 배추를 잘라 속 모양도 관찰해 보았다.

❶ 뿌리 관찰

사진 1-32

상 엽 무슨 인삼 냄새 같은 것이 난다. 여기에 뿌리도 많이 있고.

혜 진 진짜 냄새난다. 생긴 것도 인삼 같네.

상 엽 배추보다 뿌리가 크지 않고 음, 많이 작아요. 그리고 가운데 좀 굵은 것이 있고 그 옆에 뿌리가 엉켜 있는 것 같아요. 작은 뿌리도 있고….

수 빈 배추보다 뿌리가 크고 잘 뽑히지 않을 줄 알았는데, 우리가 잘 뽑았잖아요!

❷ 배추 속 관찰

김장을 하려면 배추를 반으로 쪼개야 한다. 그래서 유아들에게 배추를 반으로 자르면 속 안은 어떤 모양일지 예상해서 그려보게 하고, 실제 잘라서 보여준 후 다시 비교해서 그려보도록 하였다.

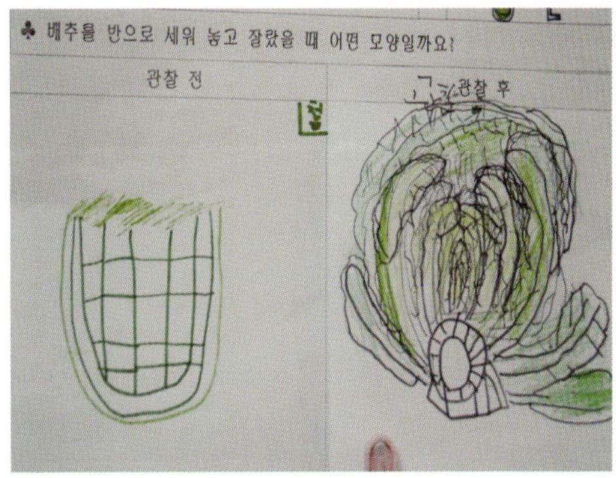

사진 1-33 배추 속 안은 네모(＊잘라놓은 김치 모양)로 잘라져 있는 줄 알았는데 가운데 동그라미 같은 것에서 잎이 나왔어요.

3 텃밭의 배추 다 뽑기

❶ 배추 뽑기를 위한 준비: 누가 어떻게 뽑을까?

텃밭의 배추 52포기 중 절반은 동생반, 나머지 절반은 형님반이 뽑기로 했다. 수를 세어보니 뽑아야 할 배추가 두 반 전체 유아 수보다 4포기 더 많아 그 4포기는 각 담임 교사가 나누어 뽑기로 했다. 이렇게 정하고 나서 우선 배추 뽑는 것을 동작(＊"배추 밑부분을 두 손으로 잡고 하나, 둘, 셋에는 힘주어 으랏차차하고 뽑는 거야.")으로 연습해 보고 밖으로 나갔다.

배추 52포기의 절반은 얼마인지 유아들이 스스로 알아내도록 하기 위해 우선 유아들의 생각을 들어보고(예 배추 하나씩 다른 색 스티커 붙여요.) 시행해 보기, 이후 배추를 상징할 수 있는 칩 52개 주고 두 쪽으로 나누어 보도록 하기, 배추가 유아들 수보다 얼마나 많은지 비교해 보기 등의 수학적 활동으로 연계시켰다.

❷ 배추 뽑기

배추를 뽑으면서 배춧잎과 뿌리의 모양 외에도 배춧잎이 까슬까슬하다는 것, 무가 더 잘 뽑힌다는 것 등 많은 이야기들을 나누었다. 그런 한편 배춧잎에 아직도 있는 배추벌레들 중 3마리를 이번에는 잘 키워보자며 병에 담아 교실에 가져다 놓았다.

연 희	선생님, 이 배추가 잘 안 뽑혀요.
교 사	배추가 커서 뿌리도 튼튼한가 보다.
진 혁	선생님, 이것 좀 봐요. 배추가 엄청 크죠? 무거워요.
윤 희	와, 이 뿌리 디게 질기다.
정 윤	안 잘라지지!

●사진 1-34● 배추를 내가 뽑았어요. / 배추 뿌리가 정말 질겨요.

(2) 김장하기 및 김장 후 표현 활동하기

1 '김장 순서' 이야기 나누기

교사가 「오늘은 우리 집 김장하는 날」(채인선, 2005)을 참고하여 김장하는 순서를 알려주고 종이에 적어 놓았다.

배추와 무를 뽑는다. → 배추 뿌리에 묻어 있는 흙을 턴다. → 배추에서 시든 잎을 떼어내고 배추 뿌리를 칼로 자른 후 배추도 반으로 자른다. → 배추를 소금물에 담갔다 뺀 후 소금을 뿌려 절인다. → 다음 날 물에 헹군 다음(4번 정도) 물이 빠지게 소쿠리에 담아 놓는다. → 김치소를 준비한다(각종 재료의 버무림: 고춧가루, 무, 생강, 쑥갓, 마늘, 파, 젓갈 등). → 김치소를 절인 배추에 골고루 묻힌다. → 김치냉장고나 항아리에 넣어서 저장한다.

2 도우미 엄마들과 함께 김장하기

❶ 소금물에 담갔다 꺼내요.

❷ 소금을 뿌려요.

❸ 다음 날 배추를 씻어요.

❹ 김치소를 묻혀요.

사진 1-35 "여기 까만 거 똥인가?" "그러니까 깨끗이 씻어."

3 배추 뽑기와 김장한 것을 다양하게 표현하기

몇 가지만 들어보면 다음과 같다.

❶ 김장한 것을 그림으로 그리기

사진 1-36

절인 배추에 김치소를 넣었어요.

❷ '내가 좋아하는 김치' 막대그래프 그리기

김치에 대한 관심이 높아지면서 각자 먹어본 김치 이야기가 여러 차례 나왔다. 이에 김치 종류를 사진(인터넷 자료)으로 찾아본 후 한 사람씩 돌아가며 어떤 김치를, 왜 좋아하는지 발표해 보도록 하였다. 이후 교사가 준비해 놓은 막대그래프 판에 좋아하는 김치를 표시한 후 전체 모임 시간에 함께 확인해 보았다.

사진 1-37

❸ 식당 역할놀이

여자 아이 몇 명이 새롭게 알게 된 김치의 종류에 대한 이야기를 하며 김치 식당 놀이를 한다고 메뉴판을 만든다. 김치 이름, 가격을 얼마로 할지 의논하기도 한다. 교사는 김치 회사(예 ㅇㅇ집 김치) 인터넷 사이트에서 자료를 뽑아주는 등 놀이가 확장될 수 있도록 도와주었다. 며칠에 걸쳐 이루어지면서 다양한 재료로 만든 김치(예 호박영양백김치, 오이송송이, 감김치 등)와 김치를 이용한 음식(예 김치 부침개), 김치 이용 음료수(유산균 음료 '디히' : '김치' 의 순수 우리말이라 함)까지 찾아보게 되었다.

사진 1-38 메뉴판에 붙일 것을 그려요. / 내가 좋아하는 감김치를 먹어요.

사) 다시 배추벌레 키우기 및 관련 활동하기

지난 번 배추벌레들은 키우던 도중에 모두 죽었기 때문에 이번에는 더 잘 돌보아 주기로 했다.

(1) 배추와 배추벌레에 대한 동시 짓기

배추벌레에 대한 느낌을 말로, 글로, 그림으로 등 표현해 보도록 하였다. 이때 유아들이 보다 쉽게 할 수 있도록 언어적 자극(예 "배추는 애벌레가 살살 기어올 때 기분이 어땠을까?")을 주었다.

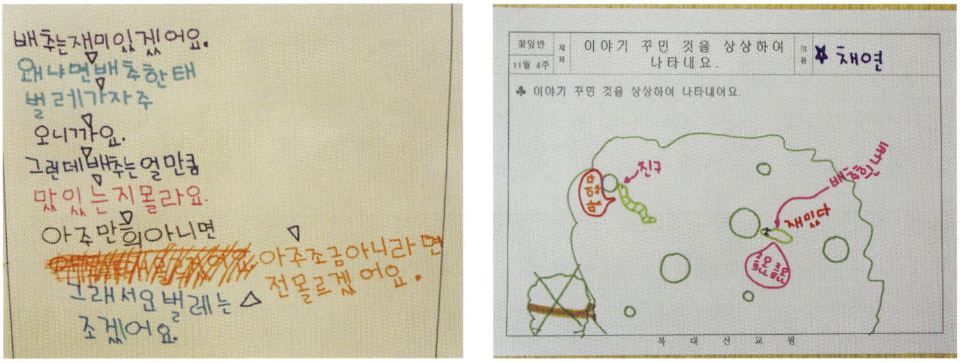

● 사진 1-39 ● **'배추는 배추벌레가 놀러 와서 재미있겠다'는 내용의 글과 이를 그림으로 나타낸 것**

배추벌레가 배춧잎을 갉아먹는다는 것을 알게 된 후 유아들의 일반적 표현은 '배추 아프겠다' '배추벌레가 오면 싫을 거다', ' 저리 가!' 등 부정적인 표현들이 대부분이었다. 그런데 한 유아는 '배추는 재미있겠다. 벌레가 자주 오니까요.' 라고 표현하였다. 이런 색다른 표현이 나올 때 교사는 격려해 줌으로써 유아들의 표현이 한쪽으로만 정형화되지 않도록 한다. 또한 전술한 바와 같이 배추벌레는 왜 배추를 먹을 수밖에 없는지 생각해 보도록 이끌어 줄 필요도 있다. 창의적으로 생각하는 능력, 다른 각도나 입장에서 생각하는 능력도 유아교육을 통해 키워야 할 중요한 목표 영역이기 때문이다.

(2) 배추벌레 관찰 및 이야기 나누기

통에서 배추벌레 3마리가 잘 자라나고 있다. 배추를 잘 먹지 않는 걸 보니 곧 번데기가 될 것 같았다. 몸에 노란 줄이 생긴 것도 보인다. 유아들에게서 배추벌레가 어떻게 될 지에 대한 관심과 질문이 많아짐에 따라 교사는 배추흰나비 관련 책과 돋보기를 마련해 주었다.

● 사진 1-40 ● **이렇게 똥을 많이 누었어요.**

(3) 배추벌레에서 배추벌레고치벌 부화

아이들은 배추벌레를 관찰하고 책을 통해 배추벌레 성장 과정(알 → 애벌레 → 번데기 → 나비)을 다시 한 번 알아보았다. 그런데 아이들 하원 후 교사가 배추벌레를 살펴보는 중 배추벌레 몸에서 놀랍게도 아주 작은 벌레들이 꼬물꼬물 나오는 것을 보았다. 그 이후 배추벌레는 움직이지 않았고 죽은 것 같았다. 지난 번 실패 사례(배추벌레를 키우다 모두 죽은 경험) 이후에 책을 찾아본 상태였기 때문에 교사는 그것들이 배추벌레고치벌의 애벌레들이라고 짐작할 수 있었다. 이번에 기르던 애벌레들도 이미 배추벌레고치벌이 알을 낳아 놓았던 모양이었다. 이전에 책을 통해 그런 장면을 보기는 했지만 실제로 직접 보기는 교사도 처음이었다. 아이들에게 이 장면을 보여주는 것이 과연 좋을까 생각하며, 그 과정을 디지털 카메라를 활용하여 동영상으로 찍어 두었다(＊그 날 교사회의에서 아이들에게 보여주기로 결정하였다). 유감스럽게도 3마리 모두 그런 상태로 죽어 버렸다.

1 이야기 나누기

교 사　얘들아, 지난번에 배추벌레의 몸에다 알을 낳는 벌에 대해 들려준 것 생각나요?

희 도　네, 벌이 배추벌레 속에다 침을 빡 넣어 갖고요, 거기에다 알을 낳는다고요.

교 사　그 알들이 배추벌레 몸 안에서 깨어나면 무엇을 먹는다고 했었죠?

유 진　수액인가?

혜 진　피요.

충 민　아, 맞다. 체액!

교 사　네, 맞아요. 식물의 몸에 있는 것은 수액이고 동물의 몸에 있는 것은 체액이라고 하는데 사람의 피 같은 것이라고 했죠? 그런데 그러한 현상이 실제로 일어났어요. (통을 보여주며) 여기에 있던 배추벌레 몸에서 배추벌레고치벌애벌레가 나와서 이렇게 고치를 만들어 놨어요. 여기에 보이는 것은 알처럼 보이지만 알이 아니라 바로 배추벌레고치벌의 고치예요. (＊기르던 통을 보여주고 확인하도록 함.) 어제 선생님이 찍어 놓은 것을 보여줄게요.

사진 1-41 배추벌레고치벌의 애벌레가 배추벌레의 몸을 뚫고 나오는 모습 / 이후 고치(* 여러 개가 붙어있는 노란 것들)가 된 모습. 그 밑에 있는 것은 죽은 배추벌레(* 몸 중간중간에 거뭇거뭇 점처럼 보이는 것은 배추벌레고치벌의 애벌레가 뚫고 나온 자리임)

교 사	여기에 이 노란 것들은 배추벌레고치벌의 애벌레가 고치를 만든 것이에요.
채 연	으~ 징그러워.
교 사	그래서 배추벌레가 죽은 거예요.
하 은	배추벌레 불쌍해.

(배추벌레의 몸을 뚫고 나온 배추벌레고치벌에 대해 아이들은 징그럽다고 하면서도 관심이 많았다. 이에 대한 관련 책을 열심히 보고 저희들끼리 이야기를 나누는 모습을 자주 볼 수 있었다. 한 10일 후 배추벌레고치벌의 번데기에서 배추벌레고치벌이 나와서 날아다니는 것을 보면서 아이들의 관심은 더욱 고조되었고 관련 책 「파브르 곤충기」를 보면서 실제와 비교해 보기도 하였다. 참고로 배추벌레고치벌은 배추벌레 몸을 뚫고 나오자마자 노란 실을 뿜어 고치를 만들고 12일 만에 고치벌이 되어 나온다. 크기는 5mm가 채 안될 정도로 아주 작다.)

2 배추벌레고치벌 확인하기

상황 등원한 아이들이 병 속의 작은 곤충이 날아다니는 것을 보고 있다.

충 민	어, 이게 뭐지?
교 사	뭘까?
충 민	혹시… 고치벌?
교 사	와! 맞아요. 우리가 책에서 봤던 것이 실제로 이렇게 일어났네.
혜 진	아, 이게 진짜 배추벌레고치벌이에요? 근데 벌이 이렇게 작아요?

교 사　우리 「파브르 곤충기」 책(＊3mm 정도)에서도 고치벌은 작다고 나와 있잖아.
상 엽　와, 디게 많다. 손톱보다도 작겠어.
혜 진　벌인데 엄청 작지!
교 사　벌 종류 중에 작은 벌도 있지. 알벌은 배추벌레고치벌보다도 더 작다고 책에 나왔잖아!

사진 1-42 배추벌레고치벌이 병에 붙어 있는 모습 (작고 검은 점 같은 것)과 날아다니는 모습을 관찰하는 유아들

유아들의 관심과 발달 특성, 교사의 교육적 의도 등에 따라 '나비'에도, '벌'에도 여러 종류가 있으며 각각 크기, 먹이, 사는 곳 등 특성이 다르다는 것까지 조사, 탐구 내용이 확장될 수 있다. 본 사례에서는 계절적으로 12월이라 나비나 벌을 유아들이 실제로 볼 수 없는 상태였기 때문에 유아들이 알게 된 벌들을 배추벌레 크기와 비교해 보고 인터넷으로 검색해 보는 정도로 그쳤다.

3) 프로젝트 마무리: 전시회 및 발표회

발표할 것을 정하기 위해 '텃밭의 배추' 프로젝트 전 과정을 큰 활동 단락으로 나누어 돌아보았다. 그러면서 다른 사람들에게 알려주면 재미있겠다고 생각되는 소재를 다수결로 3가지 골랐다. '텃밭에 배추와 무 심었던 일', '배추벌레 이야기' '김장'이다. 이에 대해 발표할 것을 만드는 작업은 다시 세 개의 프로젝트나 다름없었다. 구체적인 목표를 세우고 계획하기, 계획 실행하기, 과정 중 발생하는 여러 문제 해결하면서 결과물 산출하기, 결과물 공유 및 평가가 그 안에서 이루어졌기 때문이다.

이 중 '배추벌레 이야기'는 인형극으로 하기로 했는데 계획하다보니 해야 할 작업이 예상외로 많아 결과적으로 전체 모두 참여하기로 하였다. 또한 '텃밭에서 생긴 일'은 전체 유아들 중 약 반수가 참여한 OHP 동화 만들기 프로젝트로, '김장 이야기'는 나머지 유아들이 참여한 '야, 우리 김장기차에서 내려!'라는 동극 프로젝트가 되었다. 이렇게 하다보니 발표회를 위한 준비에 다시 약 3주간이 소요되었다. 그런 과정을 거쳐 전시회 및 발표회 하는 날에는 1부에 전시회(20분)를, 2부에는 발표회(1시간)를 하였다.

발표 소재는 프로젝트 과정 중 유아들에게 가장 흥미를 끌었던 소재와 일치하는 경우가 많다. 이렇게 흥미를 많이 끌었던 소재로 인형극이나 동극, 개사노래 등으로 만들어 보는 가운데 유아들은 새롭게 알게 된 지식을 내면화하는 기회를 갖게 된다.

가) 발표회 및 전시회 준비하기

(1) '배추벌레 이야기' 막대인형극 만들기

1 전체 모임에서 이야기 내용 정하기

유아들이 배추벌레와 관련하여 새롭게 알게 된 사실을 반영하여 이야기로 만들었다. 그것은 '엄마나비가 배춧잎에 알 낳기, 배추벌레 4마리가 알에서 깨어나기, 배추벌레고치벌이 와서 배추벌레 3마리에게 알 낳기, 그렇게 된 3마리 배추벌레들은 배추벌레고치벌들이 부화되어 나오자마자 죽기, 배추벌레고치벌의 공격을 받지 않은 주인공 배추벌레 꼬물이는 번데기 되기, 번데기에서 나비 되기' 의 6장면으로 하기로 하였다.

2 6장면으로 하기로 하고 장면에 맞게 대사 만들기

6장면이므로 4명 1조, 총 6조로 나누어 조별 협동 활동을 하였다. 교사는 조별로 다니며 대사 만들기를 도와주었다. 예를 들면 다음과 같다.

예 장면 2: 〈배추벌레들 4마리가 알에서 깨어난 장면〉
해설: 이제 배추벌레 4마리가 알에서 깨어났어요.
배추벌레 꼬물이(주인공): 알껍질을 먹어야지. 오물오물.
꼬물이 친구 꿈틀이: 야호! 드디어 알 바깥으로 나왔다.
꼬물이 친구 냠냠이: 난 알껍질이 제일 맛있어.
꼬물이 친구 토실이: 나 봐라. 난 발도 8개 있다.

이야기 내용을 잘 알고 있다고 해도, 또 조별 활동에 익숙해진 상태라 해도 인형극 대사를 조별로 만들어내는 것은 결코 쉬운 일이 아니다. 그러므로 먼저 전체 모임에서 교사가 중심이 되어 각 조의 처음 장면을 함께 확인해 주고 그래도 어렵겠다 싶으면 조별 첫 대사 정도까지는 함께 정한 후 유아들끼리의 조별 활동으로 연결되도록 하는 것이 바람직하다. 위 사례에서 장면 2의 경우, 교사가 "배추벌레 4마리가 알에서 깨어난 장면이야. 막 알에서 깨어난 배추벌레들은 알껍질을 갉아 먹으면서 뭐라고들 했을까? 너희들끼리 한 번 생각해 볼래?"와 같은 식이다.

---

3 전체 모임에서 인형극 대본 정리한 후 등장인물 정하기

조별로 각 장면에 맞도록 대사를 만들어 본 후 다시 전체가 모여 조별 대사 만든 것을 발표하였다. 이때 사실과 맞지 않는 내용은 고치고 긴 대화는 짧게 다듬는 등 대본을 정리하고 등장인물을 정하였다. 그 결과 아빠나비, 엄마나비, 배추벌레 4마리, 배추벌레고치벌, 번데기, 나비, 배추 3포기로 정해졌다(＊총 12인물).

4 막대인형극을 하기로 하고 각자 맡을 역할 정하기

막대인형 하나를 두 유아가 같이 만든 후 한 명은 대본 읽기, 다른 한 명은 인형을 조작하기로 하였다. 한 역할을 같이 원할 경우 조작은 가위바위보로, 대본 읽는 것은 직접 대사를 해본 후 정하기로 하였다. 그렇게 하여 역할이 다 정해진 후에는 역할 이름표를 각자 만들어 전체가 볼 수 있도록 함께 게시해 놓았다,

사진 1-43 가위바위보로 역할 정하기 / 인형극 역할 맡은 것 써 붙이기

5 막대인형 만들고 인형극 틀에서 조작해 보기

막대인형을 만든 후 인형극 틀에서 인형을 조작해 보았다. 그런데 인형극 틀이 너무 작아 서로 부딪히는 등 움직이기가 힘들었다. 이에 여러 가지로 해결 방안을 찾다가 더 큰 인형극 틀을 만들기로 하였다. 주변 물건들(책상, 교구장, 스티로폼 판 등)을 이용하여 인형극 틀을 새로 만들었다.

사진 1-44 **좁은 인형극 틀 / 크게 만든 인형극 막**

인형극 틀 뒤에 여러 명이 들어가야 하는데 너무 좁아 불편하다. 어떻게 할까?'라는 문제에 대한 답은 금방 나왔다. '더 큰 인형극 틀이 있으면 된다'는 것이다. 문제는 어떻게 더 큰 인형극 틀을 마련하느냐 하는 것이었다. 이런 문제가 생겼을 때 먼저 필요한 능력은 창의적 사고력이다. 자유롭게, 가능한 한 많은 방안을 다 생각해 내야 하기 때문이다. 다양한 생각을 모았다면 다음으로 필요한 능력은 비평적 사고력이다. 여러 방안에 대한 장·단점을 따져보고 현 시점에서 가장 바람직한 방안을 찾기 위해서다. 전술한 방안들에 대한 비평적 사고를 통해 다음과 같은 결론을 얻을 수 있었다. 예를 들어보면 다음과 같다.

창의적 사고에 의한 다양한 방안의 예	비평적 사고에 의한 문제점 검토
더 큰 인형극 틀을 산다.	돈이 많이 든다, 우리가 지금 해야 하는데 금방 살 수 없다 등.
아빠보고 만들어 달라고 한다	아빠는 회사 가셔야 한다, 아빠 혼자 못 만든다. 등
요술방망이를 두드린다.	진짜는 요술 방망이로 못 만든다.
우리가 만든다.	***나무로는 못 하지만, 다른 것으로 만들면 된다.***

이렇게 하여 결론적으로 더 큰 인형극 막(틀이 아닌 막으로 만들기로 함)을 직접 만들되, 간편하게 큰 스티로폼 판을 이용하기로 하였다. 이 과정에서 스티로폼 판을 인형극 막처럼 꾸미기(→ 검은색 부직포를 이용하여 전체적으로 씌우기), 인형극 틀이 자꾸 쓰러지는 문제 해결하기(→ 책상과 교구장으로 인형극 틀 뒤에서 지지해 주기), 인형극 틀에 비해 배경 그림이 너무 작은 문제 해결하기(→ 배경 그림을 다시 더 크게 그리기) 등의 문제 해결 과정이 계속되었다.

6 대본 녹음 후 조작 연습

대본 읽는 아이들은 인형 조작하는 아이들 뒤에서 마이크 하나를 돌려가며 대본을 읽어야 했다. 그러다 보니 대본 읽는 것이 잘 들리지도 않을 뿐 아니라 마이크를 이리저리 넘기는 과정에서 잡음도 많이 나고 시끄러웠다. 이에 조용한 사무실에 따로 모여 대본 녹음을 하기로 하였다. 목소리를 녹음한 후 다시 들어보게 되었는데 불만족한 아이들의 요청에 의해 세 번이나 다시 하였다. 이 과정에서 처음에는 일반 녹음기에 하다가 더 깨끗한 음을 얻기 위해 보이스 리코드(voice recorder)로 바꾸어 녹음을 하였다. 녹음 기계에 대한 관심도 높아졌는데 더 발전시키지는 못했다.

●사진 1-45● 녹음하기 및 녹음한 것에 맞추어 인형 조작하기

7 동생반 초대해서 인형극 보여주기 및 동생반의 인형극 도와주기

동생반에 초대장을 보내고 포스터를 붙이는 등의 준비 후 교실로 초대하여 인형극을 보여주었다. 이후 자기 교실로 돌아간 동생반 아이들이 자기들도 인형극을 하고 싶다고 해서 가서 도와주기도 하였다.

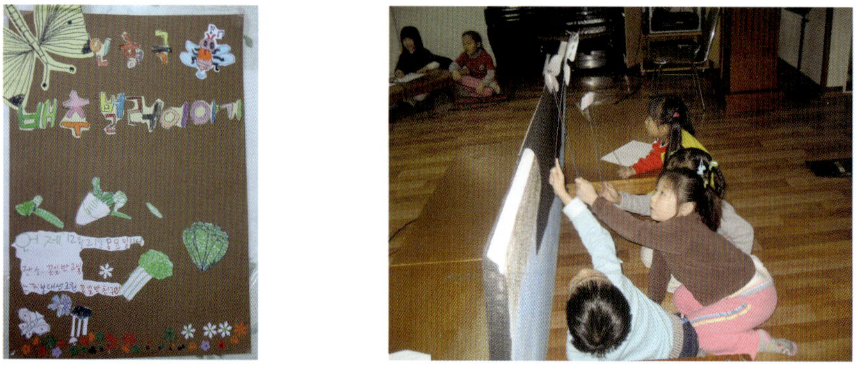

●사진 1-46● 팜플렛 / 동생반 초대해서 인형극 보여주어요.

(2) 동극: '야, 우리 김장기차에서 내려!'

1 동극을 통한 퀴즈대회 하기로 결정하기

김장 재료, 김장 만드는 법을 다른 사람들에게 어떻게 알려줄지 의논하다가 동극을 통한 '김장 재료 퀴즈대회' 를 하기로 하였다.

퀴즈대회는 발표를 하는 유아들이나 보는 청중들 모두에게 유익하고 즐거움을 주는 효과적인 발표 형식 중 하나이다. 우선 퀴즈대회라는 형식 자체가 참여하는 사람들에게 긴장감과 호기심을 유발하며 모두의 참여 의식을 높이기 때문이다.
보다 구체적으로 그 장점을 들어보면 다음과 같다. 발표를 하는 유아들의 경우 프로젝트를 하면서 새롭게 알게 된 사실들을 효과적으로 정리해 보고 발표해 보는 동시에 발표회를 보러 온 사람들과 효과적으로 교류할 수 있다. 그런가 하면 발표를 보는 청중(대개 부모)들은 프로젝트를 통해 유아들이 학습한 정보들을 가늠해 보는 동시에 유아들과 능동적으로 상호작용할 수 있다.
B원의 경우 프로젝트 발표회 때 종종 퀴즈대회를 했었는데 그 영향으로 이번에도 유아들이 퀴즈대회를 제안한 것이다. 이전에 몇 번 동일한 형식(*유아들이 조별로 퀴즈 문제 만들기, 발표회 때 퀴즈대회하면서 답 맞힌 사람에게 간단한 선물 주기)으로 퀴즈대회를 했었기 때문에 교사는 이번에는 좀 색다른 아이디어를 활용할 필요가 있다고 느꼈다. 그래서 퀴즈대회를 하기는 하되, 유아들 모두가 잘 알고 있고 또 좋아하는 「야, 우리 기차에서 내려!」 동화 구조를 이용하기로 하였다. 이와 같이 어떤 한 가지 방법이 고착될 때 교사는 새로운 방법을 제안하는 모델이 되기도 한다.

2 동극 줄거리 구성하기

전체 모임 시간에 「야, 우리 기차에서 내려!」 줄거리를 회상해 보며, 그 동화의 이야기 구조에 맞추어 김장 재료들이 기차에 하나씩 타기로 하였다. 이때 김장 재료들은 먼저 퀴즈를 관객들에게 내기로 하였다. 이런 식으로 하여 김장 재료들이 모두 다 김장기차에 타면 마지막으로 개사 노래인 '맛있는 김장' 을 부르는 것이다. 완성된 동극 대본의 일부 예(전체 동극 대본은 pp.181-185에 제시)를 들면 다음과 같다. 여기서 이탤릭체, 진한 글씨는 동극 내내 여러 번 되풀이되는 문장이다.

배추, 무: ***야, 넌 누구니? 우리 김장기차에서 내려!***
소금: ***나도 기차에 태워 줘. 내가 누구냐면 힌트!***
1, 나는 김치를 오랫동안 보관할 수 있게 해 줘요.
2. 나는 돋보기로 보면 유리 조각처럼 보이기도 해요.
3, 나는 짠 맛을 내요.
누구일까요?
관객: *** 소금 ***
배추, 무: 소금: ***아, 그렇구나! 그럼 우리 김장기차에 어서 타.***
(소금이 기차에 타면 기차 효과음이 나고 잠시 후, 고춧가루가 등장한다.)

3 김장 재료 각각에 대한 힌트 만들기

김장기차에 탈 김장 재료들(배추, 무, 소금, 고춧가루, 마늘, 생강, 갓, 새우젓)에 대해 조별(예 '마늘 조' 등 2명씩 6조)로 힌트를 3개씩 만들었다. 이후 힌트 만든 것을 전체 모임 시간에 공유하면서 힌트가 너무 쉽거나 어려운 경우, 더 재미있는 말이 생각난 경우 등은 그 자리에서 수정하였다. 예를 들면 '마늘 조' 힌트 중 "'마' 자로 시작하고 '늘' 자로 끝나요."가 있었는데 그렇게 하면 너무 쉽다는 반 친구들의 의견 때문에 다시 수정하였다. 마늘 조가 만든 힌트를 예로 들면 다음과 같다.

'마늘 조'가 처음에 만든 힌트
• 나는 여러 개가 붙어 있어요. • 김치 만들 때 찧어서 넣어요. • '마' 자로 시작하고 '늘' 자로 끝나요.

➡

수정한 힌트
• 나는 여러 쪽이 사이좋게 붙어있어요. • 김치 만들 때 콩콩 찧거나 찌이이익 갈아 넣어요. • 아빠가 고기 구어 드실 때 같이 구어 먹기도 해요.

4 김장 재료를 나타낼 머리띠, 역할 분담표 만들기

각자 맡은 김장 재료가 잘 드러나도록 머리띠를 고안하여 만들었다. 이때 다른 친구의 의견을 들어 고치기도 하였다. 예 "무 그릴 때 시든 무잎도 그렸으면 좋겠어."

사진 1-47

5 동극 대본 연습하기

글씨를 잘 읽는 친구는 그렇지 못한 친구들에게 대본을 읽어주기도 하고 서로 동작을 고쳐 주기도 하면서 연습하였다. 바람직한 협동의 모습이 보일 때마다 교사는 구체적으로 칭찬해 주어 그런 행동이 강화되도록 신경을 썼다.

사진 1-48 동극 대본 읽어보기 / 동작과 함께 연습해 보기

동극, 인형극 등은 여러 명이 함께 협력해야 하는 과제이다. 따라서 활동 과정 중 다른 사람과 원활하게 의사소통을 하고, 도움을 주고받으며 문제가 생기면 원만하게 해결하기도 해야 하는 등 사회적인 협동 기술이 요구된다. 그러나 이 같은 협동기술이 협동학습을 한다고 해서 자동적으로 습득되는 것은 아니다(변영계 · 김광휘, 2002). 물론 저절로 깨달아 가는 부분도 있을 수 있으나 교사의 세심한 관찰 및 적절한 지도가 있다면 협동기술은 효과적으로 신장될 수 있다. 예를 들어 안소영(2006)은 프로젝트 과정 중 '칭찬 나무' 활용방법을 사용한 바 있다. 그것은 서로 친구에 대한 칭찬을 적어 나무에 걸도록 함으로써 도움을 청하고 도와주는 행동이 빈번하게 일어나도록 의도한 것이다.

6 동극에 쓸 기차 같이 만들기

대본을 연습하는 과정에서 '김장기차' 도 만들었으면 좋겠다고 의견이 모아졌다. 그래서 우드보드에 기차 모양을 그려 넣어 만들었는데 바로 서 있지 못하고 자꾸 앞으로 넘어졌다. 어떻게 할까 하다가 뒤쪽은 안 보이니까 김장기차 뒤에 의자를 놓아 넘어지지 않게 하기로 하였다. 그런데 이번에는 기차가 밀려나오면서 뒤로 쓰러지는 것이었다. 그 해결 방안으로 기차와 의자를 찍찍이로 붙여 놓아 딱 붙어있도록 하였다. 마침내 기차를 서 있게 하는 것까지는 성공한 것이다. 이후에도 기차를 더 멋있게 꾸미기 위해 기차 창문에 '김장기차' 라고 쓰기, 창문에 김장재료 그리기 등 계속적 보완이 이루어졌다.

사진 1-49
기차에 창문도 그리자. 김장기차라고 쓰고….

7 만든 기차를 사용하여 동극 연습

기차를 이용하여 훨씬 더 실감나게 연습할 수 있었다. 이후 기차의 세 칸은 서로 연결되는 것이 좋겠다는 의견이 나와 찍찍이를 이용하여 끈으로 연결하였다.

• 사진 1-50 • 교실에서 연습해요. / 발표회장에서 다시 해보았어요.

참고로 '야, 우리 김장기차에서 내려!' 동극 대본은 다음과 같다.

〈동극 대본〉

야, 우리 김장기차에서 내려!

사회자▷ 안녕하십니까? '야, 우리 김장기차에서 내려!' 동극 시작입니다. 먼저 기차 차장을 맞혀 보세요. 힌트에요.

1. 나는 노란 꽃을 피우는데 꽃잎은 모두 4개입니다.
2. 나는 배추벌레들이 잘 먹습니다.
3. 내가 없으면 김치를 못 담그지요.

누구일까요?

관 객▷ *** 배추요.***

배 추▷ (무대 앞으로 기차 한 량을 들고 등장한다.) 맞았어요. 자, 그럼 내가 기차 차장이에요. 어, 그런데 여러분 내 친구 못 봤어요? 같이 차장해야 하는데…. 내 친구는 말이죠. (주머니에서 종이를 꺼내며)

1. 내 친구 잎사귀는 파도처럼 생겼어요.
2. 그리고 깍두기를 만들어 먹을 수 있어요.
3. 땅 속에서 뽑아야 하는데, 이름은 한 자에요.

관 객▷ *** 무요. ***

무 ▷ (무대 앞으로 기차 한 량을 들고 바쁘게 등장한다.) 배추야, 나 여기 있어. 미안, 미안, 많이 기다렸지?

배 추▷ 그래, 어서 기차 출발해야지.

무 ▷ 그래, 배추야.

배추, 무▷ 자, 이제 기차 떠납니다.

(교사가 준비해 놓은 기차 효과음을 튼다. 그때 소금이 등장해서 기차 가까이 온다.)

배추, 무▷ 야, 넌 누구니? 우리 김장기차에서 내려!

소 금▷ 나도 기차에 태워 줘. 내가 누구냐면 힌트!

1. 나는 김치를 오랫동안 보관할 수 있게 해줘요.
2. 나는 돋보기로 보면 유리 조각처럼 보이기도 해요.
3. 나는 짠 맛을 내요.

누구일까요?

관 객▷ *** 소금 ***

배추, 무, 소금▷ 아, 그렇구나! 그럼 우리 김장기차에 어서 타.

(소금이 기차에 타면 기차 효과음이 나고 잠시 후, 고춧가루가 등장한다.)

배추, 무, 소금▷ (함께) 야, 넌 누구니? 우리 김장기차에서 내려!

고춧가루▷ 나도 기차에 태워 줘. 내가 누구냐면 힌트!

1. 나는 빨간색이에요.
2. 나는 매워요.
3. 빨간 고추를 말려서 빻은 거예요.

누구일까요?

관 객▷ *** 고춧가루 ***

배추, 무, 소금▷ 아, 그렇구나! 그럼 우리 김장기차에 어서 타.

(고춧가루가 기차에 타면 기차 효과음이 나고 잠시 후, 생강이 등장한다.)

배추, 무, 소금, 고춧가루▷ 야, 넌 누구니? 우리 김장 기차에서 내려!

관 객▷ 나도 기차에 태워 줘. 내가 누구냐면 힌트!

1. 나는 땅 속에서 캐는데 울퉁불퉁하게 생겼어요.
2. 김치 만들 때 빻아서 같이 넣어요.
3. 차를 끓일 때 쓰기도 해요.

누구일까요?

관　객▷ *** 생강 ***

배추, 무, 소금, 고춧가루▷ 아, 그렇구나! 그럼 우리 김장기차에 어서 타.

(생강이 기차에 타면 기차 효과음이 나고 잠시 후 마늘이 등장한다.

배추, 무, 소금, 고춧가루, 생강▷ 야! 넌 누구니? 우리 김장기차에서 내려!

마늘▷ 나도 기차에 태워 줘. 나로 말할 것 같으면. 힌트!

1. 나는 여러 쪽이 사이좋게 붙어있어요.
2. 김치 만들 때 콩콩 찧거나 찌이이익 갈아 넣어요.
3. 고기 구어 드실 때 같이 구어 먹기도 해요.

누구일까요?

관　객▷ 마늘

배추, 무, 소금, 고춧가루, 생강▷ 아, 그렇구나! 그럼 우리 김장기차에 어서 타.

(마늘이 기차에 타면 기차 효과음이 나고 잠시 후 갓이 등장한다.)

배추, 무, 소금, 고춧가루, 생강, 마늘▷ 야, 우리 김장기차에서 내려!

갓▷ 나도 기차에 태워 줘. 나는 말이지, 좀 어려울걸 힌트!

1. 내 잎은 무잎과 비슷해요.
2. 꽃은 또 배추랑 비슷해서 꽃잎이 4장이에요.
3. 옛날 어른들이 머리에 쓰던 것과 발음이 똑같아요.

누구일까요?

관　객▷ *** 갓 ***

배추, 무, 소금, 고춧가루, 생강, 마늘▷ 아, 그렇구나! 그럼 우리 김장기차에 어서 타.

(갓이 기차에 타고 기차 효과음이 나면 바로 파가 무대로 등장한다.)

배추, 무, 소금, 고춧가루, 생강, 마늘, 갓▷ 야, 우리 김장기차에서 내려!

파▷ 나도 김장기차에 태워 줘. 나는 힌트!

1. 나는 뿌리 쪽은 하얀색, 잎 쪽은 녹색이에요.
2. 날씬하고 길쭉하답니다.
3. 특별한 향이 나서 김치 맛을 더욱 맛을 좋게 한답니다.

나는 누구일까요?

관　객▷ *** 파 ***

배추, 무, 소금, 고춧가루, 생강, 마늘, 갓, 파▷ 아, 그렇구나! 그럼 우리 김장기차에 어서 타.

(파가 기차에 타면 기차 효과음이 나고 잠시 후, 배추벌레가 무대로 등장한다.)

배추, 무, 소금, 고춧가루, 생강, 마늘, 갓, 파▷ 야, 넌 누구니? 우리 김장기차에서 내려!

배추벌레▷ 얘들아. 난 5령 애벌레야. 이제 번데기가 될 거야. 나도 타면 안 될까? 농약에 알 벌에, 배추벌레고치벌에, 새에…. 흐유! 더 이상 배추밭에 있기 싫어. (슬픈 표정을 한다.)

배추, 무, 소금, 고춧가루, 생강, 마늘, 갓, 파▷ (깜짝 놀라며) 뭐? 배추벌레가 김장에 들어간다고?

배추벌레▷ 아차! 김장기차라고 했지. 아니지 아니야. 다른 데로 가서 번데기가 되어야지. (도망치듯이 무대 밖으로 나간다.)

배추, 무, 소금, 고춧가루, 생강, 마늘, 갓, 파▷ 하하하! 배추벌레가 김장기차에 타려고 하다니…. (새우젓이 무대로 등장한다.)

배추, 무, 소금, 고춧가루, 생강, 마늘, 갓, 파▷ 야, 우리 김장기차에서 내려!

새우젓▷ 나도 기차에 태워 줘! 나는…. 힌트!

1. 내 고향은 바다에요.
2. 나는 소금을 넣어서 발효시킨 것이에요.
3. 내 친구로는 까나리액젓, 멸치젓 등이 있어요.

누구일까요?

관　객▷ *** 새우젓 ***

배추, 무, 소금, 고춧가루, 생강, 마늘, 갓, 파▷ 아, 그렇구나! 그럼 우리 김장기차에 어서 타. 이제 모두 탔구나. 출발!

(새우젓까지 타면 기차 한 량에 세 가지 김장 재료씩, 모두 아홉 가지의 김장 재료가 서게 된다. 세 명씩 우드보드 기차 한 량씩을 들고 돌다가 기차 효과음이 들리면 모두 멈춰 선다.)

배 추▷ 자, 그럼 우리 다 같이 김장을 하는 거야.

등장인물 모두▷ 그래, 그래. 다 같이 김장하기 시작. (다 같이 나와 '맛있는 김장' 개사노래를 하고 들어간다.)

둥글둥글 내 마음(개사: 맛있는 김장)

(3) '텃밭에서 생긴 일' OHP 동화

'텃밭에서 생긴 일'은 배추 모종 심은 때부터 다 자란 배추를 뽑아 김장할 때까지의 과정을 이야기로 만든 것이다. 어떻게 표현할까 하다가 교사 제안대로 그림자극 때 써 보았던 OHP를 이용하기로 하였다. 이야기 내용상 여러 장면씩 겹쳐 표현하면 효과적일 것 같았기 때문이다.

1 OHP 동화로 만들기 전 OHP에 대한 탐색

자유선택활동 시간 중 유아들은 물건, 작은 곤충 모형들을 OHP 위에 올려놓아 보며 기기를 탐색하였다. 자신들이 그린 그림들을 올려 놓아보기도 하였다.

수 빈	자, 이제부터 그림자 인형극을 시작합니다. (* 수빈이는 6세 때 '인형극' 프로젝트를 하면서 그림자극을 해 경험이 있음)
수 현	나는 곤충 할래.
수 빈	히히히, 난 길쭉하고…. 난 누구게?
은 주	뱀.
상 민	와~ 집게벌레다.

사진 1-51 모형 곤충 올려놓은 것 / 유아들이 그린 그림 비추어 봄

2 OHP 그림동화 자료 만들기 및 조작하기

❶ 이야기 다듬기 및 OHP 동화에 맞도록 장면 자르기

텃밭에 배추를 심어 김장하기까지의 과정을 7장면으로 정리한 후 각 장면을 2명씩 유아들이 맡는 것으로 하였다. 각 장면은 대체로 OHP 2장 정도로 하기로 하였다. 마지막으로 정리된 대사 내용은 다음과 같다.

장면 1	텃밭에 흙이 있어요. / 거기 텃밭을 비닐로 덮었어요.
장면 2	배추 모종을 사 왔어요. / 무씨도 사 왔어요.
장면 3	우리가 배추 모종도 심었어요. / 무씨도 심었어요.
장면 4	배춧잎이 3개나 생겼어요. / 그런데 배춧잎에 구멍이 송송 났어요. /우리가 가서 보았어요. 그래도 배추는 예뻤어요. (＊이 장면만 OHP 필름 3장으로 구성)
장면 5	배추에 벌레가 2마리 있어요. / 또 3 마리나 더 있어요. 모두 5마리에요.
장면 6	하나를 짚으로 묶어 줬어요. / 다른 배추도 또 묶어주었어요. 그리고 잘 자라라고 말해 줬어요.
장면 7	배추와 무가 크게 자랐어요. 우리가 배추를 뽑아왔어요. / 무도 뽑아왔어요. (＊이 장면은 OHP 그림 그린 것 2장을 처음부터 겹쳐놓았다가 이야기 진행에 따라 한 장씩 빼는 것으로 함)

❷ 조별로 분담해서 OHP 필름에 동화 그리기

14명의 유아가 2명씩 한 조가 되어 한 장면씩 맡기로 하고 각 조별로 OHP 필름 2장, 많으면 3장의 동화 자료를 만들었다. 교사와 함께 활동 순서를 다음과 같이 정하여 유아들이 무엇을 해야 하는지 분명히 알도록 한 후 활동에 들어갔다.

- 이야기 내용에 따라 둘이 그릴 부분을 정하고 우선 종이에 그림
  (예 장면 1: "흙은 내가 그릴게. 너는 비닐 그릴래?")
- 종이에 그린 그림을 밑에 놓고 OHP 필름지를 위에 놓은 후 자기가 맡은 부분을 OHP 필름지에 각자 그림
  (예 장면 1: 흙 그림만 그린 유아와 비닐만 그린 유아. 나중에 OHP 필름을 겹쳐 놓으면 흙에 비닐을 씌운 것처럼 보임)
- OHP에 놓아야 할 순서대로 OHP 필름 틀에 번호를 써 넣음
- OHP 위에 놓아 보면서 잘못 그린 것은 다시 그리거나 고침
- 한 명은 동화 장면을 읽고 한 명은 읽는 것에 맞추어 그림 그린 것을 OHP 위에 올려 놓기로 함 연결 음악은 교사가 맡기로 함

유아들에게 조별 협동 작업은 단계적인 지도가 있을 때 가능한 일이다. 그러므로 처음에는 단순히 각 개인의 작품을 한 군데에 모아 놓는 단순한 협력부터 시작해서 점차 협력의 정도를 높여 나가야 한다.

위 사례의 경우 2명이 하는 협동 작업이라도 그 내용이나 과정은 간단하지 않다. 동화 장면에 맞도록 그림을 나누어 그리는 것, 한 명이 동화를 읽으면 다른 한 명이 거기 맞도록 OHP 필름을 놓는 것 등은 상당한 협력을 요하는 작업이기 때문이다. 즉, 조별 인원수가 적다고 해서 협동 작업의 내용까지 단순해지는 것은 아니므로 교사는 유아들의 발달 정도에 맞추어 과제의 내용과 정도를 결정해 주어야 한다.

3 OHP 위에 필름 놓는 것과 읽는 것 맞추기 연습

한 유아가 대본을 읽으면 다른 유아가 OHP 그림 그린 것을 겹쳐 놓기로 하였다.

예 동화 네 번째 장면

〈표 1-1〉 OHP 그림과 이야기 내용

네 번째 장면 이야기 내용(OHP 필름지 세 장으로 구성)			
① 	② 	③ 	① ② ③ 모두 합쳤을 때 나오는 그림 
배춧잎이 3개나 생겼어요.	그런데 배춧잎에 구멍이 송송 났어요. (그림 ①에 ②를 올림)	우리가 가서 보았어요. (그림 ①, ② 위에 ③을 올림)	그래도 배추는 예뻤어요. (그림 ①, ②, ③이 모두 합쳐진 상태에서 대사만 함)

(4) 교실 정리 및 전시회 준비

전시물은 크게 다섯 가지 종류였다. 그것은 다음과 같다.

- 교사가 마련해 준 1, 2차적 자원: 예 배추씨와 무씨, 배추꽃과 무꽃의 사진
- 유아들의 활동 결과물: 예 배추벌레 막대인형, 김장 만들기 순서표 등
- 가정에서 보내준 자원: 예 책, 마늘 까는 기구 등
- 프로젝트 진행 과정을 담은 사진들: 예 배추모종 심기 사진 등
- 관찰이나 실험 과정 관련물: 예 배추벌레 키우던 통과 돋보기 등

전시물들은 교실의 게시판이나 벽면, 유리창, 복도 벽면, 책상 위, 교구장 뒷면 등 가장 적합하다고 생각되는 곳을 유아들과 함께 정해 전시하였다. 일부 예를 들면 다음과 같다.

교실 문 앞의 포스터 / 교구장 뒷면(교사가 제공한 자원) / 책상 위(유아들이 만든 배추벌레 막대인형)

사진 1-52

나) 전시회 및 발표회 하기

(1) 전시회

전시회는 약 20분 정도에 걸쳐 이루어졌다. 유아들은 전시회를 보러 온 부모님들께 역할 맡은 대로 설명과 안내를 해드렸다. 이후 유아들은 발표회 준비를 하러 교사와 함께 발표회장으로 이동하였다. 부모님들은 그 자리에 남아 프로젝트 전 과

정에 대한 원장의 보고(＊빔 프로젝터 이용)를 듣고 질문하는 등 약 30분 간 더 이야기를 나누었다. 그리고 나서 발표회장으로 이동하여 약 50분에 걸친 발표회를 보았다.

부모님께 전시회 작품에 대해 설명을 드리고 있어요.

전시 작품을 돌아보는 부모님들

사진 1-53

전시회는 프로젝트에 참여한 유아들에게 프로젝트 전 과정을 돌아보는 기회를 제공한다. 아울러 그간 학습한 것을 어떻게 보여주는 것이 가장 효과적일지 고안해 보는 자리도 된다. 이런 점 때문에 전시회 및 발표회를 프로젝트 재창조의 장으로 보는 것이다. 한편, 부모들이나 도움을 준 지역사회 인사들에게는 프로젝트 학습에 대한 이해를 높일 수 있다. 그런가 하면 전시회 및 발표회를 보러 온 다른 유아들(예 동생반)에게는 공유의 의미와 함께 전시된 학습 내용이나 결과물 관련 활동을 해보고 싶다는 동기 유발을 시키기도 한다.

(2) 발표회

발표는 그동안 준비해 온 3가지 내용–'텃밭에서 생긴 일' OHP 동화, '야, 우리 김장기차에서 내려!' 동극, '배추벌레 이야기' 막대인형극–을 중심으로 하면서 중간중간 개사한 노래 부르기, 동시 발표 등으로 이루어졌다.

1 '텃밭에서 생긴 일' OHP 동화

연습한 대로 OHP 필름을 겹쳐 놓아가며 동화를 발표하였다. 주 내용은 텃밭에 유아들이 배추와 무를 심은 후 자라나는 과정, 배추벌레가 생긴 일, 다 자란 배추를 뽑기까지를 나타낸 것이다. 마지막 대사로 "자, 이제 우리 이렇게 뽑은 배추로 다 같이 김장을 해볼까요?" 하면 참여했던 모든 유아들이 나와 개사 노래 '맛있는 김장' 을 불렀다. '맛있는 김장' 은 배추를 뽑아 각종 김장 재료로 김장을 한 실제 경험 내용을 '둥글둥글 내 마음' 곡에 맞추어 개사한 것이다.

사진 1-54

2 '야, 우리 김장기차에서 내려!' 동극

김장에 들어가는 김장재료들이 김장기차에 타는 것을 주 줄거리로 꾸민 동극이다. 이전 프로젝트에서 주로 해 오던 퀴즈대회의 형식에 동극의 형식을 더해 '야, 우리 김장기차에서 내려!' 동극 과정 중 퀴즈대회가 이루어지도록 하였다. 동극 후 '맛있는 김장' 개사노래를 불렀다.

사진 1-55 동극하고 다 같이 개사노래를 해요.

3 '배추벌레 이야기' 인형극

인형극은 준비 및 실행에 관한 전 과정까지도 부모님들께 보여드리는 것이 의미 있다고 생각하여 그동안 촬영해 둔 비디오도 함께 보는 것으로 하였다. 비디오 내용은 대본 쓰기, 인형 만들기, 작은 인형극 틀에서 조작해 보기, 대사 녹음하기, 큰 인형극 틀을 고안한 후 다시 인형극해 보기, 동생반에게 보여주기라는 전 과정에 관한 것으로 그동안 찍은 비디오를 약 3분 길이로 편집한 것이다.

인형극이라는 결과물도 중요하지만 인형극을 만들게 되기까지의 과정을 부모들이 알게 될 때 프로젝트에 대한 이해를 도울 수 있다. 더불어 유아들도 자신들이 어떤 과정을 거쳐 인형극을 하게 되었는지 되돌아보면서 반성 기회를 갖게 된다.

4 국악 공연하기

마지막으로 전체 유아가 참여하여 배추 농사를 잘 지은 것, 겨울동안 먹을 김장을 한 것, 프로젝트를 잘 마친 것을 국악으로 축하하고 감사하였다.

다) 정리 및 평가

발표회 다음 날 교사는 유아들과 함께 전시된 것들을 정리하여 원에 남겨둘 것과 개별 포트폴리오에 끼워 둘 것, 가정으로 가져갈 것을 분류하였다. 그리고 모여 앉아 프로젝트 과정 중 중요 장면 등(예 배무 모종 심었을 때, 비료 주었을 때, 벌레를 발견했을 때, 가물어 물을 주었을 때, 다 자란 배추를 뽑았을 때 등)을 파워포인트로 돌아보며 느낌을 나누었다.

프로젝트 평가는 제1부에서 제시한 대로 각 유아에 대한 평가, 프로젝트 자체에 대한 평가, 교사 역할에 대한 평가, 프로젝트 지원체제에 대한 평가, 기타 프로젝트에 영향을 주는 요인 평가 등 다면적으로 이루어졌다. 여기서는 평가에 대한 자세한 서술은 생략하였다.

2

'잡았다! 식충식물' 프로젝트

'잡았다! 식충식물' 프로젝트[30]는 봄 소풍과 연결하여 4월에 시도한 프로젝트이다. 소풍 장소를 현장견학지로 활용하면서 프로젝트를 한 것이다. 이와 같이 소풍이나 견학이 프로젝트와 연결되면, 일반적인 소풍이나 견학과는 그 의미나 성격이 크게 달라진다. 유아들 스스로 궁금한 것을 해결하러 가는 '목표가 분명한 활동'이 되기 때문이다. 예를 들어 B원의 경우, 봄 소풍지로 물망에 오른 몇 장소 중 하나가 '농업기술원'이었다. 그래서 교사들이 농업기술원을 사전 방문해 본 결과 유아들이 보면 매우 좋을 것 같은 식충식물원도 함께 있다는 사실을 알게 되었다. 교사들이 함께 둘러보며 이야기 나누는 중 '식충식물 프로젝트를 하면 좋겠다'는 아이디어가 나오면서 소풍지로 결정되었다.

첫 교사회에서는 '식충식물'을 유아들에게 익숙한 소재라고 보기 어렵고 일상생활과 밀접하지 않다는 점에서 과연 프로젝트 주제로 적합한가 하는 논란도 있었다. 하지만 유아들의 흥미, 학습 가능성 측면, 생태계 이해를 도울 수 있다는 점에서 바람직한 주제로서의 가능성이 더 크다고 보고 프로젝트를 추진하였다.

---

30) '식충식물', '연못 만들기', '옥수수', '여치' 등과 같이 세부 주제를 가지고 프로젝트를 할 경우 '곤충', '음식' 등과 같이 보다 포괄적 주제로 프로젝트를 할 때보다 단기 프로젝트로 끝날 확률이 높다. 물론 각 원의 상황이나 유아들의 발달 상태에 따라 얼마든지 장기 프로젝트로 발전될 수도 있다. 여기서는 일단, 장기 프로젝트로 발전될 수 있다는 가정하에 프로젝트 준비에서 교육과정 조직안까지 제시해 놓았다. 예상 목표는 만 5세 유아를 대상으로 하여 '지식' 목표 영역만 기술해 놓은 것이다. 단, 이는 하나의 예일 뿐이므로 각 원 유아들의 경험, 발달 상태에 따라 조정될 필요가 있다. '지식' 외의 목표 영역인 '건강' '기능', '성향', '감성 및 느낌', '태도 및 실천' 목표 영역은 정도의 차이는 있을지언정 모든 프로젝트에서 추구하는 바가 동일하므로 서술을 생략하였다. 이에 관한 것은 '텃밭의 배추' 프로젝트에 기술해 놓은 것을 참고하면 된다. 한편 본 서에서는 '식충식물', '연못 만들기', '옥수수', '여치' 프로젝트의 진행 과정은 중심 사건만 간단하게 정리하여 제시하였다. 프로젝트를 처음 시도하는 교사들에게는 프로젝트 과정 중 가능한 활동 내용들을 제시해 주는 것도 의미있다고 보았기 때문이다. 따라서 이후 동일한 주제로 프로젝트를 해보려는 교사들은 이를 참고로 하되 각 원, 각 반의 독특한 여러 조건들을 반영하여 각기 특성있는 프로젝트로 발전시키기 바란다.

가. 프로젝트 준비

1) 주제망

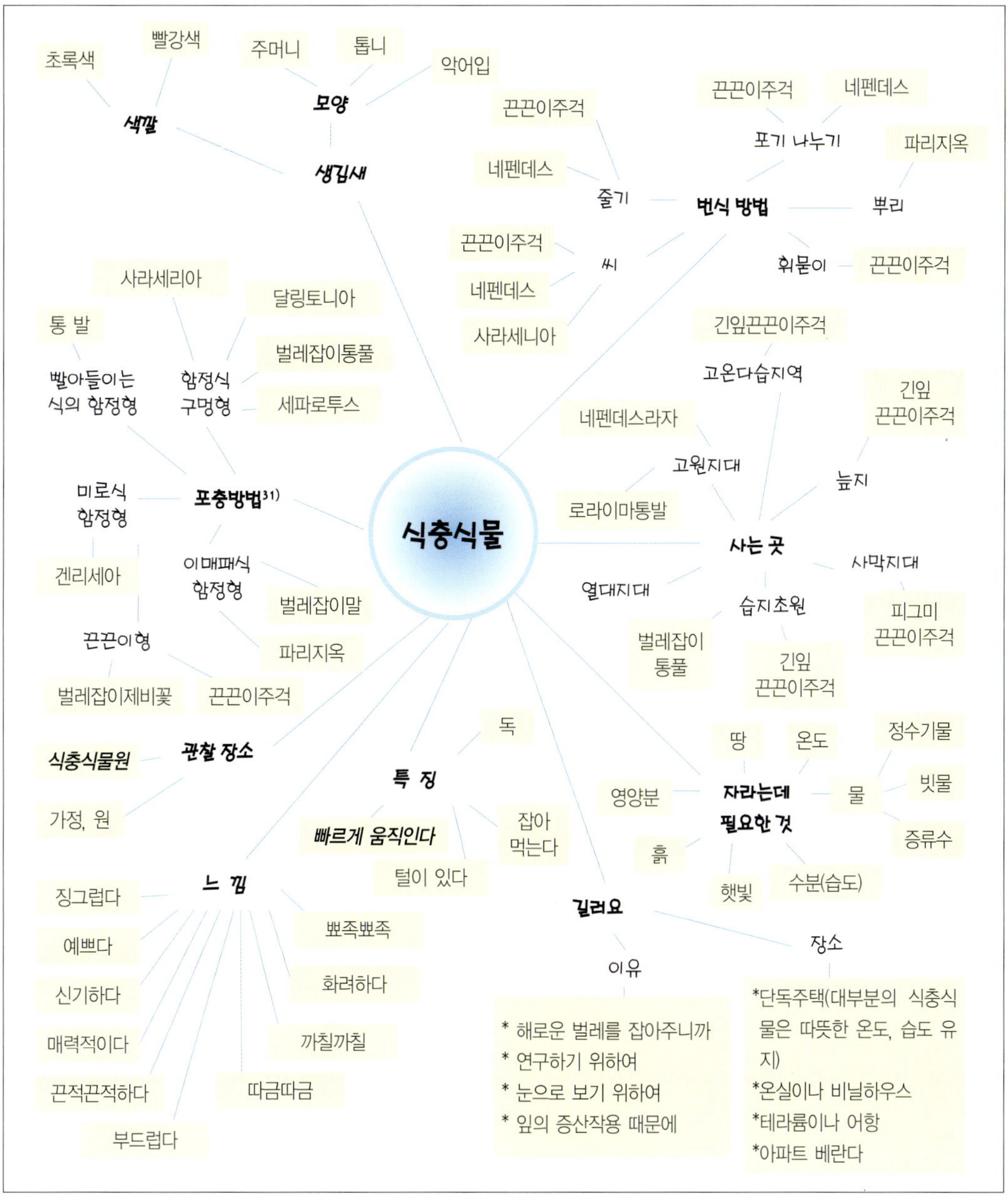

*주제망, 교육과정 조직안, 활동 예상안의 이탤릭체 · 진한 글씨는 프로젝트 초기에 하면 좋겠다고 교사가 생각한 내용, 활동들

31) 포충 방법은 학생과학문고 편찬회(2002, 24-26)에서 나온 「벌레잡이 식물」의 '벌레 잡는 방법' 을 인용

2) 목표 선정

- 식충식물이란 무엇인지, 어떤 것들이 있는지 안다.
- 식충식물이 작은 벌레들을 잡는 이유, 잡는 방법에 대해 안다.
- 식충식물의 쓰임에 대해 안다.

3) 교육과정 예상안 및 활동예상안

가) 교육과정 조직안

영역별	구분	학습 내용
건강생활	감각 및 신체 인식	• *각 식충식물의 특성 보고 인식하기* • *식충식물 냄새 맡아보기, 만져보기*
	기본운동능력	• *식충식물이 포충하는 것 같이 움직여보기(예 파리지옥)*
	건강	• 식충식물에게 필요한 영양분과 음식, 우리 몸에 필요한 영양분과 음식 알고 골고루 먹기
	안전	• 식충식물원 등 견학 시 보행 규칙 지키기
사회생활	기본생활습관	• 현장 견학, 전문가 방문 및 기타 도와준 분들께 예절 바르게 인사하고 행동하기
	개인생활	• 식충식물에 대해 하고 싶은 것을 계획하고 마무리하기 • 자신의 작품 소중히 다루기
	가정생활	• *식충식물 관련 자원을 가족과 함께 찾아보기* • 가정에서 식충식물 길러보기
	집단생활	• 원에서 기르는 식충식물을 협력하여 함께 돌보기 • 친구들과 공동 작품 계획하고 실행하기 • 공공약속, 규칙 지키기
	사회현상과 환경	• 식물과 관련된 직업에 관심 갖기 (예 원예사, 식물원 관리자, 임업 연구원 등) • 식충식물 사보기 • 식충식물 관련 자원을 찾아 활용하기

영역별	구분	학습내용
표현생활	탐색	• ***식충식물의 생김. 움직임 탐색하기***
	표현	• 식충식물의 움직임 나타내보기 • ***식충식물 관련 새 노래 배우기*** 및 개사하기 • 식충식물에 관해 알게 된 사실을 그림, 동작, 게임, 극 등 다양한 방법으로 표현해 보기
	감상	• 식충식물에 관한 다양한 창의적 표현 결과물 감상하기, 느낌 나누기 • 자신과 다른 사람의 작품을 소중히 다루기
언어생활	듣기	• ***식충식물 관련 동화, 동요, 동시 듣고 느낌 표현하기*** • ***다른 사람의 의견, 느낌, 발표 등을 주의 깊게 듣기***
	말하기	• 식충식물에 대해 경험한 것, 생각한 것, 느낀 것을 짧은 동화나 동시로 꾸며 보기 • 상황에 맞게 바른 자세로 말하기
	읽기 · 쓰기에 관심 가지기	• ***식충식물' 단어 카드, 관련도서, 팜플렛 등 자원의 글에 관심 갖기*** • ***식충식물에 관한 여러 가지 경험, 질문거리, 조사 내용을 그림이나 글로 나타내기***
탐구생활	과학적 탐구	• 식충식물을 키워보며 식충식물의 특성 알아보기 • ***식충식물의 움직임 관찰하기*** • 기르는 식충식물의 특성에 맞게 잘 돌보기
	수학적 탐구	• 식충식물들의 다른 점과 같은 점 찾아보기 • 조사 탐구한 내용을 적합하게 표로 만들어 보기
	창의적 탐구	• 식충식물의 입장에서 동화 꾸며보기 • 먹을 것이 부족한 북한과 가난한 나라 친구들을 도울 방법 생각해 보고 실천하기

나) 활동예상안

[음률 및 신체 표현]
- 새노래: 숲속을 걸어요.
- 개사하기: ***작은 동물원*** → 식충식물원
- 신체 표현: 식충식물의 모습, 벌레 잡는 모습 등을 몸으로 표현해 보기

[가정학습 과제]
- 식충식물 키워보기
- ***식충식물 관련 자원 모아보기***

[이야기 나누기]
- ***식충식물의 특성 및 종류***
- ***식충식물의 먹이 및 소화 방법***
- 식충식물을 키우는 방법
- 우리가 먹는 음식과 소화과정, 식충식물이 먹는 음식과 소화과정
- 먹을 것이 부족한 상황에 있는 친구들을 돕는 방법

[게임]
- ***파리지옥, 끈끈이가 되어 보아요.***
- 식충식물 퍼즐 맞추기
- 식충식물 먹이주고 오기
- 식충식물이 되어 먹이잡기

식충식물

[조형]
- ***식충식물 그리기***
- 컬러믹스와 주변에서 얻을 수 있는 재료를 이용하여 식충식물 만들기. 특별히 포충 방법 표현해 보도록 하기

[동화 / 동시]
- ***동화: 모기를 잡아먹는 끈끈이주걱***
- 동시 짓기: 식충식물에 대한 경험 후 느낌을 시로 표현

[현장 견학]
- 농업기술원의 식충식물원
- 식충식물 판매장

[관찰 / 실험]
- ***식충식물, 끈끈이주걱 등의 특성을 돋보기로 관찰하기***
- ***파리지옥 건드려 보기***
- 끈끈이주걱의 끈끈한 정도 알아보기

4) 자원목록

<table>
<tr><th colspan="3">구분</th><th colspan="4">내용</th></tr>
<tr><td rowspan="3">1차적자원</td><td colspan="2">실물</td><td colspan="4">• 식충식물원에서 사 온 화분: 파리지옥, 네펜데스, 사라세니아
• 분무기 / 돋보기 / 관찰통</td></tr>
<tr><td colspan="2">사람</td><td colspan="4">• 농업기술원의 식충식물 연구원
• 식충식물 판매장 주인</td></tr>
<tr><td colspan="2">현장견학 장소</td><td colspan="4">• 농업기술원에 속해 있는 식물원
• 식충식물 판매장</td></tr>
<tr><td rowspan="13">2차적자원</td><td rowspan="13">책</td><td rowspan="13">실제 정보</td><td>제 목</td><td>저자(발행연도)</td><td>출판사</td><td>비고</td></tr>
<tr><td>공기정화 & 벌레잡이식물</td><td>김영아(2005)</td><td>문예마당</td><td>벌레잡이 식물의 활용</td></tr>
<tr><td>제벌레잡이 식물의 비밀</td><td>김정환(2005)</td><td>진선출판사</td><td>벌레잡이식물에 대한 폭넓은 설명. 특히 사라세니아 종의 사진 유용</td></tr>
<tr><td>벌레잡이 식물</td><td>전영호 · 임헌영(2001)</td><td>웅진닷컴(자연탐험)</td><td>식충식물의 서식지 및 특성 설명</td></tr>
<tr><td>벌레잡이 식물</td><td>윤승희 역(2005)</td><td>삼성출판사</td><td>벌레잡이 식물의 확대 사진(먹이 잡은 모습, 잡는 과정 사진</td></tr>
<tr><td>벌레잡이 식물</td><td>한국학생과학문고 편찬회(2004)</td><td>한국독서지도회</td><td>식충식물의 유형에 관한 상세 설명</td></tr>
<tr><td>사냥하는 벌레잡이 식물</td><td>조병서(2006)</td><td>글사랑</td><td></td></tr>
<tr><td>식물도감</td><td>김완규(2004)</td><td>지식서관</td><td></td></tr>
<tr><td>식물 박물관</td><td>장명애 · 박선희 · 배미정(1997)</td><td>웅진출판</td><td>식충식물의 포충법 설명. 통발의 확대된 사진</td></tr>
<tr><td>식충식물의 세계</td><td>전의식 · 김정환(2002)</td><td>도요새</td><td>교사용 자료이나 사진 등은 교수자료로 활용 가능</td></tr>
<tr><td>숲이 울창한 열대우림</td><td>안젤라윌크스(2004)</td><td>계림</td><td></td></tr>
<tr><td>Why? 식물</td><td>이광우(2005)</td><td>예림당</td><td>만화와 사진으로 구성</td></tr>
</table>

<table>
<tr><th colspan="3">구분</th><th colspan="4">내용</th></tr>
<tr><td rowspan="14">2
차
적
자
원</td><td rowspan="2">책</td><td rowspan="2">동화</td><td>모기를 잡아먹는 끈끈이 주걱
(플라톤과학동화 중)</td><td>양승완(2002)</td><td>플라톤</td><td></td></tr>
<tr><td>민들레 꽃씨의 여행</td><td>이상배(2004)</td><td>파랑새어린이</td><td></td></tr>
<tr><td colspan="2">동화 자료</td><td>끈끈이주걱에 잡힌 모기</td><td>담임교사(2006)</td><td colspan="2">식충식물에 대한 흥미 유발 위해 교사가 테이블 동화로 제작</td></tr>
<tr><td colspan="2" rowspan="3">사진 및
그림 자료</td><td colspan="2">다양한 종류의 식충식물 사진</td><td colspan="2" rowspan="3">아래 제시된 인터넷 사이트에서 사진 찾아 씀</td></tr>
<tr><td colspan="2">식충식물이 곤충을 잡아먹는 모습</td></tr>
<tr><td colspan="2">포충되어 있는 식충식물의 모습</td></tr>
<tr><td colspan="2">비디오</td><td colspan="4">신비한 식물의 세계 (1편-2) (3편-2)</td></tr>
<tr><td colspan="2">음악 테이프
/ CD</td><td colspan="4">아이즐books(2005). 놀이동요(1. 작은 동물원)- '식충식물' 개사하기에 활용</td></tr>
<tr><td colspan="2" rowspan="6">사이트</td><td>제 목</td><td>인터넷 주소</td><td colspan="2">비 고</td></tr>
<tr><td>식충랜드</td><td>www.sikchungland.com</td><td colspan="2">식충식물의 이해 및 기르는 방법</td></tr>
<tr><td>식충식물백화점</td><td>www.cps.gg.gg</td><td colspan="2">식충식물 구입 가능</td></tr>
<tr><td>그린샤크</td><td>www.greenshark.co.kr</td><td colspan="2">식충식물 전문 쇼핑몰-구입 가능</td></tr>
<tr><td>한국벌레잡이
식물원</td><td>www.kcps.net</td><td colspan="2">식충식물 기르는 방법 및 다양한 사진
동호회 가입하면 필요 지식 제공</td></tr>
<tr><td>풀잎동요마을</td><td>http://pullip.ktdom.com</td><td colspan="2">'작은 동물원'(김성균 작사, 작곡)-개사에 이용</td></tr>
</table>

나. 프로젝트 진행 과정

1) 식충식물에 대한 교사의 이야기 듣고 상상해 보기

식충식물을 보지 못한 유아들이 대부분이라 이전 경험 표현이나 주제망 그리기는 생략하였다. 대신 교사가 동화로 만든 '끈끈이주걱에 잡힌 모기'(* 남을 괴롭히던 모기가 끈끈이주걱에 붙어 꼼짝 못하게 되었다는 내용)라는 테이블 동화를 들려준 후, 식충식물이란 '작은 곤충을 잡아먹는 식물'이라고 간단하게 설명해 주었다. 그리고 유아들에게 식충식물의 모습을 상상해 보도록 하였다.

'식충식물은 어떻게 곤충을 잡아먹을까?' 이야기 나누기

상황 : (교사가 동화 들려주기 후 식충식물에 대한 간단한 설명을 한 후이다.)

교사 : 이제 식충식물은 곤충을 어떻게 잡아먹을 것 같은지 각자 생각한 것을 먼저 그림으로 그려보자.

(얼마 후 아이들이 그림 그린 것을 가져와서 교사에게 보여준다.)

채연 : 저는요. 식충식물이 이렇게 생겼을 것 같아요. 이게요. 가시구요. 여기에는 움직이는 혀 같은 게 있어요. 혀로 나비를 잡아먹을 거 같아요. 혀가 낼름낼름 나비 있는 쪽으로 위로 가든가, 옆으로 가든가 해서 잡아먹을 거 같아요.

교사 : 그래? 혀가 가서 나비를 콕 찌를까?

채연 : 아니요. 이 혀가요, 나비를 동글동글 감아서 가져와서 먹어요. 여기에 있는 나비는 지금 거꾸로 있는 거구요.

사진 2-1
식충식물이 혀로 나비를 말아서 먹어요.

영광 : 저는요. 여기는 화분이구요. 얘가요, 화분에서 빠져 나와서 우리 안 보일 때…. 왜 있잖아요. 아침에 말구요, 밤에요. 그 때 벌레를 잡아먹어요.

교사: 밤에 아무도 안 볼 때 나와서 먹는다고 생각하는구나. 그럼 어떻게 먹을 것 같은데?

영광 : 여기에 있는 게 독침이에요. 독침을 쏴서 죽인 다음 한 번에 삼켜요. 그리고 여기 두 마리는 지금 도망가고 있는 거고 얘는 애기라서 아직 못 도망간 거예요.

사진 2-2
밤에 안 볼 때 독침 쏴서 죽인 후 삼켜요.

2) 식충식물에 대한 흥미 유발

이야기 나누기와 식충식물 상상하여 그려보기로 유아들의 관심이 높아졌을 때, 교사가 화분에 심겨 있는 '파리지옥'과 '네펜데스'를 보여 주었다. 파리지옥은 그 외형만으로도 유아들의 큰 관심을 끌었다. 잎사귀 바깥 면은 다른 보통 식물처럼 초록색이지만 안쪽 면은 빨간 색을 띠고 있고 잎사귀의 테두리에 삐죽삐죽한 가시 같은 것이 나 있었기 때문이다. 거기다 잎사귀 안쪽에 볼펜 끝을 살짝 스치기만 해도 재빠르게 잎을 닫는 것을 볼 수 있었다. 네펜데스의 경우, 다른 일반 식물들과는 아주 다르게 긴 주머니(포충낭)가 달려있고 주머니 안에는 물처럼 보이는 소화액이 들어 있었다.

사진 2-3 파리지옥과 네펜데스

3) 식충식물에 대해 궁금한 점 정리해 보기

식충식물들을 본 유아들은 큰 흥미를 보이며 그 움직임 및 모습과 관련하여 여러 질문을 하였다. 예를 들면 다음과 같다.

- 파리지옥은 어떻게 잎사귀를 닫아요? 잎사귀 닫은 다음에 어떻게 되어요?
- 파리지옥 잎사귀 끝의 뾰족뾰족한 것이 이빨인가요?
- 식충식물은 사람이 안 볼 때는 일어설 수(움직일 수도) 있어요?
- 네펜데스의 주머니 속에 들어 있는 것은 물이에요? 그건 어떻게 생겨요?
- 식충식물은 사람도 잡아먹나요?

4) 식충식물에 대해 조사, 탐구해 보기

원에 있는 식충식물 자세히 관찰하기, 파리지옥과 네펜데스의 먹이와 소화 방법 조사하기, 또 다른 식충식물이 있는지 찾아보기, 식충식물에 관한 비디오 보기 등을 하였다. 이렇게 하여 알게 된 것을 그리기, 만들기, 글로 쓰기 등으로 표현하였다.

• 사진 2-4 • 벌레잡이 제비꽃에 붙은 하루살이(까만 점) / 끈끈이주걱 자세히 관찰하기

5) 현장견학

가) 식충식물원 견학

농업기술원 안에 위치한 식충식물원에서 연구원의 설명과 함께 파리지옥, 끈끈이주걱, 통발, 땅귀개, 사라세니아, 벌레잡이 제비꽃 등 식충식물들을 보았다. 식충식물 몇 종류도 얻어 왔다.

• 사진 2-5 • 식충식물원에서 연구원 아저씨의 설명 듣기 / 네펜데스의 식충 주머니(뚜껑 크기가 꼭 맞아요)

나) 식충식물 판매장

유아들이 '식충식물은 곤충을 잡아먹는다' 는 사실에만 관심을 기울여 다른 각도에서 식충식물을 이해하도록 식충식물 판매원을 방문하였다. 여기서 식충식물원 견학 이후 나온 질문들을 해결하고, 식충식물이 관상용으로도 활용될 수 있고 모기나 날파리 등 해충을 잡아주기 때문에 유익하다는 사실을 알게 되었다.

사진 2-6 식충식물 판매장에서 설명 듣기 / 장식된 파리지옥과 사라세니아

6) 식충식물에 대해 알게 된 것 다양하게 표현하기

예를 들면 다음과 같다.

1 식충식물 자세히 그리기

사진 찍어 온 것, 스케치 해온 것 등을 근거로 자세히 그려보기를 하였다.

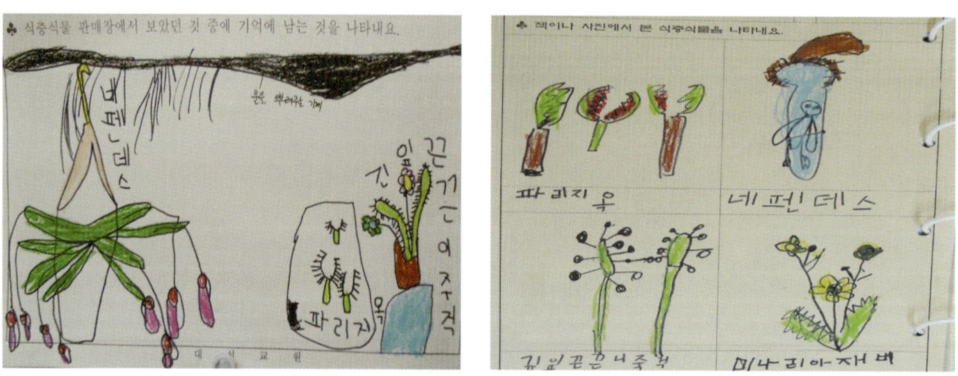

사진 2-7 식충식물에 스프링쿨러로 물 줘요. / 이렇게 벌레 잡아요.

2 점토 등을 이용하여 식충식물의 포충 방법 표현해 보기

식충식물의 포충 방법에 관심이 많았다. 끈끈이주걱 외에 파리지옥, 네펜데스, 벌레잡이제비꽃 등을 표현해 보았다. 예를 들어 파리지옥 잎사귀 끝은 이쑤시개로, 끈끈이주걱의 촉수는 색찰흙 점토로 표현하기도 하였다.

사진 2-8 끈끈이주걱의 촉수 표현

3 '사라세니아에 빠진 악당 개미' 이야기 만들기

교사가 들려준 동화 '끈끈이주걱에 잡힌 모기' 처럼 유아들도 동화를 만들어보기로 하였다. 이때 교사는 조별 활동이 용이하게 이루어지도록 하기 위해 동화의 큰 틀을 전체 모임 시간에 함께 정한 후 조별 활동으로 들어가도록 했다. 즉, 동화에 나오는 식충식물은 '사라세니아' 로 하기로 하고 사라세니아의 특성을 다시 한 번 검토한 후(* 달콤한 맛과 냄새를 풍겨서 곤충을 유인 후 긴 통에 빠지면 서서히 녹

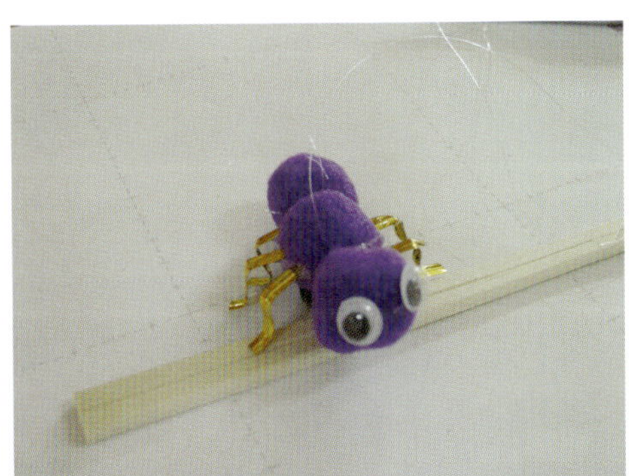

사진 2-9 조별 테이블 동화 만든 것 발표 / 사라세니아 통 속에 빠지는 악당 개미 인형(몇 번 시도 후 통 속에 빠져야 하기 때문에 줄 인형으로 만듦)

임), 동화에서는 어떤 곤충들이 통에 빠지는 것으로 할 건지 정하였다. 개미, 딱정벌레, 달팽이 등으로 정한 후 조별로 동화와 테이블 인형을 만든 후 전체 모임 시간에 공유하였다.

조별 결과물 중 가장 재미있다고 이야기된 것은 '사라세니아에 빠진 악당 개미' 였는데, 이 동화를 교사와 전체 유아들이 조금 더 보완하고 정리하여 인형극으로 하기로 하였다. 중심 내용은 '늘 친구들을 놀리고 괴롭히던 악당 개미가 사라세니아의 긴 통 속에 빠지게 된다' 는 것이다. 이 동화는 프로젝트 마무리 단계에서 동생반을 대상으로 한 전시회 및 발표회를 할 때 인형극으로 발표되었다.

4 식충식물 사진으로 만든 조각 맞추기

식충식물 사진을 이용하여 교사와 유아 몇 명이 조각 맞추기 교구를 만들었다. 두꺼운 종이에 사진을 붙인 후 유아들 의견에 따라 조각을 낸 것이다. 혼자서도 활동할 수 있도록 사진 한 장은 따로 코팅해 두고 잘 안될 때 보면서 하도록 하였다. 나중 유아들이 식충식물의 특성을 잘 그릴 수 있게 되었을 때에는 그것으로 '식충식물 조각 맞추기' 교구를 만들기도 하였다.

사진 2-10

5 식충식물이 곤충을 잡는 것을 몸으로 표현하기

그동안 알게 된 식충식물들의 포충 방법을 몸으로 표현해 보았다. 예를 들어 파리지옥의 경우 손가락을 벌리고 있다가 닫는 것으로, 끈끈이주걱은 달라붙는 것으로, 사라세니아는 껴안아 못 나가게 하는 식으로 표현하였다. 이때 교사는 처음에는 유아 각자가 식충식물을 표현하도록 하다가 친구들과 협력하며 창의적 표현을 해 보도록 점차 2명, 3명으로 수를 늘려가면서 다양하게 표현해 보도록 하였다.

사진 2-11 6명이 표현한 사라세니아의 벌레잡이 통과 거기에 빠진 곤충

6 노래 개사하기(작은 동물원 → 식충 식물원)

식충식물의 모양과 움직임을 살려 노래를 개사해 보고 식충식물과 곤충으로 역할 나누어 창의적 신체 표현도 하였다.

〈표 2-1〉 '작은 동물원'을 이용하여 개사한 '식충식물원'

<table>
<tr><td rowspan="3">작은 동물원(김성균 작사, 작곡)
삐약삐약 병아리
음매음매 송아지
따당따당 사냥꾼
뒤뚱뒤뚱 물오리
푸푸 개구리
집게집게 집게 가재
푸르르르 르르르
물풀 소라</td><td colspan="2">식충식물원</td></tr>
<tr><td>1절: 식충식물 모양을 표현

뾰족뾰족 파리지옥
수액 있는 네펜데스
제비꽃 닮은 벌(레잡이)제비꽃
점액 있는 끈끈이주걱
미로같은 달랑토니아
긴 통 달린 사라세니아
토끼 닮은 이삭귀개
모두 식충식물</td><td>2절: 식충식물 움직임을 표현

탁 닫았다. 파리지옥
찰랑찰랑 네펜데스
찰싹 붙인다. 벌(레잡이)제비꽃
끈적끈적 끈끈이주걱
이쪽저쪽 달랑토니아
슈~우루룩 사라세니아
뿌리로 꽉 이삭귀개
모두 식충식물</td></tr>
<tr><td colspan="2">* 벌레잡이 제비꽃은 너무 길어 박자가 안 맞아 노래 부를 때는 벌제비꽃으로 하기로 정함</td></tr>
</table>

7 식충식물에 대해 알게 된 것을 동시로 짓기

식충식물의 특성을 살린 동시 짓기를 해 보았다. 예를 들어 '벌레잡이 제비꽃' 에 관한 동시는 다음과 같다. 동시를 지은 후 막대 인형으로 만들어 인형극할 때처럼 하면서 시를 읽기도 하였다.

제목: 벌레잡이 제비꽃과 하루살이

지은이 : 성하진 교사와 꽃잎반 친구들

나는 벌레잡이 제비꽃
나한테 놀러와.
나는 꿀도 있다.
(＊벌레잡이 제비꽃 인형을 움직임)

정말~? 그럼 한 번 가 보자.
잎을 타고 올라가야지.
어~움직일 수가 없잖아.
끈적거려서 내 몸이 딱 달라붙었네.(＊하루살이 인형을 움직임)

맛있는 벌레 간식~
야~맛있다.(＊다시 벌레잡이 제비꽃 인형을 움직임)

7) '식충식물 작은 전시회 및 발표회'

프로젝트 과정 중 나온 인형극(＊사라세니아에 빠진 악당 개미), 동시(＊벌레잡이 제비꽃과 하루살이), 노래(＊식충식물원) 등을 동생반에게 보여주었다.

●사진 2-12● 초대 팜플렛과 인형극(＊ 사라세니아에 빠진 악당 개미) 준비물

8) 먹을 것이 부족하여 고통 받는 친구들을 도울 수 있는 방법 생각해 보기, 실천하기

식충식물은 영양이 부족하여 곤충들을 잡아먹는다. 우리 주변에도 영양이 부족한 친구들이 많이 있다. 먹을 것이 부족하여 영양 결핍에 있는 북한 및 다른 가난한 나라의 어린이들을 도울 수 있도록 '사랑의 돼지 저금통' 을 각 가정마다 하나씩 채우기로 하였다.

참·고·자·료

1) 식충식물은 왜 벌레를 잡아먹을까?

식충식물은 벌레잡이 식물이라고도 한다. 작은 곤충들을 잡아먹기 때문이다. 전 세계 25만종의 식물들 가운데 벌레잡이 식물은 약 400종 정도이다. 이런 식물들은 키가 큰 다른 나무나 식물과 싸워 햇빛을 차지할 수가 없기 때문에 다른 식물이 자랄 수 없는 열악한 환경인 양지바른 습지, 벼랑, 바위 같은 특수한 토양에 자리잡고 살아간다. 이런 곳은 광합성을 할 수는 있으나 성장에 필요한 질소나 인산, 칼리 등은 거의 없거나 조금밖에 없다. 그 때문에 질소 동화 작용을 하기 힘들어 단백질을 만들 수가 없어 영양 부족에 빠지게 된다. 이런 이유로 벌레잡이 식물들은 살아남기 위해 곤충을 잡아 소화, 흡수함으로써 단백질을 보충하는 것이다(전의식 · 김정환, 2002).

2) 쉽게 볼 수 있는 식충식물인 '파리지옥'

파리지옥은 먹이감인 파리나 벌이 다가와도 알아채지 못한다. 그래서 나름대로 곤충을 유인하는 책략을 쓴다. 그것은 이파리 안쪽 색깔을 빨갛게 하고 또, 달콤한 즙을 만들어 두는 것이다. 이 즙의 냄새를 맡고 다가온 곤충들이 이파리의 감각모(*한 개의 이파리에 3개씩 나 있음)를 건드리면 벌려져 있던 양쪽 이파리가 콱 닫힌다. 이때 이파리 가장자리에 나 있는 가시들은 서로 맞물리게 되어 잡은 곤충을 빠져나가지 못하게 가둔다. 잎을 닫은 후 30분 쯤 지나면 꽉 닫힌 파리지옥의 이파리 속에 액체가 차는데 2주쯤 지나면 곤충의 몸은 녹게 된다. 그것을 이파리로 흡수하는 것이다.

참고로 영화에서 나오는 것 같이 사람을 잡아먹는 식충식물은 지구상에는 없다. 또 하나, 재미있는 사실로 벌레잡이 통풀의 주머니에 담긴 액체는 원숭이가 즐기는 음료라 한다(윤승희 역, 2005).

3

'우리가 만드는 연못' 프로젝트

B원의 경우, 텃밭을 따로 만들기 전에는 원 주변에 유아들이 흥미를 가지고 관찰할 수 있는 생물이 부족한 여건이었다. 이런 부족한 점을 보완하기 위해 원 입구에 작은 연못을 만들어 놓으면 좋겠다고 교사회에서 이야기되었다. 유아들이 수시로 드나들며 수생식물에 관심을 갖고 살펴보도록 하기 위해서이다. 그런 취지로 '우리가 만드는 연못' 프로젝트를 계획하여 5월 중 3주간에 걸쳐 실시하였다.

가. 프로젝트 준비

1) 주제망

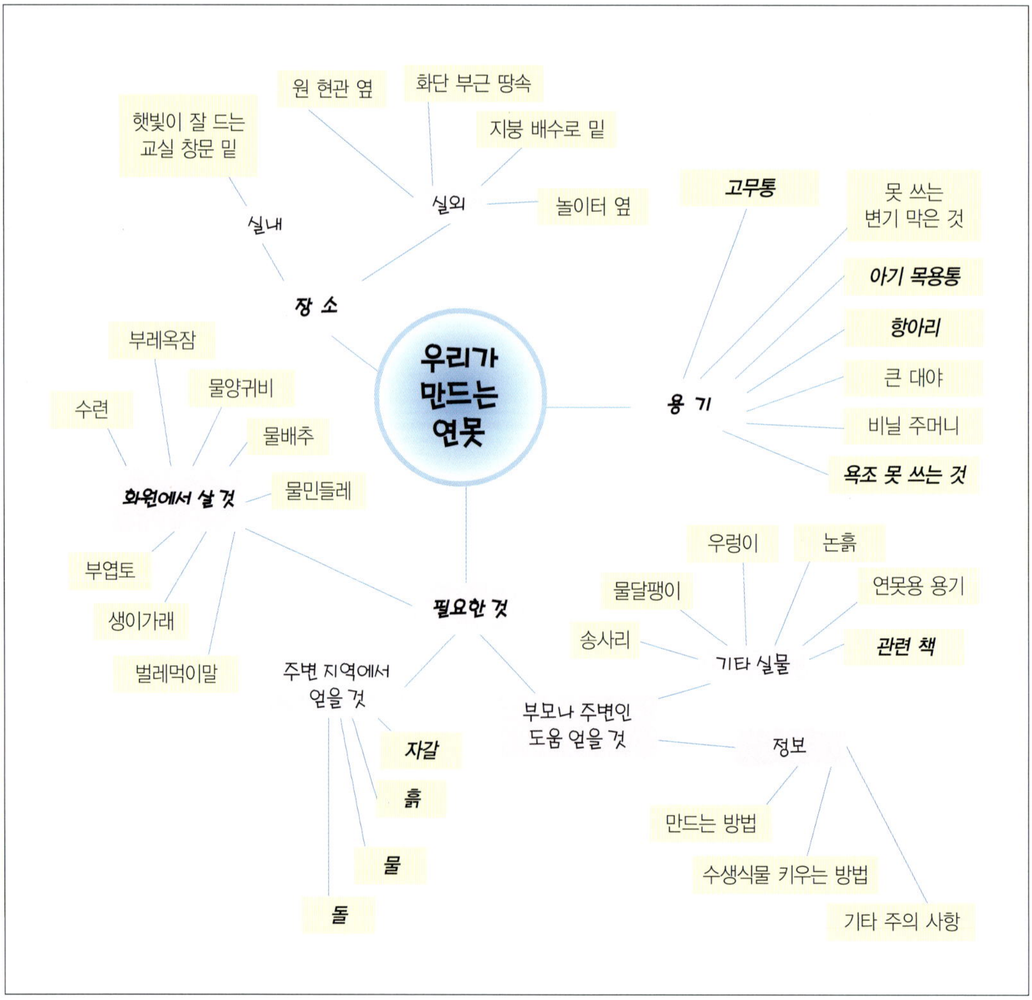

*주제망, 교육과정 조직안, 활동예상안의 이탤릭체 · 진한 글씨는 프로젝트 초기에 하면 좋겠다고 교사가 생각한 내용, 활동들

2) 목 표

- 수생식물에 대해 안다.
- 연못은 어떤 곳인지 안다.
- 작은 연못 만드는 방법을 안다.

3) 교육과정 조직안 및 활동예상안

가) 교육과정 조직안

영역별	구분	교육내용
건강생활	감각 및 신체 인식	• 만져보기, 냄새 맡기, 물소리 듣기 등
	기본운동능력	***• 연못에 넣을 흙 나르기, 도구 사용하기***
	건강	• 흙, 도구 등 만진 후 손, 발 깨끗이 씻기 • 연못물에 함부로 손 넣지 않기 • 연못물 마시지 않기
	안전	• 연못에 들어가지 않기 • 연못 만들 때 도구 조심하여 다루기
사회생활	기본생활습관	• 물 아껴 쓰기
	개인생활	• 연못 생물 중 관찰 대상 정하고 주기적으로 관찰해 보기
	가정생활	***• 연못 관련 자원을 함께 찾아보기*** • 가정에 식구들과 작은 연못 꾸며보기
	집단생활	• 교사, 친구들과 함께 어떤 연못을 만들지 계획 세워보고 함께 협력하여 만들어보기
	사회현상과 환경	***• 우리 주변에 연못이 있는 곳 알아보기*** • 연못 생물 관련 자료 모으기 • 연못 등 주변 자연을 깨끗하게 보전할 수 있는 방법 생각해 보고 실천하기

영역별	구분	학습내용
표현생활	탐색	• 수생식물의 모양 관찰하기 • 연못에 사는 동 · 식물 관찰하기(움직임, 모양 탐색) ***• 연못으로 사용할 수 있는 용기 찾아 보기***
	표현	***• 만들고 싶은 연못 그려보기***, 꾸며보기 • 부레옥잠 등 수생식물의 특성을 활용한 찍어보기 • 연못에 사는 수생식물, 동물의 특성을 그림, 찰흙, 짧은 이야기, 노래, 움직임 등으로 표현하기
	감상	• 주변 연못의 모양, 연못에 사는 생물들의 모양 등 감상 • 우리가 만든 연못의 변화 모습(* 꽃 피는 모습 등) 감상
언어생활	듣기	• 친구, 선생님, 전문가 등 여러 사람의 이야기 잘 듣기 • 이야기를 듣고 질문하기
	말하기	***• 연못에 대한 생각, 느낌, 경험 말하기*** • 자신의 의견 정확히 얘기하기
	읽기 · 쓰기에 관심 가지기	• 연못 관련 책 등 2차적 자원 찾아보기 및 읽어보기 • 초대장 쓰기
탐구생활	과학적 탐구	• 연못에 사는 수생식물 중 흙에 뿌리를 박고 사는 식물과 물에 떠서 사는 식물의 차이점 탐구해 보기 • 흙을 담은 연못과 물만 담은 연못의 변화과정 탐구하기
	수학적 탐구	• 연못에 흙을 담을 때, 물을 부을 때 등 측정하기
	창의적 탐구	• 수생식물과 연못에 살고 있는 송사리, 놀러오는 잠자리 등과의 대화 상상해 보기

나) 활동예상안

우리가 만드는 연못

[이야기 나누기]

- ***연못은 어떤 곳일까?***
- 연못을 만드는 방법
- 연못에 넣을 생물들: 수생식물, 송사리 등
- 연못 관리 방법

[음률 및 신체 표현]

〈음률〉

- '숲속을 걸어요' → '연못을 만들었어요.'
- 조금 더 다가가서, ***올챙이 송***
- 작은 연못
- 올챙이와 개구리

〈신체 표현〉

- 연못의 부유식물 표현하기
- 연못의 송사리 되어보기

[관찰 / 실험]

〈관찰〉

- 수생식물 성장 과정
- 부레옥잠의 단면
- 연못 물의 변화

〈실험〉

- 흙 담은 연못과 물만 담은 연못의 상태 및 수생식물의 변화

[미술 / 조형]

- 수생식물 그리기
- ***내가 만들고 싶은 연못 그리기***
- 용기에 연못 꾸미기

[게임 및 실외놀이 · 활동]

- 개구리 울음주머니 놀이
- 다양한 용기를 이용한 물놀이
- 연못 만들기

[현장 견학]

- 오창 호수공원(5월말: 수련, 6월말: 연꽃), 충북대, 운보의 집 연못
- 화훼단지의 연못 및 용기에 담긴 연못

4) 자원목록

<table>
<tr><th colspan="3">구분</th><th colspan="4">내용</th></tr>
<tr><td rowspan="3">1
차
적
자
원</td><td colspan="2">실물</td><td colspan="4">• 연못에 심을 식물 : 부레옥잠, 수련, 물배추, 개구리밥, 물양귀비
• 연못에 넣을 생물 : 송사리, 물방개, 올갱이, 우렁이</td></tr>
<tr><td colspan="2">사람</td><td colspan="4">• 연못을 만들어 본 학부모와 조부모, 자연안내자, 화원주인, 연못 만들 용기를 파는 상인 등</td></tr>
<tr><td colspan="2">현장견학
장소</td><td colspan="4">• 오창 호수 공원 / 충북대학교 / 운보의 집의 연못
• 연못을 만들어 놓은 개인 집</td></tr>
<tr><td rowspan="15">2
차
적
자
원</td><td rowspan="15">책</td><td rowspan="15">실제
정보</td><td>제 목</td><td>저자(발행연도)</td><td>출판사</td><td>비고</td></tr>
<tr><td>개구리 논으로 오세요</td><td>문승연(2005)</td><td>돌베개어린이</td><td>연못에 사는 개구리에 대해 관심 높임</td></tr>
<tr><td>물에서 사는 곤충
(꼬맹이 자연방 46)</td><td>김석규(1998)</td><td>한국몬테소리(주)</td><td>물에서 사는 곤충의 확대 사진</td></tr>
<tr><td>민물에 사는 생물
(도담도담 자연관찰27)</td><td>예수해(2002)</td><td>아이교육(주)</td><td>수생식물, 민물에 사는 곤충 정보</td></tr>
<tr><td>송사리, 연어</td><td>권혁진 · 박상률 · 한미호
(1996)</td><td>삼성 출판사</td><td>식충식물의 유형에 관한 상세 설명</td></tr>
<tr><td>식물도감</td><td>이지열(2002)</td><td>예림당</td><td>물 주변에 사는 식물과 물 속에 사는 식물</td></tr>
<tr><td>식물 박물관</td><td>장명애 · 박선희 · 배미정
(1997)</td><td>웅진출판</td><td>개구리밥을 기르는 과정, 세밀화로 그린 곤충도감</td></tr>
<tr><td>세밀화로 그린 곤충도감</td><td>정낙묵(2003)</td><td>(주)도서출판 보리</td><td>곤충의 특성: 교사 자료로 유용</td></tr>
<tr><td>연못의 곤충</td><td>박두이(2001)</td><td>교원</td><td></td></tr>
<tr><td>연못 자연 속으로</td><td>도날드 실버(2003)</td><td>창조 문화</td><td>연못에 있는 생물, 미생물을 그림으로 묘사</td></tr>
<tr><td>연못에서 사는 동식물
(아기나라 자연관찰 12)</td><td>변재용(2004)</td><td>한솔교육</td><td>사진과 세밀화로 되어진 책</td></tr>
<tr><td>올챙이 꼬리가 없어졌어요.</td><td>정선주(2005)</td><td>삼성출판사</td><td></td></tr>
<tr><td>파릇파릇 식물</td><td>박세웅(2003)</td><td>계림닷컴</td><td>과학 만화로 구성</td></tr>
<tr><td>함께 만드는
작은 연못 이야기</td><td>임종길(2004)</td><td>우리 교육</td><td>교사용 자료로서, 다양한 연못 모양, 만드는 방법, 재료 등 소개</td></tr>
</table>

<table>
<tr><th colspan="3">구분</th><th colspan="4">내용</th></tr>
<tr><td rowspan="9">2차적자원</td><td rowspan="2">책</td><td rowspan="2">동화</td><td>개굴 개굴,
개구리 노래를 해요.</td><td>김영이 · 변진미(2001)</td><td>(주)삼성교육개발원</td><td>개구리에 대한 동화</td></tr>
<tr><td>작은 연못</td><td>김석규(2005)</td><td>(주)몬테소리</td><td>환경 보존의 의미</td></tr>
<tr><td colspan="2">음악 테이프/CD</td><td>김성균 유아동요집</td><td>유아음악교육연구회</td><td colspan="2">동요 테이프(나래음반) 첨부: 조금 더 다가가서</td></tr>
<tr><td colspan="2" rowspan="5">사이트</td><td>제 목</td><td>인터넷 주소</td><td colspan="2">비 고</td></tr>
<tr><td>풀잎동요마을</td><td>http://pullip.ktdom.com</td><td colspan="2">숲속을 걸어요(유종슬작사, 정연택 작곡) - 개사에 이용</td></tr>
<tr><td>개구리가 되기까지</td><td>http://www.kidkids.net/eduinfo_new/schedule_view.htm?act_id=2411)</td><td colspan="2">이야기 나누기 자료와 방법</td></tr>
<tr><td>꼬리 관찰하기</td><td>http://www.kidkids.net/eduinfo_new/schedule_view.htm?act_id=2270</td><td colspan="2">꼬리 관찰에 대한 수업 자료, 방법</td></tr>
<tr><td>개구리 울음 주머니 놀이</td><td>http://www.kidkids.net/eduinfo_new/schedule_view.htm?act_id=858</td><td colspan="2">이야기 나누기, 신체 표현 시 사용할 수 있는 자료</td></tr>
</table>

나. 프로젝트 진행 과정

1) 연못에 대한 이야기 나누기, 흥미 유발하기

교사가 직접 찍어 온 주변의 연못 사진, 인터넷에서 찾은 연못 사진, 책에 실린 연못 사진(임종길, 2004), 기관이나 가정에서 만들어 놓은 다양한 연못의 사진을 보여주며 어떤 모양인지, 무엇이 살고 있는지 이야기 나누었다.

•사진 3-1• 가정에서 만든 연못 / 아기 목욕통으로 만든 연못 모습(임종길, 2004, 13)

2) 실제 연못 보고 오기

주변의 대학교, 공공기관, 공원에 있는 연못을 보고 왔다. 가정에도 통신문을 보내 주말에 연못을 구경해 보도록 부탁했다.

•사진 3-2• '운보의 집'의 작은 연못 / 오창 호수공원의 큰 연못

3) 어떤 형태로 연못을 만들면 좋을지 함께 아이디어 모으기

사진과 실제로 본 연못 등을 기초로 해서 원 입구에 만들어 놓고 싶은 연못을 그려보았다. 이어서 연못에 사는 생물들을 그려 연못처럼 꾸며 보았다.

● 사진 3-3 ● 연못에 송사리도 살게 해요. 꽃도 피게 하고요.

4) 연못을 만들 용기 정하기

부모님들과 거래를 하고 있는 화원 등의 협조를 받아 적합한 용기(예 안 쓰는 아기 목욕통, 큰 토기, 변기통, 고무통 등)를 구하였다. 크기, 모양, 관리 등을 검토해 본 후 결과적으로 큰 고무통으로 하기로 하였다.

5) 연못을 만들기 위한 준비물 구하기

연못을 만들 통, 흙(일반 흙과 퇴비 섞인 흙), 모래, 수생식물까지는 교사가 구하기로 하고 유아들은 예쁜 돌이나 자갈을 주워 오기로 하였다.

6) 연못 만들기

① 연못을 만들 통에 모래, 퇴비 섞은 흙(또는 상품화된 부엽토), 일반 흙 순으로 약 3~4㎝씩 정도 되도록 깔아 식물을 심을 수 있도록 마련해 놓는다. 모래가 없으면 그냥 흙만 해도 된다. 이 경우 흙 → 부엽토(없으면 안 넣어도 됨) → 흙 순으로 깐다.[32)]

32) 작은 연못의 물은 썩지 않아서 관리가 편리하다. 그 안에 흙과 수생식물이 함께 있어 순환이 이루어지기 때문에 썩지 않는 것이다. 작은 연못 용기로는 오래 전에 쓰던 아기목욕통, 입구가 넓은 항아리, 사진에서 보이는 것과 같은 고무 통 외에도 버려진 '변기통(구멍 막아 이용)' 까지 사용될 수 있다. 땅을 파고 연못 용기(또는 두꺼운 비닐)를 묻은 후 연못 주위를 기와장이나 자갈 등으로 예쁘게 장식할 수도 있다(임종길, 2004).

• 사진 3-4 • 연못에 넣을 흙 파오기 / 연못으로 쓸 통에 흙, 부엽토 등 담기

② 뿌리를 흙에 박고 사는 수생식물(예 수련, 물양귀비 등)을 먼저 심는다.

③ 통의 반 정도 되도록 물을 담은 후 물에 뜨는 식물(예 부레옥잠, 개구리밥, 물배추 등)을 띄워준다. 연못 한쪽 구석이나 다른 용기에 벼를 심은 후 성장 과정을 비교, 관찰해 보도록 하여도 좋다. 이렇게 할 때는 벼가 물에 너무 많이 잠기지 않도록 주의하여야 한다. 여기서는 따로 심어 비교하는 것으로 하였다.

• 사진 3-5 • 고무통 연못에 물 채우기 / 고무대야에 심은 벼

④ 미꾸라지나 송사리를 넣어 준다. 번식도 빠르고 모기 유충 장구벌레를 잡아먹어 모기의 번식을 막는다. 원의 여건에 따라 다슬기 등을 넣어주어도 된다.

사진 3-6

⑤ 연못의 물 상태 확인하기: 처음 며칠간은 연못 밑에 깐 흙과 부엽토 때문에 물 상태가 탁하게 보이지만 차츰 가라앉으면서 어느 정도 맑아진다. 통을 두 개 마련하여 한 개에는 흙을 담아 만들고, 다른 하나는 그냥 맑은 물만 채운 상태(큰 돌은 몇 개 넣음)로 만든다. 이렇게 각기 다른 조건으로 연못을 만든 후 각 조건에서의 수생식물 성장 과정을 비교해 볼 수 있다.

사진 3-7 (좌)흙을 넣고 만든 연못(＊노란색 물양귀비와 보라색 부레옥잠[33]이 피었음)
(우)맑은 물만 채운 연못(＊돌멩이에 다슬기 붙어 있음)

33) 부레옥잠은 물을 깨끗하게 만들어 주는 역할도 한다. 공기 주머니가 물고기의 부레와 같은 구실을 한다고 해서 이름도 부레옥잠이다(도토리, 1997, 338).

7) 연못 생물들의 관찰

연못 속 생물들의 변화 과정 그림 그리기(＊일정한 주기로 기록), 관찰한 것에 기초하여 연못 속 생물들에 관한 이야기 만들기 등 연못에 관한 다양한 표현을 하였다.

- 물양귀비는 심은 지 며칠 후 노란색 꽃을, 부레옥잠은 보라색 꽃을 피웠다.
- 잠자리가 놀러 와서 계속 꽃 주위를 날아다녔다.
- 송사리들은 매우 빠르게 왔다 갔다 한다.
- 다슬기가 돌멩이에 딱 붙어 있다.

연못 속 생물에 관한 이야기 꾸미기

연못 생물 관찰한 것을 기초로 이야기 꾸미기를 해 보았다. 이때 유아들의 발달 단계에 따라 처음 시작은 교사가 운을 떼어 주고 유아들이 알게 된 사실, 느낀 점에 기초해서 뒷이야기를 꾸미도록 해 볼 수 있다. 예를 들면 다음과 같다.

〈'잠자리와 부레옥잠 꽃' 이야기〉

교사 : 부레옥잠이 보라색 꽃을 피운 날 잠자리 한 마리가 날아 와 부레옥잠 꽃 옆을 왔다 갔다 했단다. 그러더니 "넌 누구니? 처음 보는 꽃인데…." 하고 물었어. 그러면 부레옥잠은 뭐라고 대답할까?

유아 : 너부터 말하면 말해 줄게. 나도 널 처음 본다고 ….

교사 : 아차차! 실례. 내 이름은 잠자리야. 이제 네 이름도 말해 줘.

유아 : 난 부레옥잠.

교사 : 부레옥잠? 그런 꽃 이름은 처음 들어본다. 왜 그렇게 지었어?

유아 : 난 공기 주머니가 있거든. 그게 물고기 부레처럼 내 몸을 뜨게 해 준단 말이야.

….

(이런 식으로 연못의 변화에 따라 교사와 유아 1명, 또는 교사와 전체 유아가 모여 앉아 얼마든지 다음 이야기를 만들어 갈 수 있다.)

8) 연못을 잘 돌보기 위한 방법 생각하고 실천하기

- 연못에 쓰레기 넣지 않기
- 쓰레기 보면 건져 내기
- 연못 통 두드리지 않기
- 연못물에 손 넣어 휘젓지 않기
- 연못에 침 뱉지 않기
- 연못의 생물들에게 정답게 인사해 주기

참·고·자·료

1) 연못 만들 때 주의 사항

- 땅 속에 연못을 만들 경우에는 연못물이 땅 속으로 스며들지 않도록 용기를 묻거나 연못 크기만큼 비닐을 깔아야 한다.
- 햇빛이 잘 드는 곳에 설치해야 한다.
- 연못물은 수돗물보다는 받아놓은 빗물을 쓰는 것이 좋다.
- 개구리밥은 번식력이 매우 뛰어나므로 연못 위를 다 뒤덮기 전에 꼭 건어 주어야 한다.

2) 연못 만드는 흙

연못 바닥을 만들 때 사용하는 흙은 일반 흙보다 이른 봄 논바닥에서 퍼온 젖은 흙이 더 바람직하다. 그런 흙을 사용하면 이미 그 안에 살고 있던 여러 생물들이 함께 이동해 오게 되므로 연못에서 다양한 생물들을 쉽게 관찰할 수 있기 때문이다.

3) 수생식물

수생식물이란 몸의 일부나 전체가 물 속에 잠겨 살아가는 식물을 말한다. 이는 생육 상태에 따라 다음과 같이 여러 가지 종류로 나누어진다(김태정, 2004, 158-159).

- 추수식물: 물가에서 자라는 것으로 갈대, 줄, 참부들, 동의나무 등
- 부엽식물: 물 위에 잎을 내놓는 것으로 가래, 수련, 노랑머리 연꽃 등
- 부유식물: 물 위에 떠서 사는 개구리밥, 물옥잠 등
- 침수식물: 물 속에 잠겨 사는 검정말, 나사말 등

4

'옥수수 냠냠' 프로젝트

작은 텃밭에 관리인 아저씨가 고추, 가지, 토마토와 옥수수를 심었다. 유아들은 처음 옥수수를 심는다고 할 때 언제 옥수수가 열리는지, 언제 따 먹을 수 있는지 하는 것을 궁금해 하였다. 그런데 막상 싹이 나고 자라던 2달 정도 기간에는 별 관심을 보이지 않다가 옥수수가 자기들 키보다 훨씬 커진 시점부터 언제 먹을 수 있는지 부쩍 다시 관심이 높아졌다. 이렇게 옥수수가 열매를 맺게 될 무렵부터 그것을 따 먹기까지 '옥수수 프로젝트'는 약 3주간에 걸쳐 진행되었다. 참고로, 옥수수와 마찬가지로 딸기, 포도, 고구마 등 원에서 재배하고 있는 작물이 있는 경우, 또는 포도밭, 딸기밭에 현장 활동을 갈 계획이 있다면 연계하여 프로젝트로 하는 것이 효과적이다.

가. 프로젝트 준비

1) 교사 예상 주제망

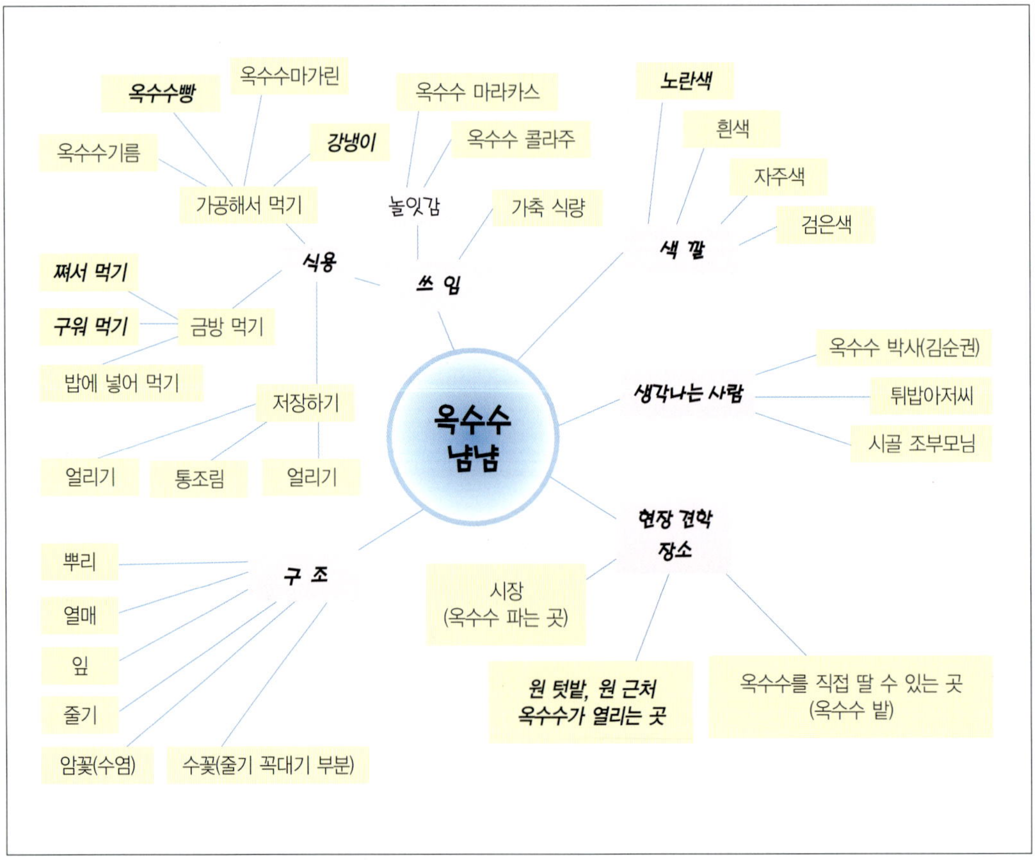

*주제망, 교육과정 조직안, 활동예상안의 이탤릭체 · 진한 글씨는 프로젝트 초기에 하면 좋겠다고 교사가 생각한 내용, 활동들

2) 목 표

- 옥수수의 생김, 종류, 성장과정 등을 안다.
- 잘 익은 옥수수를 찾아 딸 수 있다.
- 옥수수가 우리 식생활에 어떻게 활용되는지 안다.

3) 교육과정 조직안 및 활동예상안

가) 교육과정 조직안

영역별	구분	학습내용
건강생활	감각 및 신체 인식	• ***옥수수 잎, 옥수수 수염, 옥수수 알을 관찰하고 만져보기*** • 옥수수 맛보기, 생 옥수수와 찐 옥수수 냄새 맡기
	기본운동능력	• 옥수수 따기 및 나르기
	건강	• ***옥수수 등 곡물 잘 씹어 먹기***
	안전	• 요리 활동 시 도구 조심하여 다루기
사회생활	기본생활습관	• 도와준 분들께 고마운 마음을 표현하기 • ***활동 후 물건의 정리, 정돈하기***
	개인생활	• 친구들과 함께 활동할 때 마음대로 하면 안 되는 것이 무엇인지 알기
	가정생활	• 가족과 옥수수 쪄 먹어보기 • 옥수수를 이용한 음식 중 우리 가족이 좋아하는 것은 무엇인지 알아보기
	집단생활	• 옥수수 심고 키우고 재배하는 과정에서 친구들과 협력하기 • 공동으로 사용하는 물건을 알고 소중히 다루기
	사회현상과 환경	• ***옥수수 관련 자료 모으기(부모들에게 공지, 자원목록표 부착, 신문스크랩 해보기)*** • 굶주리는 주변에 관심 갖기, 돌보기

영역별	구분	학습내용
표현생활	탐색	• 옥수수의 껍질, 잎맥. 알, 수염, 뿌리를 탐색하기 • 조명나방, 애벌레의 생김, 움직임 탐색하기
	표현	• 옥수수의 암꽃과 수꽃 신체 표현하기 • ***옥수수에 대한 경험 그리기*** • 옥수수를 이용한 악기(예 옥수수 알 마라카스)로 소리 내보기
	감상	• 옥수수 관련 노래, 그림 감상하기 • ***자신과 다른 사람의 작품을 소중히 다루기***
언어생활	듣기	• ***옥수수에 관련된 동화 · 동시 듣고 이해하기*** • ***다른 사람의 의견, 느낌, 발표 등을 주의 깊게 듣기***
	말하기	• ***옥수수 관련 경험, 생각. 느낌 말하기*** • ***듣는 사람을 보며 말하기*** • ***자신의 활동 내용, 과정, 결과물에 대해 발표하기***
	읽기 · 쓰기에 관심 가지기	• 질문거리 해결을 위해 책 찾아보기
탐구생활	과학적 탐구	• 옥수수 형태 관찰, 껍질이 여러 겹인 이유 탐구해 보기 • 금방 딴 옥수수 알과 말린 옥수수, 팝콘, 통조림알의 옥수수 알 등을 비교해 보기 • 옥수수로 음식(팝콘, 콘플레이크, 옥수수빵) 만들 때 음식 재료의 변화 탐구하기 • 옥수수 알 싹 틔어 보고 관찰하기
	수학적 탐구	• 옥수수 세어보기 • 옥수수 크기대로 놓아보기, 무게 달아보기
	창의적 탐구	• 옥수수를 이용한 색다른 음식 생각해 보기(＊가정과 연계)

나) 활동 예상안

옥수수 냠냠

[이야기 나누기]
- ***옥수수의 성장***
- ***잘 익은 옥수수 고르는 법과 따는 법***
- 옥수수 이용 방법

[미술 / 조형]
- ***옥수수 그리기***
- 옥수수알, 팝콘을 이용한 만들기(콜라주, 마라카스 등)

[현장 견학]
- ***옥수수밭*** / 밭두렁
- 시장: 옥수수 튀기기
- 슈퍼마켓

[요리 활동]
- 옥수수 찌기
- 스위트콘 샐러드
- 옥수수 밥
- 옥수수빵 샌드위치

[새노래]
- ***새노래 - 옥수수 하모니카,***
- 개사노래
  - 숲속을 걸어요 → 옥수수를 따러가요
  - 잉잉잉 → 옥수수

[관찰 / 실험]

〈관찰〉
- ***옥수수 구조***
- 품종이 다른 옥수수
- 금방 딴 옥수수 알과 말린 옥수수, 팝콘, 통조림 알의 옥수수 알 등 비교

〈실험〉
- 옥수수 알 싹 틔우기

4) 자원 목록

<table>
<tr><th colspan="3">구분</th><th colspan="4">내용</th></tr>
<tr><td rowspan="3">1차적 자원</td><td colspan="2">실물</td><td colspan="4">• 뿌리까지 볼 수 있는 옥수수 전체, 옥수수 딴것(껍질 벗기지 않은 것)
• 옥수수 가공 식품(과자, 씨리얼, 마가린, 옥수수 기름, 옥수수 차, 뻥튀기, 강냉이, 옥수수 빵 등)</td></tr>
<tr><td colspan="2">사람</td><td colspan="4">• 옥수수 재배하는 사람 / 시장의 뻥튀기 아저씨, 야채가게 아저씨</td></tr>
<tr><td colspan="2">현장견학 장소</td><td colspan="4">• 가덕 옥수수 밭, 텃밭, 시장의 야채가게</td></tr>
<tr><td rowspan="9">2차적 자원</td><td rowspan="7">책</td><td rowspan="7">실제 정보</td><td>제 목</td><td>저자(발행연도)</td><td>출판사</td><td>비고</td></tr>
<tr><td>옥수수</td><td>(주) 프뢰벨(2006)</td><td>프뢰벨미디어</td><td>옥수수의 구조 및 옥수수가 자라는 과정</td></tr>
<tr><td>옥수수 · 감자</td><td>권혁진 외(1996)</td><td>삼성출판사</td><td>옥수수의 꽃과 싹이 되고 자라는 과정</td></tr>
<tr><td>옥수수 박사 김순권 이야기</td><td>김윤용(2006)</td><td>우리교육</td><td>배고픈 사람들에게 옥수수로 도움 준 이야기로 교사용 자료로만 가능</td></tr>
<tr><td>자연 그림책: 옥수수</td><td>김무상(1991)</td><td>캠프</td><td>옥수수의 활용 및 옥수수의 구조</td></tr>
<tr><td>지렁이</td><td>권종택(2005)</td><td>보림 출판사</td><td>땅 속에서 일어나는 상황이 나타남</td></tr>
<tr><td>채소밭과 과수원</td><td>김영애(2002)</td><td>여명미디어</td><td>입체로 되어 있어 유아들이 즐겨보았고 맨 뒷편에 식물의 명칭이 나타나 있어 퀴즈놀이처럼 활용</td></tr>
<tr><td colspan="2" rowspan="2">동화</td><td>사계절</td><td>존버닝햄(2006)</td><td>시공사</td><td>계절의 변화를 느낄 수 있는 동화</td></tr>
<tr><td>옥수수 자동차</td><td>김용항(2001)</td><td>도서출판 온누리</td><td>옥수수가 쥐들에 의해 자동차로 변신되는 동화</td></tr>
</table>

구분		내용		
2차적자원	인터넷	제 목	인터넷 주소	비 고
		다락골 사랑 – 누촌애	http://blog.daum.net/33063590	왼쪽 하단 메뉴에서 '옥수수' 부분(옥수수 농사짓는 법 등)
		벌레로	http://blog.naver.com/ipmkorea?Redirect=Log&logNo=20011083340	조명나방의 알, 유충, 번데기 등 상세한 사진
		제비내 사람들	http://blog.daum.net/jebinae/1372275	옥수수 종류, 따는 방법, 옥수수에 기생하는 벌레-특히 조명나방 사진과 설명
		풀잎동요마을	http://pullip.ktdom.com	옥수수 관련 노래 및 악보: 옥수수 하모니카

나. 프로젝트 진행 과정

1) 옥수수에 대한 생각 모으기 및 주제망 짜 보기

옥수수 알을 텃밭에 심고 또 자라나는 과정도 어느 정도 관찰한 후였고, 옥수수 자체가 유아들에게 익숙한 식품이었기 때문에 생각 모으기 결과물은 '옥수수 구조' (예 옥수수 알, 잎사귀, 뿌리 등)와 '옥수수를 이용한 음식' (예 찐 옥수수, 옥수수 자장면, 강냉이 등), '옥수수에 대한 느낌' (예 맛있어요. 먹고 싶어요, 달콤해요, 부드러워요 등) 등 많은 항목이 나왔다.

2) 질문 모으기

현재 텃밭에서 자라고 있는 옥수수에 대한 질문이 많았다. 예를 들면 다음과 같다.

- 왜 옥수수 뿌리는 흙 바깥으로 나와 있어요?
- 땅 속에도 뿌리가 있어요? 어떻게 생겼어요?
- 옥수수 맨 꼭대기에 있는 것이 꽃이에요?
- 옥수수 언제 많이 열려요? 등

• 사진 4-1 • 옥수수의 맨 꼭대기의 수술 부분 / 강한 바람에 부러진 옥수수

3) 텃밭과 교실에서 옥수수 관찰

밭에 나가서 자신들 키보다 훨씬 더 높게 자란 옥수수를 관찰하였다. 특히 잎사귀의 잎맥, 땅 위로 나와 있는 옥수수 뿌리 등을 유의하며 보았다. 이때 땅 위로까지 나와 있는 뿌리를 보면서 땅 속에 있는 뿌리는 어떤 모양일지 많이 궁금해 하였다. 이에 강한 바람에 쓰러져 있던 옥수수를 하나 뽑아서 교실로 가져와 자세히 관찰하고 그려보는 시간을 가졌다.

• 사진 4-2 • 막 싹이 났을 때 / 유아들 키보다 더 자란 옥수수를 뽑아 뿌리까지 관찰

4) 옥수수 열매에 대한 예상하기

밖에 나가 옥수수를 관찰하면서 열매가 달린다면 어디쯤 어떤 모습으로 달릴지 예상해서 그려보았다. 그리고 며칠 후 실제 옥수수가 열렸을 때 예측한 것과 비교하면서 확인해 보고 다시 그림으로 그렸다.

• 사진 4-3 • '옥수수는 이렇게 열릴 거예요' 예측 후 결과 확인하여 다시 그리기

5) 옥수수 열매 하나씩 따 보기

유아 한 명당 옥수수 하나씩을 따 보았다. 대부분의 유아들이 먹어보기는 하였어도 직접 따 본 경험이 없어 무조건 위로 잡아당기거나 비틀다가 옥수수 대가 부러지기도 하였다. 몇 차례 시도 후 일단 따기 전에 툭 꺾으면 잘 따진다는 것을 알았다.

• 사진 4-4 • 옥수수 따기

6) 각자 따온 옥수수 껍질 까보기, 쪄서 먹어보기

- 옥수수 껍질을 여러 꺼풀 까내도 계속 또 속껍질이 나오자 재미있어 하였다. 껍질을 깔 때 쪄낸 후에도 자기 것을 잘 찾을 수 있도록 두 겹 정도 껍질을 남겨 놓고 그 위에 이름을 썼다. 또 쪄냈을 때 어떤 옥수수(* 껍질 및 수염의 상태와 맛 간의 관계)가 제일 맛있나 알아보기 위하여 옥수수 껍질 깐 것과 수염

을 버리지 않고 각자 자기 앞에 잘 모아놓았다. 옥수수 껍질을 다 까니 크기가 처음보다 작아진다는 것, 수염이 옥수수 알에 많이 붙어 있다는 것(＊수염 하나가 알 하나마다 붙어 있다), 어떤 옥수수는 알이 얼마 없고(＊수정이 적게 된 것) 어떤 옥수수는 속이 꽉 찼다는 것(＊수정이 잘 된 것), 옥수수마다 옥수수 껍질(초록색인 것과 노란색인 것)과 수염의 상태(마르고 쪼그라든 것과 연두색이고 물기가 있는 것), 크기 등이 다르다는 것을 알게 되었다.

- 옥수수 맛과 옥수수의 상태 연결시켜 보기: 옥수수를 쪄서 먹어본 결과 옥수수 껍질이 녹색이면서 큰 것, 수염이 쪼그라들지 않은 것들은 맛이 좋은 반면 껍질색이 연한 베이지 색이면서 수염이 적고 까칠하게 쪼그라져 있으며 물기가 없는 것은 쪄도 딱딱하고 맛이 덜하다는 것도 알았다.

사진 4-5

7) 옥수수의 암꽃과 수꽃 신체 표현하기

교사의 '옥수수 성장' 이야기에 맞추어 암꽃과 수꽃에 대해 알게 된 사실을 몸으로 표현해 보았다. 더 나아가 옥수수 성장에 관한 이야기를 교사와 유아들이 함께 지어본 후 그것을 활용할 수도 있다. 방법은 다음과 같다.

- 전체 유아들을 암꽃과 수꽃의 두 집단으로 나눈다.
- 교사가 이야기를 들려주면 그 이야기를 듣고 각자 역할 맡은 대로 수꽃과 암꽃을 표현해 본다.

① 교사 : 옥수수 한 줄기에 수꽃과 암꽃이 따로 피어났어요. 암꽃들은 나란히 줄을 잘 서 있어요(＊암꽃 역할을 맡은 유아들은 한 줄로 손잡고 늘어선다). 수꽃들은 바람 불 때를 기다리고 있어요(＊수꽃 역할을 맡은 유아

들은 날아갈 자세를 취한다). 암꽃에게로 날아가 앉아야 하거든요. 오, 드디어 바람이 불어요. 휘리리릭~(＊수꽃을 맡은 유아들은 어떻게 날아갈 지 생각해서 몸으로 표현한다). 자, 이제 수꽃들은 뭐라고 말을 할까요? (아이들 수가 적으면 모두 한마디씩 표현해 보게 한다.)

예 수꽃 맡은 유아: 짜잔, 암꽃아 기다려라. 내가 간다.

② 교사 : 수꽃들은 너도 나도 암꽃들에게 가 앉았어요. (수꽃을 맡은 유아들은 각자 자유롭게 날아다니다 암꽃 옆에 가서 앉거나 옆에 선다. 어떤 몸짓을 하건 중요한 점은 암꽃 맡은 유아와 신체 부위가 조금이라도 닿아 있어야 한다는 사실을 교사는 강조해 준다.)

③ 교사 : 수꽃이 와서 앉으면 암꽃은 뭐라고 말을 할까요? (암꽃 맡은 유아들이 말과 몸짓으로 자신의 느낌을 표현해 보게 한다.)

예 암꽃 맡은 유아: 수꽃아, 어서와. 만세! 이제 난, 옥수수 알을 키울 거야.

④ 교사 : 이제 암꽃이 자라면서 긴 수염을 내보내요. 어떻게 해야 할까요?(수꽃을 맡았던 유아와 암꽃을 맡은 유아가 의논하여 어떤 식으로 긴 수염을 표현할지 정하고 시도해 보도록 한다.)

예 암꽃과 수꽃을 맡은 유아들: "이제 쭉 수염을 늘어뜨려야지." (두 유아가 손을 잡고 서서 옆으로 팔을 길게 뻗는다.)

⑤ 교사 : 옥수수가 익었어요. 이것 보세요. 수염 색깔이 점점 갈색으로 바뀌잖아요! 잘 익은 옥수수 알들이 되었어요. 어떤 모습일까요? (두 유아가 의논하여 잘 익은 옥수수 알들을 표현해 보도록 한다.)

예 암꽃과 수꽃을 맡은 유아들: "다 익었다!" (둘이 손을 잡고 몸을 웅크리고 앉는다.)

⑥ 교사 : 모두 모두 옥수수를 신나게 먹어볼까요? 옥수수 맛이 어때요? (모든 유아들이 일어나 옥수수 먹는 시늉들을 하며 옥수수 맛을 표현해 본다.)

예 암꽃과 수꽃을 맡은 유아들: "아유! 쫀득쫀득해, 달아, 맛있어."

8) 옥수수 껍질 까면서 발견한 벌레 관찰 후 정체 알아보기

옥수수 껍질을 까다가 벌레를 발견하였다. 어떤 벌레인지, 옥수수는 여러 겹의 잎사귀로 쌓여 있는데 어떻게 벌레가 들어갔는지 궁금해 하였다. 책과 인터넷을 이용하여 벌레의 정체를 알아보았다. 옥수수에 해를 입히는 '조명나방'은 어린 벌레일 때 옥수수 잎을 뚫고 들어가 옥수수를 갉아먹는다는 것을 알았다.

사진 4-6

9) 가정학습 과제로 '옥수수를 이용한 만들기'

약 일주일 남짓한 여름방학 동안 각자 가정에서 옥수수를 이용한 색다른 음식을 해 먹어 보고 부모님과 함께 만들기도 해 보도록 하였다. 이후 그 결과물을 원으로 가져와 친구들과 공유하였다.

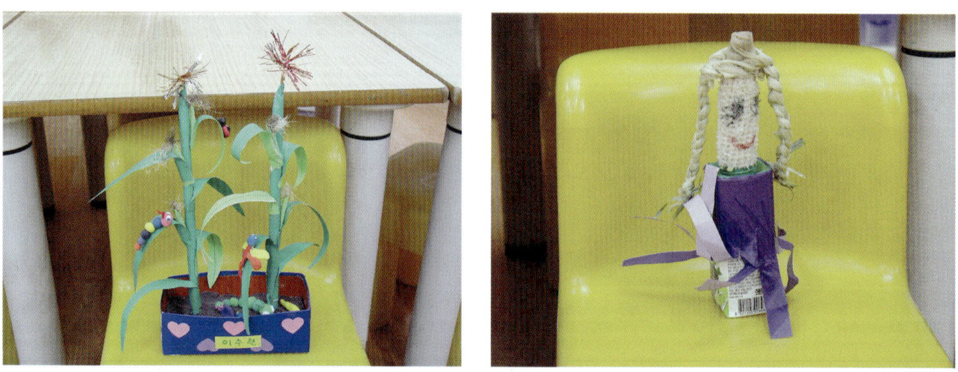

사진 4-7 옥수수에 조명나방 애벌레도 만들어 놓아야 해요. / 옥수수 잎사귀로 머리 만들었어요.

10) 옥수수를 이용한 음식 조사하기

가정에서는 옥수수를 이용한 어떤 음식을 먹는지, 또 슈퍼마켓에서는 어떤 식품들을 팔지 예측(그림과 글로 표현해 본 후 나중에 확인)해 본 후 직접 가서 조사해 보았다. 이때 몇 가지 요리 재료(예 팝콘, 옥수수 식빵, 옥수수 차, 옥수수를 이용한 과자 등)도 사 가지고 돌아왔다.

사진 4-8 슈퍼마켓 가서 조사 후 옥수수를 이용한 식품 사오기

11) 일반 옥수수와 팝콘용 옥수수 비교하기

텃밭에서 추수한 일반 옥수수 알과 팝콘용 옥수수 알로 팝콘을 만들면 어떻게 달라지는지 튀기기 전과 후에 비교해 보았다. 이후 비교 도표로 정리하였다

사진 4-9 일반 옥수수와 팝콘용 옥수수 / 일반 옥수수 튀긴 것과 팝콘용 옥수수 튀긴 것

12) 다시 옥수수 따 보기, 감사하기

며칠 후 다시 텃밭에 가서 유아마다 옥수수를 또 하나씩 따 보았다. 유아들마다 그간의 경험에 비추어 잎사귀 색깔이 녹색이면서 수염이 바짝 말라 있지 않은 것을 골라 따려고 하는 것을 볼 수 있었다. 옥수수를 다 따 내니 큰 바구니에 가득하다. 처음 옥수수를 심을 때는 구멍 하나에 3알 정도밖에 넣지 않았는데 이렇게 많은 옥수수를 따게 되었다며 수확의 기쁨을 모두 함께 나누었다. 옥수수가 잘 자라 열매를 맺도록 해주신 하나님, 흙과 해, 비, 공기, 관리인 아저씨, 선생님, 친구들의 수고에 감사하며 내년에는 더 많은 옥수수를 심자고 약속하였다. 마지막으로 옥수수대를 베어내고 텃밭을 정리하는 것으로 옥수수 프로젝트를 마쳤다.

● 사진 4-10 ● 남은 옥수수 다 따 내기

참 · 고 · 자 · 료

1) 옥수수의 암꽃과 수꽃

옥수수는 한 줄기에 수꽃과 암꽃이 따로 핀다. 수꽃은 바람에 날려 암꽃에 묻게 된다. 이렇게 하여 수정된 암꽃은 잎에 싸여 여러 줄로 촘촘히 피어난다. 그것이 자라면서 잎 밖으로 기다란 수염을 내보낸다. 이 수염 수만큼 옥수수 알이 생기는 것이다. 그래서 옥수수를 싸고 있는 잎을 벗기면 열매 한 알에 수염 한 줄이 붙어 있는 것을 볼 수 있다.

한편, 옥수수 열매가 커지면서 처음 노란색이었던 수염은 점점 갈색으로 바뀌게 된다. 옥수수는 여러 장의 잎으로 싸여 있어 곤충이나 새가 쉽게 먹지 못한다. 그리고 잎의 뒷면은 반들반들해서 비에 쉽게 젖지 않는다.((주) 프뢰벨(2006), 「프레벨 자연관찰 66: 옥수수」 내용 요약)

2) 옥수수에 생기는 벌레

옥수수에 해를 입히는 대표적 벌레는 조명나방(알 → 유충 → 번데기 → 성충)이다. 조명나방 성충은 옥수수, 율무, 조 등의 잎 뒷면에 알을 낳는다. 알에서 깨어난 유충은 잎 뒷면의 연한 속살을 갉아먹다가 2~3령이 되면 줄기나 옥수수 속을 파고 들어가 갉아 먹는다. 먹어 들어간 부분 주위에서는 똥을 발견할 수 있다. 한편 조명나방을 없애려고 살충제를 쓴다고 해도 수확하기 20일 전에는 뿌리지 않는 것이 좋다고 한다. (＊네이버 테마백과사전 '벌레로'와 '제비내' 홈페이지 참조)

5

'노래하는 여치' 프로젝트

여치, 개구리, 개미 등이 등장하는 동화의 경우 유아들은 특히 흥미를 보이며 동화가 끝나면 내용과 관련하여 여러 가지 것을 질문하곤 한다. '여치' 프로젝트도 '노래하는 여치' 동화를 들은 후 여치에 대해 궁금한 것이 많아져 시작된 프로젝트이다. 이렇게 동화 내용과 관련하여 몇 가지 궁금한 것을 알아보는 정도로 그친다면 불과 며칠 정도면 마무리되는 단기 프로젝트가 될 확률이 높다. 그런데 이 사례에서 제시한 것처럼 새롭게 알게 된 사실을 활용하여 여치가 내는 소리 알아보기 및 악기 만들기, 여치 잡아보기, 동화 내용 재화해 보기, 동극으로 꾸미기로까지 확장하면 몇 주의 기간이 소요되는 장기 프로젝트도 될 수 있다. 프로젝트 준비, 프로젝트 진행 과정, 참고 사항으로 나누어 간단하게 기술하면 다음과 같다.

가. 프로젝트 준비

1) 교사 주제망

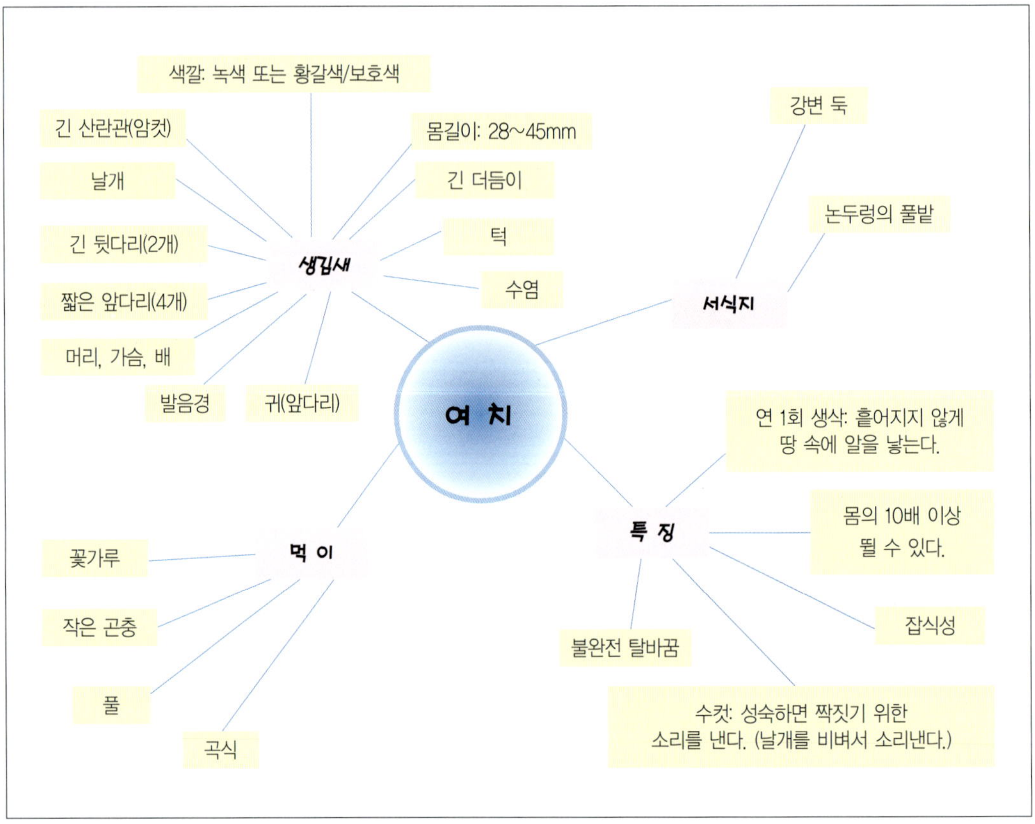

*주제망, 교육과정 조직안, 활동예상안의 이탤릭체 · 진한 글씨는 프로젝트 초기에 하면 좋겠다고 교사가 생각한 내용, 활동들

2) 목 표

● 여치 등 곤충들의 모양, 내는 소리, 먹이 등에 관심을 갖는다.
● 여치와 사마귀, 숫여치와 암여치 등의 '관계' 에 대해 안다.

3) 활동예상안

가) 교육과정 영역별 학습 내용

영역별	구분	학습내용
건강생활	감각 및 신체 인식	• 여치가 날개를 비비는 것처럼 신체를 이용하여 비벼보기(예 두 발, 두 손) • 암여치처럼 소리 듣고 움직이기 • 여치가 반응하는 냄새 맡아보기(예 양파즙)
	기본운동능력	• 제자리에서 두 발 모아 뛰어보기, 두 발 모듬으로 멀리 뛰어보기
	건강	• 풀숲이나 잔디가 많은 곳으로 야외 활동 시 긴바지를 착용하고 햇볕에 유의하여 모자 착용하기
	안전	• 견학 활동의 규칙 지키기 • 아무 곤충이나 함부로 만지지 않기
사회생활	기본생활습관	• 활동한 후 사용했던 물건 제자리에 정리하기 • 여치처럼 자기 몸 깨끗이 하기
	개인생활	***• 여치에 대해 알고 싶은 것을 찾고 궁금한 것을 알아가기***
	가정생활	***• 가족과 함께 풀밭, 또는 냇가에 나가 여치 등 곤충 찾아보기***
	집단생활	• 토의 활동 중에 나와 다른 사람의 의견에 차이가 있음을 알고 의논하기 • 조별 활동 시 다른 친구와 협력하여 내가 할 일하기
	사회현상과 환경	• 자연 곤충관(→가정학습 과제와 연결), 견학 활동 후 주변을 깨끗이 치우기 • 여치와 관련된 사람, 장소 알아보기 • 여치가 어떤 환경에서 사는지 알아보기

영역별	구분	학습내용
표현생활	탐색	• ***여치의 몸 구조와 움직임 탐색하기*** • 여치와 그 밖의 다른 곤충들의 특성 탐색하기
	표현	• ***여치 생김새 그려보기*** • 점토, 색종이 등을 이용해 여치 등 곤충 만들기 • 여치 소리 표현하기, 여치 날개 원리를 이용한 악기 만들기 • 여치가 사는 주변 환경 그리기(OHP 필름 활용) 후 그것을 배경으로 여치처럼 움직여보기 • 여치의 성장과정 표현해 보기(알 → 어린 여치에서 자라나면서 여러 번 껍질 벗기 → 날개가 펴진 성충 여치)
	감상	• 다른 친구들의 곤충 그린 것, 만든 것 등 작품 감상하기 • 야외 활동을 통해 자연에 관심가지고 감상하기 • ***여치 소리 및 그 밖의 자연의 소리 듣기***
언어생활	듣기	• ***여치 및 곤충에 관련된 단어와 문장을 듣고 의미 이해하기*** • ***다른 유아들이 말할 때 바른 자세로 듣기*** • ***'노래하는 여치' 동화 듣기***
	말하기	• ***퀴즈 놀이를 통해 여러 가지 낱말과 문장을 활용하여 바르게 말하기*** • 이야기 나누기 시간에 자신의 말할 차례를 지키며 바른 태도로 말하기 • 자신의 생각을 바른 자세로 말하기
	읽기 · 쓰기에 관심 가지기	• ***여치 관련 동화, 동시 읽기*** • 곤충 글자카드 놀이하기 • 여치에 궁금한 사항을 알기 위해 관련 책 찾아보기
탐구생활	과학적 탐구	• 여치 등 키워보며 움직임과 몸 구조 연결시켜 관찰하기 • 여치의 친구 및 천적 알기 • 여치가 소리 내는 원리 탐구해 보기
	수학적 탐구	• 여치와 사마귀, 여치와 귀뚜라미 등 특성 비교하기 • 여치 다리, 귀 등 신체 개수 세어보기 • 여치의 일생 순서 알기
	창의적 탐구	• 여치를 탐색하는 중에 제기된 문제 상황에 대하여 해결방법 다양하게 생각해 보기

나) 활동 유형별 예상안

여치

[이야기 나누기]
- ***여치의 생김새***
- ***성장 과정***
- 여치의 먹이와 사는 곳

[조형 / 미술]
- ***여치 관찰 후 생김새 그리기***
- 점토를 이용해 여치 만들기
- 여치가 사는 주변 환경 그리기(OHP 필름지) 및 신체 표현에 활용하기

[동화, 동시]
- ***동화–'노래하는 여치' 동화 듣기 및 재화 해 보기***
- 동시–여치에 관한 동시 짓기

[관찰 / 실험]
- ***여치, 사마귀 등 곤충의 생김새 관찰***(책, 인터넷 자료→실외 활동과 연결)
- 여치 키워보기

[견학 및 실외 활동]
- 여치가 사는 곳
  – 들판, 강변 둑
- 자연 곤충관(→가정학습 과제와 연결)
- 여치를 포함하여 풀벌레들–소리 듣기, 움직임 보기, 잡기

[음률 / 신체 표현]

〈음률〉
- ***여치 소리 듣기***
- 개사: 생쥐와 고양이 → 여치와 사미귀

〈신체 표현〉
- 여치처럼 움직여보기
- 여치의 성장과정 표현해 보기

4) 자원목록

<table>
<tr><th colspan="3">구분</th><th colspan="4">내용</th></tr>
<tr><td rowspan="3">1
차
적
자
원</td><td colspan="2">실물</td><td colspan="4">• 실제 여치, 사마귀 등 / 모형 여치 등
• 풀로 만든 여치 집 등</td></tr>
<tr><td colspan="2">사람</td><td colspan="4">• 생물과 교사(교수), 농촌 거주하는 조부모나 친척, 자연 안내자 등</td></tr>
<tr><td colspan="2">현장견학
장소</td><td colspan="4">• 오창 호수공원 풀밭, 내암리 천(*5월 말에서 6월 초에 여치를 많이 볼 수 있음)
• 오송 연꽃 마을, 자연곤충관 또는 국제곤충연구소, 우암 어린이 회관 곤충관</td></tr>
<tr><td rowspan="14">2
차
적
자
원</td><td rowspan="14">책</td><td rowspan="14">실제
정보</td><td>제 목</td><td>저자(발행연도)</td><td>출판사</td><td>비고</td></tr>
<tr><td>거미도 곤충인가요?</td><td>아만다 오닐(1999</td><td>다섯수레</td><td>곤충과 거미에 대한 정보(같은 점, 다른 점)</td></tr>
<tr><td>곤충 세계에서 살아남기 1</td><td>코믹컴(2005)</td><td>아이세움</td><td>곤충의 다양한 생태</td></tr>
<tr><td>굉장한 곤충들(입체북)</td><td>키스 포크너(2003)</td><td>미세기</td><td></td></tr>
<tr><td>땅속 생물 이야기</td><td>오오노마사오(2001)</td><td>진선출판사</td><td>땅 속에서 사는 벌레와 식물에 대한 정보</td></tr>
<tr><td>메뚜기 · 여치 · 사마귀 · 귀뚜라미(자연학습탐구)</td><td>성문출판사 편집부(1996)</td><td>여명출판사</td><td></td></tr>
<tr><td>세밀화로 보는 곤충의 생활</td><td>권혁도(2003)</td><td>길벗어린이</td><td></td></tr>
<tr><td>사계절 생태놀이
(가을–여치낚시)</td><td>붉나무(2002)</td><td>돌베개 어린이</td><td>여치를 잡는 방법에 대한 정보 및 여치의 특성</td></tr>
<tr><td>세밀화로 그린 곤충도감
(메뚜기목–여치)</td><td>권혁도(2002)</td><td>보리</td><td>갈색여치에 관한 정보: 농작물에 피해</td></tr>
<tr><td>여치(자연의 신비 34)</td><td>(주) 교원 편집부(2001)</td><td>(주) 교원</td><td>여치의 날개, 발음경 세부 그림</td></tr>
<tr><td>여치의 숨바꼭질
(꼬맹이 자연방 17)</td><td>한국몬테소리</td><td>한국몬테소리</td><td>여치의 성장과정을 동화식으로 전개</td></tr>
<tr><td>여치 사냥꾼 멋쟁이 조롱박벌</td><td>이상권(2004)</td><td>작은 씨앗</td><td>여치와 조롱박벌의 관계</td></tr>
<tr><td>여치
(프리 사이언스 자연그림책 5)</td><td>이동규(감수)(1991)</td><td>캠프</td><td>여치의 무리, 여치 키우는 방법, 여치의 생김새</td></tr>
<tr><td>주머니 속 곤충도감
(메뚜기무리 – 갈색여치)</td><td>조영권(2005)</td><td>황소걸음</td><td>작은 크기의 책으로 여치 등 특성과 사진</td></tr>
</table>

구분			내용			
2차적 자원	책	동화	풀숲의 사냥꾼 왕사마귀 (민들레자연과학동화 7)	이상배(2001)	파랑새 어린이	여치와 사마귀와의 관계, 먹이 등 생태
	시청각 자료		CD(81가지 소리이야기 CD-2의 24번 여치소리)	가람미디어(2000) (www.grmedia.co.kr)	소리마당	자연의 소리가 담겨 있음(동물, 새, 곤충, 시냇물 등 그 밖의 자연의 소리)
	사이트		제 목	인터넷 주소	비 고	
			곤충의 세계	http://www.3355.co.kr/	앨범 전시 클릭 → 자연학습(3. 곤충의 세계)	
			풀짚공예	http://www.pulzip.com	작품 제작 과정 → 여치집 만들기	
			Encyber 곤충관 (두산 세계 백과)	http://www.encyber.com/index.html	곤충관 → 곤충 찾기(여치)	
			개구리 울음 주머니 놀이	http://www.kidkids.net/eduinfo_new/schedule_view.htm?act_id=858	이야기 나누기, 신체 표현 시 사용할 수 있는 자료 제공(* 여치 소리와 비교)	

나. 프로젝트 진행 과정

1) 여치에 대한 경험을 그림으로 그려보기, 이야기 나누기

여치에 대한 경험을 그림으로 그려보도록 한 후 이야기 나누기를 하였다. 여치에 대한 프로젝트를 할 거라고 지난 주말 이야기된 상태였기 때문에 여치에 대한 책을 보았거나 부모들과 이야기 나눈 유아들이 여러 명 있었다. 그러나 불확실하게 알고 있거나(예 여치에는 줄이 있대요), 잘못 알고 있는 경우(예 여치는 날개를 비비면서 매~앰 매~앰 맴해요), 유아들 간에 알고 있는 것이 다른 경우(예 장수풍뎅이도 날개를 비벼 소리를 내는 거야)도 있었다. 그런 것들은 이후 질문거리로 연결되었다.

(여치에 대한 이야기나누기 중)
은모: 아! 여치는 더듬이도 있고 다리도 있어요. 그리고 머리….
교사: 머리, 가슴, 배?
은모: 네! 머리, 가슴, 배가 있어요.
요셉: 날개도 있어요.
덕현: 음, 여치에는 줄이 있대요. 뾰족한 줄도 있구요.
교사: 덕현이는 줄이 있다는 것을 어떻게 알았어요?
덕현: 음, 아빠가 알려주셨어요. 아빠가 그러는데요, 여치에는 줄이 있대요. 이렇게 밑에….
교사: 아! 그렇구나.
우성: 그리고 오른쪽 날개에는 줄이 있고 왼쪽 날개에는 딱딱한 게 뭐가 있어요.
은모: 그리고 여치는 이렇게 날개를 비비면 소리가 난대요.
교사: 와~너희들은 그런 걸 어떻게 알게 되었니?
은모: 아까 봤는데 책에 있어요. 그리고 장수풍뎅이도 그렇고 귀뚜라미도 소리 나요. 개네(장수풍뎅이와 귀뚜라미)들도 다 날개를 비벼서 소리가 나는 거예요. 앞쪽에 있는 거랑 뒤에 있는 거랑 비벼서요.
요셉: 얘~ 장수풍뎅이는 아니네요.
은모: 맞아.
교사: 오호, 서로 생각이 다르네. 그건 우리가 알아보야 되겠는걸.
우성: 그리고 여치는 어렸을 때는 날개도 없고 울지도 못하는데 어른이 되면 날개가 있고 울수도 있어요.
교사: 아! 그렇구나. 우성이는 그걸 어떻게 알았니?
우성: 책에 보면 나와요.
덕현: 컴퓨터에다 대고 '여치' 라고 치면 여치에 대해서 막 나와요.
〈… 중략 …〉
덕현: 컴퓨터에서 게임으로 여치하는 건 없나? 치칙 하면 재밌겠는데….
교사: 여치가 치칙 하고 소리를 날까?
진혁: 아니요. 날개를 비비면서 매~앰 매~앰 맴.
요셉: 매~앰 매~앰.
은모 : 아니요. 그거 아닌 것 같은데….
교사: 그럼 아까 덕현이 말처럼 '치~익 치~익' 하고?
은모: 잘 모르겠어요. (웃으면서)
교사: 그러고 보니 여치에 대해 모르는 게 많네.

2) 여치에 대한 주제망 짜기

조별로 생각모으기 후 전체가 모여 유목화, 주제망으로 그리기를 하였다. 주제망의 소제목으로는 '여치의 생김새', '여치의 먹이', '여치 외의 곤충들' '특징'이 나왔다. '여치의 사는 곳'이나 '천적' 등에 대해 생각해 내는 아이들은 아직 없었다.

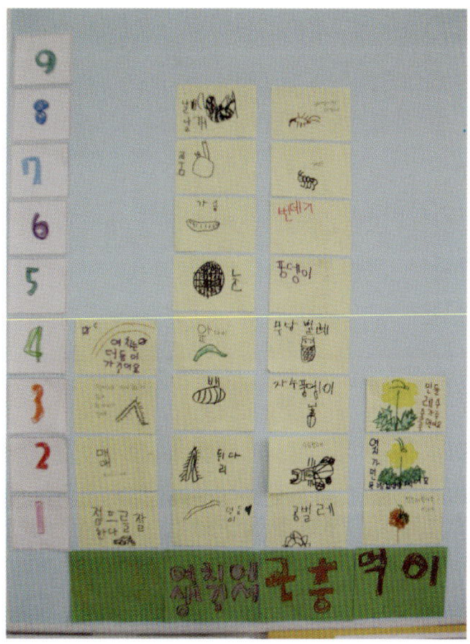

사진 5-1 '여치' 유목화

3) '노래하는 여치' 동화 듣기

교사가 '노래하는 여치'를 막대동화로 만들어 들려주었다. 여치 소리에 대한 흥미가 더욱 높아졌다. 이 동화는 이후 저자에 의해 '친구를 찾은 여치'로 완전 개작되었다.

노래하는 여치 (충청북도 교육청, 2004, 305-306)

(들판에 여치 한 마리가 살고 있었어요. 여치는 늘 혼자 노래를 불렀답니다.)

여 치 : "나는 초록색 여치! 노래를 부른다네. 이 노래는 아주 짧지는 않지만 또한 길지도 않네."

(여치는 나무 위에 새 한 마리가 있는 것을 보았어요. 그래서 새에게 자기의 노래를 들려주고 싶었어요.)

여 치 : "예쁜 새야 내 노래를 한 번 들어 보겠니? 음음."
"나는 초록색 여치! 노래를 부른다네. 이 노래는 아주 짧지는 않지만 또한 길지도 않네."

새 : "여치야, 너도 노래를 잘 부르지만 내가 훨씬 잘 부른단다. 그리고 노래는 짹짹짹 하고 부르는 거야."

(노래를 듣고 난 새는 이렇게 말하고 나무 위로 날아가 버렸어요. 여치는 수풀 속으로 계속 걸어갔어요. 수풀 속에 귀뚜라미가 있었어요. 여치는 귀뚜라미에게 자기 노래를 들려주었어요.)

여 치 : "나는 초록색 여치! 노래를 부른다네. 이 노래는 아주 짧지는 않지만 또한 길지도 않네."

귀뚜라미 : "네 노래는 뭔가 이상해. 노래는 귀뚤귀뚤하면서 부르는 거야."

(여치의 노래를 듣고 난 귀뚜라미는 이렇게 말했어요. 여치는 계속 걷다가 연못 가장자리까지 왔어요. 연못에는 오리가 헤엄치며 놀고 있었어요.)

여 치 : "오리야, 내 노래 한 번 들어보겠니? 음음."
"나는 초록색 여치! 노래를 부른다네. 이 노래는 아주 짧지는 않지만 또한 길지도 않네."

오 리 : "노래에는 꽥꽥 소리가 들어가야지. 네 노래는 뭔가 이상해."

(오리는 이렇게 말하고 꽥꽥거리며 다시 헤엄을 쳤어요. 여치는 또 개구리를 보았어요. 새도, 귀뚜라미도, 그리고 오리도 자기 노래가 이상하다고 그랬지만 개구리는 자기 노래를 들어 줄 것 같았어요. 여치는 개구리에게 다가가 자기 노래를 들려주었어요.)

여 치 : "나는 초록색 여치! 노래를 부른다네. 이 노래는 아주 짧지는 않지만 또한 길지도 않네."

개구리 : "여치야! 여치야! 노래는 개굴개굴 하면서 부르는 거야! 네 노래는 알아들을 수가 없어."

(여치는 아무도 자기 노래를 들으려 하지 않자 너무너무 슬펐어요. 그래서 다시 들판으로 돌아가려 했어요. 그때 아주 예쁜 여치가 다가오고 있었어요. 여치는 예쁜 여치를 위해 노래를 불렀어요.)

여 치 : "나는 초록색 여치! 노래를 부른다네. 이 노래는 아주 짧지는 않지만 또한 길지도 않네."

암여치 : "네 노래 참 듣기 좋다. 너와 노래를 함께 부를 수 있게 나에게도 그 노래 가르쳐 주겠니?"

여 치 : "그래, 네가 내 노래를 좋아하니까 나도 너무 좋다."

(두 마리의 여치는 함께 마주보면서 노래를 불렀어요.)

"나는 초록색 여치! 노래를 부른다네. 이 노래는 아주 짧지도 않지만 또한 길지도 않네."

4) 궁금한 점 찾기

여치에 대해 알고 있는 것 이야기 나누기, 주제망 짜기, 동화 듣기 등을 통해 나온 질문의 예를 들면 다음과 같다. '노래하는 여치' 동화를 들은 후라 여치의 소리에 대한 관심이 매우 높았다.

- 어떻게 노래를 부르나요? 암여치도 노래를 잘 부르나요? (＊질문에서 활동으로 연결되는 과정은 아래 도표 참조)
- 여치는 왜 할아버지도 아닌데 수염이 있어요? 그리고 여치는 다리에 귀가 있잖아요. 거기 귀는 어떤 역할을 하는지 알고 싶어요.
- 여치는 소시지, 피자도 먹나요? 여치는 정말 먹을 것이 없으면 자기 새끼를 잡아먹는대요.
- 여치는 어떻게 새끼를 낳나요?
- 여치는 자기 집이 있나요?
- 여치는 더듬이로 뭐해요? 기쁠 때는 앞으로, 슬플 때는 뒤로 하는 건가요?

5) 궁금한 점에 대한 조사 · 탐구 · 표현 활동

질문 내용에 따라 적합한 방법으로 해결하도록 하였다. 참고로, 질문이 활동으로 연결되는 것의 예로 '여치의 소리'를 자세히 소개하였다.

- 여치가 내는 소리: 여치 소리 예측해 보기 후 실제 소리(CD 자료) 듣기, 여치의 날개 비비기 원리를 이용하여 소리 만들어 보기 등으로 확장되었다(＊'여치의 소리내기' 활동 사례 참조)
- 여치의 생김새: 사진 보기, 밖으로 나가 실물 찾아보기(＊내암리 천 옆의 풀밭에서 '여치 잡아보기')
- 여치의 먹이: 책 찾아보기, 여치 키우며 관찰하기
- 여치의 생태 및 특성: 책 보기, 인터넷 자료 보기, 모형 및 실물 보기
- 여치와 다른 곤충의 같은 점과 차이점: 관련 정보 보기, 친구들과 의견 나누기 및 비교도표 만들기

'여치의 소리내기'에 대한 질문 및 연계 활동: 단기 프로젝트

1) 질문: 여치는 어떤 소리를 내요?

2) 활동

가) 예측해 보기 : 예 치치, 찌찌, 끼이끼이, 매앰매앰

교사 : 얘들아, 여치는 어떤 소리를 낼까 궁금하다고 그랬지? 어떤 소리를 낼 것 같니?
지민 : 찌르르륵, 찌르르륵.
교사 : 아~지민이는 그런 것 같아?
지민 : 책에 나와 있는데….
교사 : 그렇구나. 책에 그렇게 나와 있는 걸 보았구나.
은모 : 찌익찌익 찌익이요.
요셉 : 여어~치이, 여어~치이.
성 준 : 귀뚤귀뚤르르르.
유아들 : 야! 그게 무슨 귀뚜라미야? 귀뚤귀뚤하게….
윤 희 : 매앰 매앰 매앰.
은 모 : 매미가 그렇게 우는 거지.
진 혁: : 끼이 끼이 끼이.
교 사 : 자, 그럼 이제 선생님이 여치의 진짜 소리를 들려줄게요.

나) 실제 소리 들은 후 느낌 표현하기 : 유아들에게 CD 2(자연의 소리: 여치)를 다시 들려준 결과, "헨드폰 진동소리 같아요.", "낮잠 자면서 코고는 소리 같아요.", "전기 드릴. 그거 이렇게 박을 때 나는 소리 같아요.", "책상을 주먹으로 문대는 소리 같아요.", "찍찍이 떼 내는 소리 같아요." 등으로 느낌을 표현하였다.

다) 소리를 따라해 보기 및 차이점에 대한 이야기 나누기: 예 바로 그 자리에서 책상을 주먹으로 문질러 보기, 청바지 긁어보기, 거울에 손 비벼보기 등을 시도해 본 후 여치의 소리와는 다르다고 이야기 하였다.

라) 교사의 '여치 소리내기 원리 설명 및 시연' : 여치가 소리 내는 원리를 보여주기 위해 여치 인형으로 날개 비비는 모습을 보여주었다.

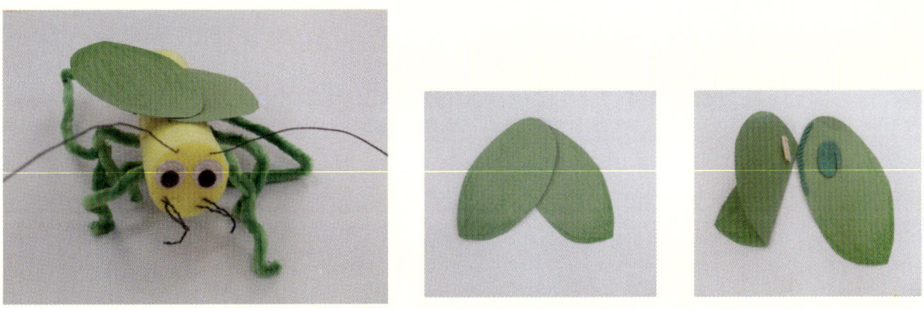

사진 5-2 여치 날개를 보여주기 위해 만든 교구 / 왼쪽 날개의 마찰편과 오른쪽 날개 가장자리의 톱니처럼 생긴 것

마) 우리 몸을 이용한 소리 만들기, 주변의 결이 있는 물건을 이용한 소리 만들어 보기: 먼저 우리 몸을 이용하여 소리를 만들어 보았다. 그리고 주변의 물건을 이용한 소리내기도 해보았다. 예 플라스틱 바구니를 막대기로 긁기, 골판지를 손톱으로 긁어보기 등 여치가 소리낼 때처럼 울룩불룩한 것을 딱딱한 것으로 긁어보았다.

바) 다른 곤충들은 어떤 소리를 내며 어떻게 소리를 내는지 조사 활동하기: 날개를 비비는지, 사람처럼 목으로 내는지 등을 책, 인터넷 등으로 조사하고 관련 자원을 모아 나갔다.

사) 고안된 소리를 이용하여 노래 부르며 연주하기를 해보았다.

6) 조사하여 알게 된 내용, 표현 결과물을 전체 모임에서 공유하기

예를 들면 다음((주) 교원편집부, 2001)과 같다.

- 수여치만 소리를 내는데 아무 때나 노래를 부르는 것이 아니다. 암여치를 부르기 위한 사랑의 노래를 하는 것이다
- 여치는 사마귀보다 작다. 한편 여치 중에서는 암여치의 몸 크기가 수여치보다 크다.
- 여치는 잡식성이다. 이삭, 꽃가루, 작은 곤충 등 모두 잘 먹는다. 사마귀 애벌레나 어린 사마귀도 잡아먹는다.
- 암여치는 긴 산란관을 땅에 꽂아 알을 낳는다. 알에서 애벌레가 된 후에 점점 더 자라난다. 그런데 껍질은 자라나지 않으므로 크게 자라나기 위해 껍질을 벗는다. 벗은 껍질은 자기가 먹는다. 마지막에는 껍질을 벗으면 날개를 펴고 날 수 있다.
- 여치는 더러워지면 입으로 깨끗이 닦는다. 처음에는 앞다리, 다음은 가운뎃다리, 마지막에는 뒷다리를 닦는다. 깨끗한 것을 좋아한다.

7) 여치 잡아보기

내암리 천 옆의 풀밭에 가서 여치와 기타 풀벌레들의 소리를 들어보고 몇 마리는 잡기도 하였다. 가기 전에 어떤 방법으로 여치를 잡을 것인지 계획 세우고 여치의 특성에 따른 준비물을 챙겨가지고 갔다.

여치를 어떻게 잡을까? → 여치를 이렇게 잡았어요.

1) 어떻게 잡을까 생각해 보기

① "우리가 점프해서 잡는 거예요. 2명이, 한 명은 이쪽에서 또 한 명은 저쪽에서 하면 되잖아요. 둘이 여치 있는 쪽으로 와서 점프를 해서 잠자리채에 잡아요."

② "장갑을 끼고 잡아요. 여치 뒷다리 가시에 찔릴지도 모르니까요."

③ "파리채로 잡아요."

(요셉: "그러면 죽잖아." 도연: "파리채로 살살 잡아야 하나?"(모두 웃음) 우성: "그럼 파리채로 점프를 해서 죽지 않게 살살 쳐요.")

④ "우리가 교실에 여치 좋아하는 풀을 놔요." "아니, 과자를 놓아요." "아니, 시골 풀을 놓아야 해요."
⑤ "말린 생선, 그러니까 멸치를 문 앞에 놓아서 여치가 오면 잡아요."
⑥ "민들레 꽃씨가 있을 때 뿌리째 뽑아서 여기다 심어서 여치가 민들레를 먹으러 오면 그때 잡아요."
⑦ 교사도 방법 제시: "책에 보니까 양파나 파를 나뭇가지에 매달아 흔들면 숫여치가 날아 달라붙는대. 암여치가 있는 줄 알고…."

2) 계획 세우기: 과자, 멸치, 양파 매단 것, 풀을 준비해 가지고 가서 여치가 정말 어느 것에 오는지 보기로 하였다
3) 여치 잡으러 가기: 여치를 많이 볼 수 있다는 내암리 천으로 가서 여치를 잡아 보았다.

사진 5-3

4) 결과 검토하기: 전문가의 조언대로 '여치가 많아 쉽게 잡을 수 있다'는 내암리 천을 갔으나 여치 등 풀벌레들을 몇 마리밖에 잡지 못했다. 그것도 준비해 간 미끼가 아닌 잠자리채를 열심히 휘둘러 풀숲에서 잡은 것이다. 교실로 돌아와 왜 여치가 먹이나 냄새에 유인되지 않았을까 생각해 보았다. '너무 떠들고 뛰어다녀서', '낮이라서', '코가 없어서' 등 의견들이 나왔다. 교사회에서는 잡힌 여치 크기가 작은 것으로 보아 6월은 여치 잡기에 시기적으로 너무 이른 것 아닌가 하는 분석을 하였다. 다시 한 번 8월에 여치 잡기를 해보기로 하고 잡은 여치는 원에서 통에 기르기로 하였다. 또 잡아온 것 중 정말 여치가 맞나 하는 것도 있었는데 그런 것들은 생김새를 책과 비교도 해보고 자연안내자를 초빙하여 질문을 하면서 알아보는 시간을 가졌다.

* 유아들과 밖으로 나가기 전 여치를 손으로 잡을 때는 등에 있는 날개를 잡아야 한다는 것을 주지시킨다. 뒷다리를 잡으려고 하면 몸을 앞으로 숙여 턱으로 물어뜯으려고 하기 때문이다.

8) 여치 기르기

여러 마리의 여치를 하나의 통에 담아두면 큰 여치가 작은 여치를 잡아먹는다고 해서 여치 5마리를 각각 통에 넣었다. 며칠 후 한 마리 여치가 허물벗기를 하였다. 그런데 통 속에 흙을 담고 풀을 넣어 주었음에도 불구하고 허물을 벗은 후 자세히 보니 여치의 뒷다리가 쭉 뻗어있지 않고 꼬불하게 되어 있었다. 이후 전문가로 온 자연안내자의 설명에 의하면 허물을 벗기 위해 매달릴 곳(예 나뭇가지)이 통 안에 없었고, 영양이 충분치 못해 다리가 그렇게 된 거라고 하였다. 나머지 여치들도 며칠 후 죽거나 기운이 없어 보여 살아 있는 것들은 도로 풀에 풀어주었다.

사진 5-4 허물벗기를 하였으나 뒷다리가 꼬부라져 나온 여치

9) 알게 된 사실에 기초한 다양한 표현활동 하기

여치 등 자세히 그리기, 개사하기, 동시 짓기, 여치처럼 뛰어보기 등이 있었다. 이런 활동 들 중 특별히 이루어진 2가지 사례-여치와 사마귀 게임, 동화 다시 만들어 보기-를 들어보면 다음과 같다.

가) 여치와 사마귀 게임[34]

프로젝트 과정 중 알게 된 여치의 천적인 사마귀를 재미있게 게임으로 표현하는

34) 이화여자대학교 부속유치원(1978, 21)에서 나온 자료집인 「유아를 위한 즐거운 놀이」의 '고양이와 쥐' 게임을 활용하되, 곡 마디와 게임 방법을 일부 변형하였다.

것이다.

방법은 다음과 같다.

- 유아들을 두 편으로 나누어 한 편은 사마귀 팀, 한편은 여치 팀이 된다.
- 아래와 같은 노래에 맞추어 동작을 하다가 교사가 신호를 주면 성충 사마귀 역할을 하는 유아들은 여치 역할을 하는 유아들은 잡는다. 단, 여치가 자기 집까지 안전하게 도망가면 잡지 못한다. 점차 알게 된 사실에 근거하여 여치 먹이를 달리 하면서 노래를 불러 보기도 한다(예 여치가 먹는다, 여치가 먹는다. 어린 베짱이를).

사마귀와 여치

- 여치를 했던 팀은 그대로 성충 여치를 하고, 성충 사마귀를 했던 팀은 어린 사마귀가 된 것으로 한다. 그렇게 한 후 여치 팀이 어린 사마귀 팀을 잡는 것으로 한다.
- 어느 편이 더 많이 잡았는지 비교해 보고 승패를 가린다.

나) 동화 다시 만들어 보기

새롭게 알게 된 사실을 반영하여 교사와 유아들이 함께 동화를 다시 만들어본다.

① 여치들 간의, 또는 여치와 사마귀 간의 대화 나누기: 교사는 유아들의 발달 단계에 따라 참여 정도를 조정하면서 여치들 간의, 또는 여치와 사마귀 간의 대화를 상상해 보도록 이끌어준다. 만 5세 유아들의 경우 다음과 같이 교사가 전체적으로 이야기를 끌어가면서 유아들은 등장인물 간 대화를 표현해 보도록 한다.

예 교 사 : 다 자란 여치는 아직 덜 자란 어린 사마귀보다 크다고 했잖아. 그래서 큰 여치가 작은 사마귀를 잡아먹기도 하거든. 자, 그럼 큰 여치가 작은 사마귀를 딱 만나게 되었다면 여치는 뭐라 말할까?

유아 1 : 어? 나보다 더 작은 사마귀네. 널 잡아먹겠다.

교 사 : 그때 작은 사마귀는 무슨 생각을 하고 어떤 말을 할 것 같니?

유아 2 : 큰일났다. 도망가자.

② 완성된 동화 들어보기 및 유아들의 의견 보완하기: 완성된 동화를 교사가 들려준 후 유아들의 의견을 받아들여 보완한다.

③ 동극으로 꾸며보기: 재화한 동화를 가지고 동극으로 표현해 보도록 한다. 인형극으로 표현할 수도 있다.

④ 결과물을 다른 사람들과 공유하기: 다른 반 유아들, 부모님들에게 보여준다.

10) 마무리하기

여치에 대한 인형극, 동극, 개사한 노래와 악기 연주를 동생반 유아들에게 보여주고 여치에 대해 설명해 주는 것으로 여치 프로젝트를 마무리하였다.

11) 여치를 자연으로 돌려 보내기

잡아온 여치 등이 통에서 죽거나 활동이 약해져 남은 여치 등은 다시 풀 속에 놓아주었다.

참·고·자·료

1) '친구를 찾은 여치' 동화

지옥정 지음

	들판에 숫여치 한 마리가 살고 있었어요. 여치는 아무거나 잘 먹었답니다. 월요일에는 벼의 이삭을 먹었고요, 화요일에는 어린 풀잎을 먹었답니다. 그 뿐인가요, 수요일에는 꽃가루, 목요일에는 나방 애벌레를 꿀꺽 잡아먹었어요. 아참, 그리고 금요일에는 글쎄 작은 베짱이까지 잡아먹었답니다.
	숫여치: "아~아 날개 비비기 실험 중 요즘, 이것저것 잘 먹었더니 기운이 쑥쑥 나는 것 같은 걸. 날개도 더 커진 것 같고. 히히히, 왼쪽 앞날개와 오른쪽 앞날개를 비벼 보아야겠어. 오, 예! 찍 지이이익, 찍 지이이익~. 나는 역시 숲 속의 유명한 음악가라니까." 개 미: "여치야, 좀 조용히 해. 우린 지금 아주 중요한 임무를 수행 중이라구. 이 먹이 옮겨가는 거 안 보이니?"
	숫여치 : "개미야. 일만 열심히 하면 뭐하니? 나처럼 노래를 잘 불러야지. 나는 숲 속의 음악가, 멋있는 여 ~어치. 아주 익숙한 솜씨로 날개를 비비지요. 찌지이이익 찌지이이익 찍 찌르 찌르르." 개미 2 : "얘! 얘! 빨리 가자. 여치 노래는 끝이 없어. 언제 끝날지 모른다니까."

<table>
<tr><td></td><td>숫여치 : (노래를 다 부른 후) "어때? 내 노래 참 멋있지? 어? 근데 개미들이 전부 어디 갔담. 아휴, 다 가버렸네. 근데 오늘따라 날개가 더 잘 비벼지네. 이것 좀 봐. 한 번 더 노래를 불러볼까?</td></tr>
<tr><td></td><td>숫여치 : 읏 차~! 저쪽으로 폴짝 뛰어가서 부르자. 으라차차~"</td></tr>
<tr><td></td><td>딱정벌레 : "어마마마마! 이게 무슨 소리야? 여치잖아? 이럴 땐 그냥 죽은 척 하는 것이 최고지."(죽은 척)
숫 여 치 : "하하! 이거 딱정벌레 아냐? 다 알아. 나야, 나. 어서 일어나라구. 난 지금 배도 부르고 기분도 매우 좋거든. 내가 노래 부를 테니 들어 봐.</td></tr>
<tr><td></td><td>숫 여 치 : "나는 숲속의 음악가, 멋있는 여 ~어치, 아주 익숙한 솜씨로 날개를 비비지요. 찌지이이익 찌지이이익 찍찌르."
딱정벌레 : "눈 감고 노래 부르고 있을 때 나는 살짝 도망가야지."
숫 여 치 : "이런, 이런. 딱정벌레도 그냥 가 버렸네. 아이 참 나. 이 멋진 노래를 몰라주다니~."</td></tr>
</table>

	사마귀 : "아니 저거 여치 녀석 아냐? 아유! 배고프던 참에 잘 되었다. 내 동생보다 크다고 막 까불었겠다. 얼마 전엔 동생이 잡아먹힐 뻔했지만 이번엔 어림없어. 이봐, 여치 너, 이리 좀 와? 아니면 내가 갈까? 내가 아주 배가 고프거든. 너는 오늘 내 먹이가 되어 주어야겠어. 흐흐흐." 숫여치 : "아이쿠, 이거 큰일 났네. 저 사마귀는 나보다 몸집이 훨씬 커서 내가 이길 수가 없는데 어쩌지? 나보다 큰 암여치가 있으면 좋은데… 아, 그렇지. 큰 소리로 노래를 부르면 노랫소리를 듣고 찾아올 거야. 저, 저 사마귀씨 뭐, 내가 먹이 되는 것은 좋은데요. 마지막으로 노래를 한 번 부르게 해 주세요. 저는 숲속의 유명한 음악가랍니다." 사마귀 : "하이고, 유명한 음악가 좋아하네. 하지만 뭐, 금방 내 먹이가 될 테니, 한 번 노래는 부르게 해 주지. 좋아, 딱 한 번이야."
	숫여치 : "고맙습니다. 자, 자. 한 번 뿐이니 날개를 싹싹 비비고, 발음경에서 소리도 더 크게 내야겠다. 나는 숲속의 음악가, 멋있는 여~어치.아주 익숙한 솜씨로 날개를 비비지요.찌지이이익 찌지이이익 찍찌르 찌르르."
	(암여치 등장) 암여치 : "우와! 여기 있었구나. 이런 멋진 노래 소리가 어디에서 나는 걸까 궁금해서 한 참 찾았는데…." 숫여치 : "만세! 친구가 왔다. 우리 둘이면 사마귀도 이길 수 있고말고. 이봐. 사마귀 친구, 우리가 갈까? 아니면 이리로 올래?"

	사마귀 : "가만있자, 여치 녀석보다 훨씬 몸집이 큰 암여치가 왔네. 이럴 때는 그냥 도망치는 것이 최고지! 아, 내가 집에 빨리 가 봐야 되거든. 바빠서 실례~도망가자." 숫여치 : "하하. 도망가는 꼴이라니… 고마워, 도와줘서."
	암여치 : "뭘, 도움이 되어서 기뻐. 그런데 정말 노래 멋지더라. 한 번만 더 노래를 불러줄래." 숫여치 : "물론이지. 나는 사실 너 들으라고 그 동안 노래를 준비해 온 거란다. 이제 이렇게 만나서 정말 기뻐." 숫여치는 다시 한 번 크게 노래를 불렀답니다. 이제 이렇게 사이좋게 지내면 암여치는 곧 긴 산란관을 땅에 꽂고 알을 낳을 수 있게 될 거예요.

2) 여치의 생활 특성

가) 먹 이

여치는 벼의 잎이나 이삭 외에도 아무 풀이나 잘 먹고 꽃가루도 먹는다. 성충이 되면 날카롭고 단단한 가시가 돋은 다리로 나방 애벌레나 베짱이도 꽉 잡아서 먹는다. 그래서 여치를 잡아 채집통에 넣을 때는 한 마리씩 넣어야 한다. 여러 마리를 함께 넣으면 다른 벌레는 물론 자기들끼리도 서로 잡아먹기 때문이다.

나) 천 적

여치의 최대 천적은 말벌이며, 사마귀도 천적이다. 그런데 여치가 사마귀보다 먼저 성충이 되기 때문에 사마귀가 어릴 때는 여치에게 잡아먹히기도 한다. 사마귀가 다 크면 몸이 여치보다 훨씬 크기 때문에 여치를 이긴다.

다) 소 리

여치의 소리는 다 자란 숫여치가 왼쪽 앞날개(뒷면에 톱니가 줄지어 있음)를 위로, 오른쪽 앞날개(테두리에 마찰편이라는 딱딱한 부분이 있음)를 밑으로 포갠 후 이 두 날개를 비벼서 소리를 내는 것이다. 이 두 부분을 비벼서 내는 동시에 오른쪽 앞날개에 있는 발음경이라는 막에서 더 크게 들리도록 만든다. 참고로, 소리를 듣는 여치의 귀는 앞다리에 있다(붉나무, 2005).

참고 문헌

교육인적자원부(2002). 유아를 위한 환경보전 교육활동자료.

곽은복(2005). 생태교육적 관점에 근거한 유아 환경교육의 전망, 아동교육, 14(1), 83-96.

권은희 · 이기현(2004). 자연친화적인 실외환경에서의 놀이 활동이 유아의 자아개념과 친사회적 행동에 미치는 효과. 아동학회지 25(1), 61-76.

김경자 역(1993). 교육과정 혁신(원저: Hord, S. M., Rutherford, Rutherford, W. L., Austin, L. H. & Hall, G. 1987). 서울: 교육과학사.

김영실 · 김나림 · 권이정 역 (2000). 프로젝트 접근법과 수행평가(원저: Helm, J. H, Beneke, S. & Steinheimer, K. 1998). 서울: 다음세대.

김영주(2004). 한국유치원 교육과정에 대한 분석. 서울: 문음사.

김은령 역(2002). 침묵의 봄(원저: Carson, R. L. 1962), 서울: 에코리브르.

김은주(2005). 생태유아교육의 이해. 서울: 한국학술정보(주).

김정원(2003). 문학을 활용한 유아 환경교육에 관한 연구. 아동학회지, 24(6), 95-115.

김정원 · 이지영(2004). 유아교사의 환경친화적 가치관과 유아환경교육에 관한 인식 연구. 열린유아교육연구, 9(2), 161-179.

김정희(2001). 생명교육으로서의 공동육아, 어린이와 자연. 어린이육영회 창립 20주년 기념유아교육 학술대회 자료집, 61-72.

김종철 · 김태언 역(2003). 오래된 미래(원저: Norberg-Hodge, H. 1994). 서울: 녹색평론사.

김진숙(2007). 유치원 교육과정 개정연구의 과정과 결과. 유아교육연구 27(1), 5-37.

김철영(2003). 생명과 생태에 관한 기독교 윤리적 이해. 한국기독교 신학논총, 30(0), 503-548.

김춘옥(2006). 동화로 읽는 파브르 곤충기 6: 큰 배추 흰나비의 한살이. 서울: 파랑새어린이.

김태정(2004). 김태정 선생님과 함께 떠나는 우리꽃 나들이. 서울: 문공사.

남효창(2004). 체험환경교육을 위한 방향 모색. 한국산림휴양학회지, 8(2), 17-25.

노상우(2003). 생태론 담론의 교육학적 함의. 교육학연구, 41(1), 1-21

노성향(2005). 자연친화적 프로그램이 아동의 정서지능에 미치는 효과. 아동학회지, 26(1), 347-357.

도토리 기획(1997). 세밀화로 그린 보리어린이 식물도감. 서울: (주) 도서출판 보리.

도토리 기획(2002). 세밀화로 그린 곤충도감. 서울: (주) 도서출판 보리.

류진희(2001). 풀꽃으로 접근해 본 자연친화적 통합교육. 어린이와 자연, 어린이육영회 창립 20주년 기념 유아교육 학술대회 자료집, 93-121.

문순홍 역(1997). 사회생태론의 철학(원저: Bookchin, M. 1995). 서울: 솔출판사.

민성길(2001). 어린이 발달과 자연. 어린이와 자연, 어린이육영회 창립 20주년 기념 유아교육 학술대회 자료집, 31-42.

박낙규(2001) "자연의 새로운 조망". 어린이와 자연, 어린이육영회 창립 20주년 기념 유아교육 학술대회 자료집, 13-30.

백창우(2005). 백창우 아저씨네 노래 창고: 고추 먹고 맴맴(CD). 서울: 굴렁쇠 아이들.

변영계 · 김광휘(2002). 협동학습의 이론과 실제. 서울: 학지사.

붉나무(2005). 사계절 생태놀이. 서울: 돌베개 어린이.

생태교육연구소 터(2004). 원흥이 생태지도: 원흥이 생명 · 사랑 그리고 희망.

생태교육연구소 터(2005). 무심천 생태교육 사례집: 형아, 얼렁 가자. 청주: 도서출판 직지.

숲연구소(2003). 애벌레 7/8.

신옥란(2005). 유아환경교육의 실태분석. 이화여자대학교 교육대학원 석사학위 논문.

양옥승(2001). "자연을 통한 유아교육". 어린이와 자연, 어린이육영회 창립 20주년 기념 유아교육 학술대회 자료집, 43-60.

엄성은 · 홍은주(2003). 전래동요를 활용한 자연친화교육의 방향 모색. 국악과 교육, 20(0), 201-208.

여성환경연대 생태미술팀(2006). 뚝딱쿵 생태미술 공작실. 서울: 웅진지식하우스.

위형윤(2003). 자연생태계와 인간의 관계에 관한 신학적 연구. 한국기독교 신학논총, 30(0), 343-363.

윤기영 · 조경희(1993). 유치원의 환경교육. 서울: 교문사.

윤상운 역(2006). 고릴라 왕국에서 온 아이(원저: Prince-Hughes, D. 2004). 서울: 북폴리오.

윤승희 역(2005). 벌레잡이 식물(원저: A Dorling Kindersley Book, 1999). 서울: 삼성출판사.

윤은주(2003). 프로젝트 접근법의 존재론적 이해. 유아교육연구 23(4), 193-206.

윤응진(2003). 생태학적 기독교 교육을 위한 방향 모색. 한국기독교 신학논총 30(0), 477-501.

안소영(2006). 프로젝트에서의 협력관계에 대한 실행연구. 숙명여자대학교 박사학위 논문.

이기숙(2000). 유아교육과정. 서울: 교문사.

이말순(2006). "생태 나들이로 자연을 만나는 아이들", 함께 크는 삶의 시작 공동육아. 이부미 · 이기범 · 정병호 엮음. 서울: 도서출판 또 하나의 문화, 19-52.

이부미(2000). "나들이의 교육 과정과 의미", 코뿔소~나들이 가자. 공동육아연구원 엮음. 서울: 도서출판 또 하나의 문화, 59-87.

이부미(2001). 나들이를 통한 어린이들의 자연체험. 어린이육영회 창립 20주년 기념 유아교육 학술대회 자료집, 73-92.

이부미(2006). "서문: 공동육아, 그 모색과 실천", 함께 크는 삶의 시작 공동육아. 이부미 · 이기범 · 정병호 엮음. 서울: 도서출판 또 하나의 문화, 5-13.

이유진 · 류상윤 역(2006). 생태발자국-우리의 삶은 지구를 얼마나 아프게 하는가?(원저: Wackmagel, M & Rees, W. 1996). 서울: 이매진.

이원영 · 방인옥 역(2005). 인간의 교육(원저: 프레드리히 프레벨), 경기도: 양서원.

이윤경 · 석춘희 역(1995). 유아들의 마음 사로잡기(원저: Katz, L. & Chard, S., 1989). 서울: 이화여자대학교 출판부.

이인식(2005). 지역사회와 함께 하는 환경교육. 선비문화 7(0). 남명학연구소, 70-75.

이항명(2003). 프레벨의 자연교육에 대한 기독교 생태교육적 고찰. 한국기독교신학논총 제30집, 449-471

이화여자대학교 사범대학 부속 이화유치원(1978). 유아를 위한 즐거운 놀이. 이화여자대학교 부속 이화유치원.

임갑빈 · 김순녀 · 박영란 · 이진수(2002). 자연친화생태유아교육 프로그램. 경기도: 양서원.

임재택(2005). 생태유아교육학개론. 경기도: 양서원.

임재택 · 하정연 · 김은주 · 박명숙 · 최윤정 · 박채숙(1999). 얘들아, 산책가자. 경기도: 양서원.

임종길(2004). 함께 만드는 작은 연못 이야기. 〈우리 교육〉 2004년 4월호 특별 부록.

장상욱 역(2002). 아이들과 함께 나누는 자연체험 2. (원저: Cornell, J. B., 1998). 서울: 우리교육.

장상욱 역(2005). 벌레들의 한 살이 2 :배추 흰나비.(원저: 이지치 에이신, 2003). 서울: (주) 몬테소리 CM.

장영란 · 김광화(2006). 아이들은 자연이다. 서울: 돌베게.

장희익(2001). "자연 · 인간 · 교육" 어린이와 자연, 어린이육영회 창립 20주년 기념 유아교육학술대회 자료집, 1-12.

전의식 · 김정환(2002). 식충식물의 세계. 서울: 도요새.

정민걸(2005). 이해하는 생태학. 공주대학교 출판부.

정병호(2000). "자연과 공동 육아", 코뿔소 나들이 가자. 공동육아연구원 엮음. 서울: 도서출판 또 하나의 문화, 13-26.

조영권(2005). 주머니 속의 곤충도감. 서울: 황소걸음.

조채영 · 임재택(2006). 생태유아교육기관에서의 유아들의 놀이에 관한 문화기술적 연구, 11(3), 145-168.

조형숙(2005). 유아를 위한 자연친화교육 프로그램의 개발과 평가. 유아교육연구, 25(5), 343-366.

조형숙 · 김현주 · 홍은주(2004). 유아 교사의 환경 친화적 태도에 관한 연구. 유아교육학논집, 8(1), 33-50.

(주) 교원편집부(2001). 여치(자연의 신비 34). 서울: (주) 교원.

(주) 프뢰벨(2006). 프레벨 자연관찰 66: 옥수수. 서울: 프레벨 미디어.

지옥정 역(1995). 프로젝트 접근법: 교사를 위한 실행지침서(원저: Chard, S., 1992, 1994). 서울: 창지사.

지옥정(2000). 증보 유아교육현장에서의 프로젝트 접근법. 서울: 창지사.

지옥정(2002). 프로젝트 접근법 연구 동향과 적용현황 및 과제. 영유아교육연구, 제5권, 101-121.

지옥정(2005). 프로젝트 학습공동체를 통한 프로젝트 접근법의 유아교육 현장 적용. 서울: 창지사.

지옥정 · 최일선(2005). 유아교육기관에서의 프로젝트과정 중 소집단 활동의 현황과 문제점. 열린유아교육연구, 10(4), 251-276.

지옥정 · 이상현 · 연숙자(2006). 유아를 위한 자연친화교육 프로그램. 경기도: 양서원.

채인선(2005). 오늘은 우리 집 김장하는 날. 서울: 보림.

최남숙(2004). 환경교육과 환경보전 행동. 서울: 교문사.

최미현(2000a). 생태학적 유아교육의 기본 프레임워크 탐색. 경북대학교 대학원 박사학위논문.

최미현(2000b). 생태중심적 유아환경교육에 관한 기초 연구. 미래유아교육학회지, 7(1), 161-186.

최원형(2006). 도시에서 생태감수성 키우기. 서울: 렌덤하우스 중앙.

충청북도 교육청(2004). 행복한 유아 보금자리를 위한 종일반 운영 프로그램. 충청북도교육청.

표정훈 역(2002). 자연, 그 경이로움에 대하여.(원저: Carson, R. 1956) 서울: 에코.

하정연 외(2005). 선생님들이 직접 쓴 생태미술 프로그램. 경기도: 양서원.

학생과학문고 편찬회(2002). 벌레잡이 식물. 경기도: 한국독서지도회.

한국생태유아교육학회 편(2005a). 생태유아교육선집. 경기도: 양서원.

한국생태유아교육학회(2005b). 생태건축으로 여는 아이들의 쉼터. 한국생태유아교육학회 2005년 춘계학술대회 자료집.

현온강 · 이완정 · 김영명(2001). 유아환경교육 활동 프로그램. 서울: 동문사.

홍은주(2005). 유아를 위한 자연친화교육. 서울: 태영출판사.

환경부(1999). 현장체험학습 프로그램 개발연구.

환경부(2002). 체험환경교육의 이론과 실제.

환경부(2004). 체험환경교육 프로그램.

환경부(2005, 2006). 환경백서.

홍성태(2006). 한국의 근대화와 생태주의. 시민과 사회 2006년 상반기 제8호. 서울: 당대/참여사회연구소, 431-452.

Cadwell, L. B. & Fyfe, B. V.(1997). Conversation with Children. In J. Hendrick(ed.), *First steps toward the Reggio Way*(pp.84-100). NY: Prentice Hall.

Churchman, A.(2000). "도시에 어린이를 위한 공간이 있는가?" 어린이와 환경, 안전. 2000년 제8회 국제학술대회 자료집, 7-36. 삼성복지재단.

Fenton, G. M. (1996). "Back to our roots in nature' s classroom". *Young Children, 50*(3), 8-11.

Helm, J. H. & Katz, L.(2001). *Young investigaters: The Project Approach in the early years*. NY: Teacher College Press.

Katz, L. G. & Chard, S, C.(2000). *Engaging Children' s minds: The Project Approach* (2nd). Stanford: Ablex publishing cooperation.

Vygotsky, L. S.(1978). Interaction between learning and development. In V. Steiner(ed.). *Mind in society*(pp.79-91). Cambridge: Harvard University Press.

Wilson, R. A. (1995). Nature and young children: a natural connection. *Young Children, 50*(6), 4-11

Wilson, R. A., Kilmer, S. J. & Knauerhase, V. (1996). "Developing an environmental outdoor play space". *Young Children, 51*(6), 56-61.

지 옥 정

이화여자대학교와 동 대학원에서 유아교육 전공으로 학사, 석사 학위를, 한국교원대학교 대학원에서 교육과정 전공으로 교육학 박사 학위를 취득하였다. 방문교수로 미국 University of Illinois에 가서 'The Project Approach'를 연구하였고, 귀국 후 유아교육 현장과의 연계 하에 프로젝트 접근법의 바른 적용을 위해 계속 연구해 왔다. 『프로젝트 접근법: 교사를 위한 실행지침서(역서)』(1995), 『유아교육 현장에서의 프로젝트 접근법』(1997), 『증보 유아교육 현장에서의 프로젝트 접근법』(2000), 『학습공동체를 통한 프로젝트 접근법의 유아교육 현장 적용』(2005), 『유아를 위한 자연친화교육– 풀꽃, 나무를 통한 자연의 신비 맛보기』(2006) 등은 그런 연구를 통한 산물들이다. 현재 충주대학교 유아교육학과 교수로 재직하고 있으며, 청주시 소재 8개원 연합체인 '자연사랑 프로젝트 학습공동체'의 지도교수로 활동하면서 '프로젝트 접근법을 활용한 자연친화교육'의 실행을 위해 노력하고 있다.

프로젝트 접근법을 활용한
유아기 자연친화교육

초판 1쇄 발행 2007년 6월 29일
초판 3쇄 발행 2017년 2월 24일

지 은 이 | 지옥정
펴 낸 이 | 김기섭
편집책임 | 최창숙
펴 낸 곳 | 창지사 www.changjisa.com
08589 서울시 금천구 가산디지털 1로 83
파트너스타워 1차 9층
전화 (02) 719-2211~3
팩스 (02) 701-9386
등 록 | 1977년 4월 28일 · 제1-421호

ISBN 978-89-426-0450-0 93370

값 15,000 원